美人百花

美Body バイブル

美人百花編集部・編

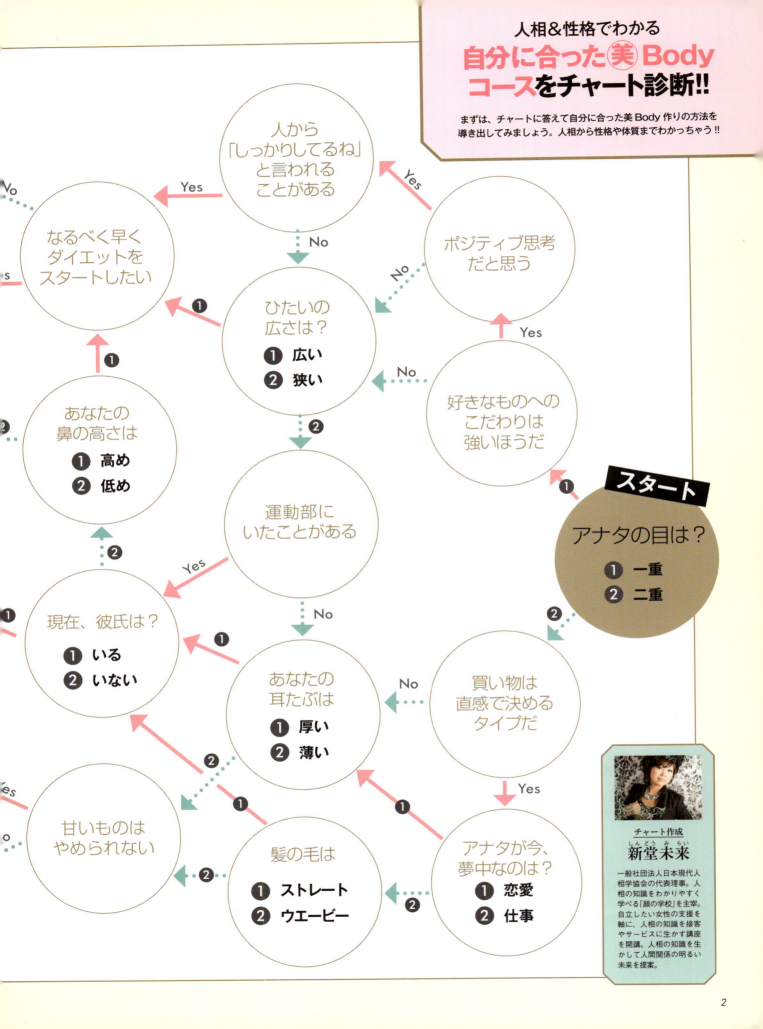

美人百花 美Bodyバイブル
CONTENTS

- 002　美Body チャート診断
- 004　美香　美Body の秘密
- 012　教えて先輩♥
　　　〝美〟アラフォー女子解体新書
- 018　これが人生最後！
　　　本気の下半身ヤセ決定版
- 030　〝老け見え〟の原因は
　　　BBAな背中のせいなんです。
- 034　ガマンしないでヤセる♡
　　　セレブ式ダイエット
- 041　美人百花×RIZAP
　　　短期集中でヤセる
　　　シークレットメソッド
- 056　グーとパーだけでできる
　　　悩みパーツ別 骨気ダイエット
- 060　思わず触れたくなる
　　　「エロふわボディ」の作り方
- 069　究極の時短ダイエット
　　　TABATAメソッド
- 072　手間も時間もかけずに効果絶大!!
　　　完全「小顔」マニュアル
- 081　アラサーからでも
　　　プリマボディになれる
　　　「バレエ・ビューティフル」を
　　　始めましょ♡
- 086　「やっぱり、あなた、
　　　結構食べてますよね!?」
- 092　腸汚ブスはちょ〜〝おブス〟!!
- 100　ヤセるしキレイになる！
　　　デトックス百花決定版!!
- 110　知れば知るほどやりたくなる
　　　ファスティングの秘密
- 114　美肌、アンチエイジング、
　　　ダイエット、疲労回復、
　　　代謝UP、デトックスが叶う♡
　　　美人夕食 14Days
- 120　IKKO流 カンタン健康メシ
- 127　Shop List

TYPE 1
ガマンしないでヤセる
セレブ式 美Bodyコース

感受性が豊かで美しいもの、素敵なものに敏感なアナタ。そんなアナタは、ダイエットもとにかく流行を先取りしないと気がすまないタイプ。海外セレブのインスタから、おしゃれな美活情報をGETして、自然食やスーパーフードを取り入れた美Body作りにトライ!! p.34へ。

TYPE 2
本気で変わりたいアナタへ
ライザップ式 美Bodyコース

じつは根性があり、目標達成に結構快感があるアナタ。とにかく今の自分から脱却したい、変わりたい願望があるので、ストイックなダイエットもがんばれるはず。運動から食事まで徹底的に改善するライザップ式メソッドで、別人級にヤセちゃいましょう!! p.41へ。

TYPE 3
運動嫌いでも大丈夫!!
食事制限で美Bodyコース

自分のペースは崩したくない、マイペースで自由なアナタ。そんなアナタは、日々の忙しさを理由に、ストレッチや運動に時間をさいていないのでは？　また、食生活に偏りがあったり、ストレスが食事に出やすい人、めんどくさがり屋さんにもオススメ。p.86へ。

TYPE 4
最近、老けを感じる方へ
姿勢改善で美Bodyコース

美意識が高く、いつまでも美しくいたい美魔女願望の強いアナタ。運動も食事も気をつけているのに、なんだか最近オバさんっぽくなってると感じてませんか？　そんなアナタの改善点はズバリ姿勢です!!　美しい姿勢作りから始めましょう♪　p.30へ。

TYPE 5
男ウケがイチバン♥
エロふわ 美Bodyコース

恋愛すると一途でまっすぐ、愛されたい傾向が強いアナタ。そんなアナタには、ストイックなダイエットでスレンダーな体を手に入れるよりも、女子らしく優雅なバスタイムでスベスベ肌のメリハリBodyを手に入れる方法が合ってます♥　p.60へ。

TYPE 6
体質改善からスタート!!
デトックスで美Bodyコース

精神的なことを大切に考えているスピリチュアルなアナタ。ハーブやアロマ、ヨガの力で体質改善をはかりましょう。また、今まで運動や食事制限をしてもなかなかヤセない、体が冷え性で代謝が悪いという方にもオススメ♪　p.100へ。

- 顔の形は　❶ 丸形系　❷ 四角形系
- 本気で3kg以上、体重を落としたい
- 本音は運動なしでヤセたい
- 27歳以上だ
- 少しエロい方が女性として魅力的だと思う
- ヤセにくい体質だと思う

美香
美Bodyの秘密

「美人百花」のトップモデルに君臨し続けること10年。
いくつになってもしなやかで女性らしい
ボディラインをキープし続けているモデルの美香さん。
妊娠・出産を経た今でも、どんなファッションでも
おしゃれに着こなしてキメる、誰もが憧れてやまない
美しすぎるボディづくりの秘密は、一体なんなのか!?

撮影／屋山和樹(BIEI)[人物]　スタイリング／井関かおり
ヘアメイク／久保雄司(AnZie)　構成・取材・文／秋葉樹代子
●掲載商品の問い合わせ先はp.127にあります。

ぺたんこなのにやわらかそう♥
腹筋感のあるお腹よりも
そっちのほうが女性らしくて好き

太らない体質!? 違います。実は体重は増える(笑)

20代前半からファッション誌の人気モデルとして誌面を飾り続けている美香さん。2011年に妊娠・出産を経験したにもかかわらず、20年間変わらずしなやかで女らしい美ボディでい続けている印象。

「私、食べても太らない体質なんです!! な〜んてウソ(笑)。私、おいしいものを食べるのが大好きだから、気を抜くとすぐに太っちゃうの……気づいたら2kg増えてる、なんてこと、よくありますよ!」と美香さん。

20代前半は、もっとキレイになりたいと思って野菜しか食べないストイックな生活を送ったり、30代前半に、ハードな加圧トレーニングで絞り込んだりしたことも……。その当時に比べたら今は5kgも多いとか。

「体重は単なる目安。結局は見た目だと思う。自分が最も美しく見える体型でいることが大事!」と美香さんは笑いながら言ったけど、それは決して"年齢だから代謝がおちているんだから体重が増えてもしょうがない"という言い訳ではない。

「ストイックなトレーニングや食事制限でかなりスレンダーになったこともあったけど、ある人に『それ、美香の雰囲気にも仕事で着る洋服にも合っていない! キレイに見えないよ!』って言われ、ハッとしたんです。筋肉質のガリガリ感は私に確かに似合ってなかったし、私が好きな服に合うのも、仕事で着る服が似合うのも、私自身がキレイだと思う体型も、ガリガリではなく、女性らしい雰囲気が漂う、しなやかで柔らか質感のボディだったのだから!」

がんばってなんかない! むしろ毎日楽しい

今回の撮影現場ではランジェリー1枚でカメラの前に立ち、いくつものポーズをとって見せた美香さん。伸びた手脚、スッとちょっとした引き締まったお腹と背中……それだけ美しいボディなら、気になるところはないよね?

「ありますよ!! お腹、二の腕、脚……でもそれを悩むより、どうしたのか調べたら、ピーマンにはどんな効果があるのかと調べたら、抗酸化成分やビタミンCが豊富で美容にも健康にもいいとわかって、ますますそれを食べ

るためにやること、キレイになること、キレイでいること、どれもテンションが上がるし楽しい。やることすべてに"キレイになれる♥"って意味を持たせれば、毎日のモチベーションにもなるし、日常の何げない美習慣がどんどん増えていく感じ」

普通に生活しているだけでキレイになれるライフスタイルって、かなりお得。まさにリア充!!

「私、感情の沸点が低いの。だから、ちょっとしたことでも『楽しい♥』って思えちゃう。この間もピーマンに突然ハマってたんだけど、ピーマンって毎日食べてたらどんな

食べたいものは食べる！満たされると無駄食いしない

自称・食いしん坊の美香さんも、たまに食い意地に負けちゃうこともある……。その欲望はどう解消するの？

「私ね、"どうせカロリーとるならおいしいものを食べなきゃ損！キャンペーン"をやってるの（笑）。例えば甘いものを食べたいと思ったら、めちゃくちゃおいしいスイーツを食べるって決めているんです。適当なスイーツをつまむより、こだ

わったものを食べた方が心も満たされ、しばらくはその余韻で生きていける。でも満たされない適当なもので済ますと、またすぐに欲望を満たしたくなってしまう。このキャンペーンは無駄食い撲滅にかなり効果的です」

じゃあ、食事制限はハードに？

「朝はロケバス内でおにぎりを、昼はロケ弁当を食べることが多いので、夜は炭水化物をほとんど食べません。おつまみのようにおかずをちょっとずつつまんでいる感じ。野菜が好きだから、季節の野菜をいろんな風に調理して食べています。唯一、気をつけていることといえば、むくみ予防として、自宅ではお酒を飲まないのと、塩味の濃いものは極力食べないことかな」

ヤセる＝キレイじゃないキレイに見える自分を探そう

小学生の頃から「学校のジャージをどう着れば可愛く見えるか」を楽しんで考えていたという美香さん。

「自分自身をしっかり見て知って、一番自信のあるところをまずは磨いていき、次はここ、次はここ、という感じで最終的に全身を磨いていくといいかも」。

そんな美香さん自身が一番気に入っているパーツ、実は脚。

「私の場合、ガウチョなど半端な丈よりも脚を出すか隠すかどっちかにした方がスタイルがよく見えるし、ヒールが高すぎる靴は似合わないのでプラットホームなど高さがあってもヒールが極端に高くないものを選んでいます。

流行に流されず自分に合うファッションで見せ方上手になるのも、大人ならではのキレイの目指し方とか。

「あと、女性らしく見せるのに一役買うのが肌の透明感と軟らかさ、なめらかさ。まずデコルテまでは顔と思って顔のスキンケアの延長でケア。ボディも顔と同様、とにかく保湿！手軽なスプレーや、顔に使っていて合わなかったもので潤わせてから、パーツごとにアイテムを替えてケアします」

「せっかくのしなやかな肢体もむんで太く見えては……と撮影の合間も腕を回して肩甲骨を動かしストレッチをしていた美香さん。

「これをするとむくみが軽減、思いついたときにやるだけで、朝気になっていたむくみが昼にはだいぶ解消しますよ」。

すそフェザーキャミソール¥15,000／PEGGY LANA（バロックジャパンリミテッド）　ショートパンツ¥6,500／オンリー ハーツ（スピック＆スパン 吉祥寺店）

ウエストからヒップにかけての
緩やかな曲線こそが
女性らしさと美ボディの象徴

オールインワン¥36,000／ソブ（フィルム）

美香の美BODYに欠かせないのはコレ!!

「やらなきゃいけない……」って思ったことは一度もない。だって、キレイになることって楽しいから！楽しいと思って続けているうちに美活が自分の生活に組み込まれて日常化。その繰り返しが、今の体を作っているんだと思う

シスレーのボディクリーム
むくみオフで脚スッ〜キリ
「むくみを感じた日は、お風呂上がりに保湿して、セルライトケアもできるボディ乳液を下半身に塗りこんでおきます。これだけで翌朝スッキリしてるんです」
引き締まった体に。インテンシブ ボディ グローバル 200ml ¥21,000／シスレー

もみ出しマシン
いつでもセルフエステ
「撮影メイク中や移動中、リラックスタイムなど、とにかく手が空いているときにはずっと使ってる(笑)。柔らかくもみしだかれるので、むくみ知らずのスッキリボディに！」
アセチノスリムタップ ウルトラクラッシュ ¥12,800／ディノス

「エメリリア」

「筋肉のストレッチから骨格矯正までをケアするサロンに、体のゆがみなどの調整はお任せ。月1、2回通っておくと、リンパが流れやすく、代謝＆デトックス力が上がり、ボディラインが崩れにくくなります」

DATA
東京都港区麻布十番1の5の19 ラトリエ・メモワールビル5F ☎03-6447-2939 11:00〜22:00、土・日曜、祝日11:00〜20:00 無休

「solace DAIKANYAMA」

「筋肉をつけて引き締めたくて熱心に加圧トレーニングをしていた時期もありますが、今はハードなトレーニングというよりは血流の促進とか巡らせることを目的として、月3回位で通っています」

DATA
東京都渋谷区恵比寿西Ⅱの20の15 ソルスティス代官山1F ☎03-3780-5770 10:00〜20:00 無休

Mika's Beauty Spot

「Life Salon LIP」

「施術はお任せなのですが、そのときの状態に合わせて「キャビテーション」や「HIFU」などを使った施術をしてくれるので、終わった直後から見た目の変化がすぐわかるくらい実力派！ 月1回ペースで通うようにしています」

DATA
東京都港区南青山1の8の15 カーサ南青山2F ☎03-6459-2758 11:00〜20:00 月曜

レースキャミワンピース ¥20,000/la sakura（GABRIELLE PECO）

Mika's Beauty Item

オールインワンミスト
お風呂上がりの「まず保湿」

「顔にも体にも髪にも使える、潤いチャージから保湿までしてくれる炭酸ミスト。お風呂上がりすぐに浴びるように使っておき、あとからゆっくりボディケアをしています」

水に含まれる塩素除去効果も。瞬美感炭酸ミスト 200g ¥3,800／トリコロール

ポール・シェリーのバスオイル
お風呂でデトックス♪

「太ってくる主な原因ってむくみだと思うから、ちょっとでもむくみを感じた日の夜は、デトックスパワーの高い入浴剤を選択。いろいろ使っても、結局コレに戻るんです」

ポール・シェリー シルエット ハイドロアクティベイティング バスオイル 150ml ¥7,000／ビー・エス・インターナショナル

美白肌スクラブ
自慢の美白肌に♥

「大好きなスクラブのなかでも、コレは長年手放せないもの。コレを使うと、肌が真っ白になって透明感がグッと上がるんです！」

ボディ スムーザー N 570g ¥2,000／ハウス オブ ローゼ

話題のケイ素
すべて代謝を上げる飲料に

「天然の美のミネラルといわれるケイ素は、代謝を上げると聞いたので、どんな飲み物にも混ぜて飲んでいます。美肌や美髪、骨や爪の強化にもいいんだとか！」

水溶性ケイ素濃縮溶液。ケイソ グランプロ 200ml ¥10,000／エステプロ・ラボ

コールドプレスジュース
お店見つけたら飲む！

「街でコールドプレスジュースやさんを見つけたら飲むのが習慣。よく行くのは代官山の『クレンジング カフェ』。むくみ解消系の赤いドリンクを飲むことが多いかな♥」

写真は「Clensing Café Daikanyama」（東京都渋谷区猿楽町22の12 ☎03・6277・5336）

クラランスのバストもの
バストケアは必須！

「バストはやっぱり女性らしさの象徴だから、専用アイテムを使ってケア。ちょっと手をかけるだけで変わるんです。これから垂れてこないようにって期待も込めて続けてる」

レ ビュスト フェルムテ 50g、ジェル ビュスト タンサール 各50ml 各¥7,500／ともにクラランス

保湿はクラランスで
胸以外はほぼコレ!!

「化粧水のあとにこれを塗るだけで、しっかり保湿されて、つやめくなめらか肌になるので、全身ケアとして、長年コレを定番にしています。お腹引き締めにも役立ってる！」

脂肪にアプローチも。クレーム マスヴェルト 190g ¥8,000／クラランス

ワキの美白もの
全身くまなく美白

「ドラッグストアでたまたま見つけたのだけど、ワキに透明感が出るそうなので、毎日欠かさず使っていこうと思います」

炎症を抑え、美白と角質ケアも。メンソレータム ワキレ ホワイト 20g ¥1,200／ロート製薬

オイルたっぷりのスクラブ
週2は肌磨き♥

「趣味・スクラブ！ってくらいスクラブが好き。磨いていないところはないかも（笑）。いろんなものを使っているけど、スクラブ選びの基準は、オイルがたっぷり入っているもの」

死海のミネラルもたっぷり。デッドシー ボディスクラブ 600g ¥6,944／SABON Japan

Saki Takaoka

キレイに年を重ねた ナチュラル美人
高岡早紀さん（43歳）

1972年生まれ。雑誌『セブンティーン』でモデルデビュー後、テレビCMで芸能界デビュー。ドラマや映画、また近年では舞台など、さまざまなジャンルで女優として活躍中。幼少時に習っていたクラシックバレエで培った美ボディは、今もなお健在!!

美容やファッションはもちろん、自宅インテリアも紹介されているプライベートブック。ライフスタイルすべてを知りたいならこちらも。『高岡早紀 But Beautiful』（宝島社）

美の秘密 01
香りは ボディクリームで ナチュラルに 漂わせる

「"なんかいい香り！"って程度の香り方が素敵♥ シーンを選ぶ香水よりも、シャンプーやボディクリームでさりげなく香らせるくらいが好印象みたい。いろいろ試したなかで、エリザベス・アーデンのグリーンティが一番好きかも。のびがよくて保湿力が高いところも気に入っています」

美の秘密 02

むくみ知らずの スッキリ脚は 着圧ソックスで

「基本はむくみにくい体質ですが、疲れがたまると脚はどうしてもむくみが出るもの。でも、疲れてるときにマッサージなんて到底ムリ!! そんなときは就寝前には着圧ソックスを着用して就寝します。翌朝の自分の脚を見ると『めっちゃ細くなった！』って感じるくらい効果が!!」

「昔より今の方がイイよね！」って言われる女性が理想かな

幼い頃からバレエを続けていたおかげで、基礎体力はいまでもバッチリ。10代の成長期に体を作っておいたのは、この歳になってようやく宝物だったと思えるようになりました。それでも体力は衰えるし、シワも増えればシミもできる。私はこれらすべてを素直に受け入れたいと思っています。それが私の持論です。食事制限やストイックな体作り、時間とお金をかけすぎた美容法など、無理強いしてまで得た若さというのは、ギスギスした印象を与えるような気がするんです。年を重ねることをポジティブに捉えられる女性はいくつになっても美しい。でも"最低限のケア"はやっぱり必要。そこで一番気をつかっているのが食生活です。料理をたくさん並べ、いろんな食材を口にしています。ストレスをためず、健康的な体を作るにはコレが一番。あとは体を動かすことかな。でも無理のない範疇での継続がポイントです。目標を持つとストイックになりがちでつらくなって諦めてしまう。どんなときも楽しまないと!! それも重要なのは、年齢にこだわりを持たないこと。ファッションも自分がイイと思ったら何でも挑戦するといいよね。人生は一度きり。とにかく"楽しんだもの勝ち"！ つらくて苦痛をともなう努力をするより、今を最高に楽しんでいくことで、将来の最高も手に入ると思っています。

女子、解体新書

30代でキレイで可愛いなんて、今や当たり前！『目指しているのは素敵な40代女子♥』という声があちこちから……。そんな百花女子たちに、ぜひお手本にしてほしい、可愛らしくて美しいアラフォー女子6名を徹底取材。先輩美女たちのライフスタイルに秘められた美の秘密を参考に、今すぐ美の積み重ねを始めましょ♪ 40代を輝かせるのは、30代の生き方や努力なんですから!!

MAX

セクシーでハッピーな仲よし女子3人組！

MAX

NANAさん（40歳）
MINAさん（38歳）
LINAさん（39歳）

メンバー全員が沖縄出身。『TORA TORA TORA』でブレイクし、日本を代表するダンスボーカルグループに。昨年リリースしたシングル『Tacata'』は、ロスで人気の新しいエクササイズを取り入れた楽しいダンスミュージック。キュートなダンスとリズミカルな音楽のMVが注目を浴び、Tokyo Super Star Awards 2013のカルチャー賞を受賞。

美容のネタ元はテレビと楽屋での情報交換！

NANA 情報番組に出演させていただく機会が増えたからか、最近の美容ネタは、もっぱらテレビ番組で聞きかじったもの。そのNANAから教えてもらったの。クラブみたいな空間で自転車をこぎまくるんだけど、これがめっちゃ楽しい！

MINA 私が通ってるフィールドサイクルも、番組のロケで行ったNANAから教えてもらったの。クラブみたいな空間で自転車をこぎまくるんだけど、これがめっちゃ楽しい！

LINA 実際に使ってよかった美容アイテムとかは、絶対紹介しあってるよね。若い頃は楽屋での会話は遊びのことがメインだったけど、最近は美容と健康ばっかり（笑）。楽屋でストレッチとかしていても、会話は完全に女子会のノリ！ずっと話してる。

NANA 10代の頃からずっと一緒だから、私たちはいつも本音トーク。お互いの体型の変化に関しても超シビアなの。ちょっと油断したら『最近太った？』ってすぐ言われちゃう（笑）

LINA 遠慮する間柄じゃないから、気になることはその場で指摘しちゃうのかも……。そういう意味では常に緊張感があるし、体型キープにはすごくいい環境だと思ってる。

MINA 美容情報も共有できて、体型キープもできる仲間。でも実際のメソッドはお互い全然違って、個々が自分に合うものをマイペースで続けてる。

LINA 私は女性らしいボディメイキングが好み。3人の中では一番丸みを帯びた体型だから、メリハリ感のあるカービーボディを極めようと思ってるの。

MINA 目指すボディは三者三様。でもみんな「いかに楽しく継続するか」って点は共通しているのかな。

NANA 私は自分に合ったトレーニングを継続させるタイプ。ジョギングやダンスがいい例かな。フラメンコやベリーダンスとか、楽しいものが大好きだから、これからも体を動かすぶん、たくさん食べたい！食事制限は一切しません！

MINA セクシー系ではLINAにかなわないし、スラッとした美脚は一番。私は筋肉がつきやすい体質なので、食生活に気を配りつつ週2～4回のホットヨガでヘルシーボディを目指しています。

LINA 目指すビヨンセ！

NANA みんなが目指すキレイな人ってのは、見た目がキレイなだけじゃなくて、顔の表情がキラキラ輝いている人。そういう女性を目指すためには、人生そのものが楽しめてなくちゃ意味がない。だから今後も、楽しみながら美を磨く。これが目標かな♥

美の秘密 04 — LINA
夜は優しく洗って いい香りで保湿して よく寝る!!

美の秘密 03 — LINA
頭皮を柔らかくしてリラックス！

「頭には全身のツボが集約されているから、頭皮ケアをすれば全身が健康になるし、リラックスもできちゃうって聞いたの！バラエティーショップで購入したヘッドブラシは、頭皮全体に刺激を与えられてとにかく気持ちがいいのでやみつきです♥ シャンプーのときに使ったり、テレビを見つつとかするように使ったり、とクセになるほど使っています」(LINA)

「若い頃は夜遊びしてもちょっと休めば肌が元に戻ったのに、30歳をすぎたら無理がきかなくなって……。だから最近は睡眠時間をたっぷり取るようにしています。就寝前にはクラリソニックを使って、顔だけでなく全身もくまなく洗浄。その後、お気に入りのジャドールのミルクを全身にたっぷり塗ってベッドにイン。この瞬間が極上の幸せ！どんなに疲れてヘトヘトになっても、この習慣だけは絶対ハズせません」(LINA)

美の秘密 02 — MINA
毎日のスムージーは 美にも健康にも◎

「正しい朝食なくして、健康な1日は送れません！朝はヨーグルトとパン、それと酵素ドリンクを飲んでパワーチャージ。ベジエのアサイー酵素スムージーとグリーン酵素スムージーは、1袋に栄養素がたっぷり詰まっているのに手軽な価格なのがお気に入り。どっちもおいしいけれど、個人的にはアサイーの方が好きかな。毎日飲み続けたらお通じがよくなって、肌もキレイになった気がします！」(MINA)

美の秘密 01 — NANA
鍛えられない 顔とデコルテの リフトアップは マシンに頼る！

「35歳をすぎた頃から、急に目のクマが目立つようになって。そのときにすすめられたのがヤーマンのフェイササイズUP。タッピングで肌に刺激を与えながら、深層表情筋を鍛える優れもの。ヘッドを替えればデコルテのリンパ流しにも使えるところもお気に入り。化粧ノリが悪いときはメイク前に化粧水をつけた上からトントンたたくと、透明感のある肌に変化。継続して使うと肌にハリ感が出て、キメの整ったツヤ肌になるの。りっちゃん(LINA)にもプレゼントしてあげた」(NANA)

美の秘密 07 — NANA
ストレス解消しつつ 体も鍛えられる 新エクササイズに夢中！

大音量の音楽が流れるクラブのような暗闇で自転車のようなものに乗り漕ぐ、ニューヨークで火がついた新エクササイズ。ストレス発散しつつ有酸素＆無酸素運動ができます。NANA&MINAの行きつけはこちら!!「FEELCYCLE」 www.feelcycle.com/

「フィールサイクルは有酸素運動と無酸素運動の両方が同時に叶えられるシェイプアップエクササイズ。すごく人気のエクササイズなのでなかなか予約が取れないけれど、空きが出たら即アポ!! それくらいハマってます」(MINA)「音楽のジャンルから選択することが可能。MAXの曲はどれもノリがイイから、ぜひ導入してもらいたい！」(NANA)

心も体もキレイでいるため ストレスはためません

「楽屋には必ず携帯用のアロマポットを持参。ライブ前や初めて出演する番組の前など、ガチガチに緊張しているときも、コレがあるとリラックスできます。ストレスをためた状態で表に出ると、どんなに笑顔でもイライラしたオーラが出ちゃいますから。飽きないよう、常時3種類は携帯してます。最近のお気に入りはヒバの香り。森林浴をしているような気分に♪」(NANA)

美の秘密 05 — NANA

美の秘密 08 — LINA

理想ボディはビヨンセ 美のネタはシルク姐さん!!

「エクササイズする前には、必ずビヨンセの写真集を見て、自分を高めるのが習慣！」(LINA)「テレビ番組以外の美容ネタの発信元は、プライベートでも仲よくしているシルク姐さん♥ 美肌はもちろん、ボディラインも全然崩れていなくって、私が理想とする大人の女性そのもの。マニアックな®情報をたくさん知っていらっしゃって、いろいろ教えてくださるんです」(NANA)

美の秘密 06 — MINA
いつも 笑っていられる 場所がある！

「10代の頃からずっと一緒に生活しているせいか、いまでは家族以上の深い関係。いろんなことを経験し合ったから、何でも相談できる大切な仲間。だから3人一緒の仕事は楽しくて仕方ない!! どんなにキレイな人だって、笑顔がなければ魅力的じゃないでしょ。このグループにいるだけで本当に幸せ。絶対に笑顔になれる場所なんです！」

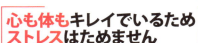

Megumi Kanzaki

女性さえも魅了する "可愛い" のエキスパート

神崎 恵さん (40歳)

1975年生まれ。美容作家・ビューティライフスタイリストであり、16歳と12歳と1歳の息子を持つ母。何げない日常から特別な瞬間まで、ありとあらゆる場面で女性の美しさを叶えるお手伝いをするアトリエ「mnuit」を主宰しながら、執筆活動も。雑誌やテレビなどのメディアでも活躍。
存在するだけで思わず目を奪われる "温度のある色気" や "ピュアで無防備な美しさ" を携えた女性になるための、ちょっとした工夫やアドバイスを詰め込んだ書籍はどれも大ヒット。累計80万部突破‼『MAKE ME HAPPY』(扶桑社刊)も好評。

小さな努力を積み重ねれば女はいくつになっても輝ける！

子どものころはおてんばで男の子によく間違われた私。でも、おしゃれに目覚めてからは"ザ・女の子"な甘めファッションにハマり、今もその傾向は変わらず、40歳になっても可愛い大人でありたい。だから、常に女であることを意識するよう心がけています。例えばしぐさ。私は日常生活で手に取る物を、バカラのグラスと思い込むようにしています。高額なグラスを手にするしぐさは、自然と優美なオーラが身につくから。そして会話はやや低いトーンでゆっくりと話す。これだけで、ツヤのある女性を演じることができるんです。外面のケアも大切ですが、イイ女といわれる人は振るまいこそが重要。大人可愛い服を着こなすためにも、この習慣は欠かしません。そんなにも、心がけているのが"手抜きの日"を作ること。毎日の習慣とはいえ、自分自身のケアに時間をかけられないときは、思い切ってなまけちゃう。ストイックすぎると心までギスギスしちゃって、どんなに美しくてもギスギスしちゃって、可愛いらしさがなくなっちゃうから！自分に合ったペースで、コツコツと継続させる。それが、愛され美人になれるコツです。

美の秘密 01

香りの単品使いはナンセンス‼重ねて自分色に

「女性らしさを印象づける一番の特効薬が"香り"。お気に入りの香りを単品で楽しむのではなく、時間ごとに違ったアイテムを重ねるのが私流。最近のお気に入りは『JO MALONE』。シャワー後にボディクリームをたっぷり塗布して、朝のお出かけ前はフレッシュな印象のフレグランスをスプレー。香りの効力が落ちてきた夕方以降は、ローズなどの甘い香りを重ねます。もちろん、TPOに合わせて他人の迷惑にならないよう心がけるのも忘れません」

美の秘密 03

オイル美容と倍量スキンケアで潤い肌に♥

「30歳を過ぎると、肌や髪はとたんに潤いを失ってしまうもの。ふだん使っているスキンケアは、通常の使用量の倍を使うのがマイルール。乾燥肌ということもあって、これくらいオーバーに使うくらいがちょうどいいんです。また、化粧水や美容液の浸透をよくさせるため、洗顔後はオイルを使って肌をしっかりほぐします。触りたくなるふっくらもちもち肌に変化しますよ‼」

美の秘密 02

ツヤ感こそが人目を引く女らしさのモト♥

「厚塗りしたマットな肌は老けた印象を与える恐れがあるから、肌の輝きは絶対マスト。HERAのクッションファンデは薄づきで透明感が出せます。benefitのパール入りボディバームはデコルテにつけてレフ板代わりに。SHIGETAのリップクリームやオイルもツヤっぽい顔に見せてくれるお助けアイテム。よりツヤ感を演出するため、おでこはスクラブで磨いています」

奇跡の㊤愛され カービーボディ♥

原 志保さん (46歳)

1969年生まれ。2児の男の子の母。10代の頃からモデル業に携わり、現在はお肌と体のトータルビューティースタイルを提案。メディア出演はもちろん、商品などの企画、プロデュース販売も行うなど多方面で活動中。短大で美や健康にまつわる話をする非常勤講師として、教壇にも。

Shiho Hara

美の秘密 01

簡単エクササイズと、マッサージは毎日続けています

ヒップリフト
「簡単なのに、短期間でお尻がキュッと上がります。膝を曲げて仰向けになり、両手を床につけます。このとき完全に腰を床につけず、やや浮かせた状態にしておくこと。その状態から、肩から膝までが一直線になるように腰を上げつつ息を吐き、また最初の状態に戻します。この上下運動を20回。腰が反らないよう注意して」

バストマッサージ
「真ん中の3本の指を使って、鎖骨の上から鎖骨の下を通って、脇まで流すマッサージを左右各10回。その後、脇の手前の押すと痛いところをグーでグリグリと押します。これも左右各10回程度。次にバストを包み込むように両手を添えて左右にさすります。これは左右各20回。最後、バストのアンダーに手を添えてグッと持ち上げます。両手を交互に交互に使ってタッピングの要領で左右各20回。続けると、大きさもハリも変わってきますよ♥」

サイドバックキック
「椅子の背もたれに手を置き、片足を軽く浮かせた状態に。上体と膝裏は真っ直ぐのまま、浮かせたほうの足を斜め後方に無理のない高さまで引き上げる。戻すときは下に足を床に着けず、浮かした状態のままにする。上げるときは息を吐きながら。これを左右20回ずつ繰り返すエクササイズは、家事の合間にできるくらい簡単なのに、ヒップアップにも美脚にも効果的なんですよ♥」

美の秘密 02

毎日の"ながら"で脂肪や筋肉の場所を形状記憶させる！

「ボディラインは形状記憶でキープできるもの！ この事実を知ってからは、バストアップニッパーやガードルが手放せなくなりました。いずれも自分で開発した『LULU BEAUTE』のものですが、ストレッチ性の高いパワーネットを採用しているのでつけ心地もバツグン。EMSとコルセットが一緒になった骨盤ベルトや、就寝前のジェルマッサージ×バストアップサポーターもラクチンで続けられる、㊤ボディ作りのマストアイテムです」

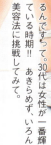

2人目の出産を機に覚醒!! 脳をダマして美貌を手に

もともとモデルをしていたので、ボディコントロールはお手のもの。20代から寄せて上げるブラはしていましたが、それ以外は何もしないまま2人目を出産。そしたら思いのほか体が元に戻らなくて。このままではマズい！と思って一念発起したときには、すでに30歳オーバーでした。でも、どうせやるなら本格的に"と思い、加圧トレーニングの資格取得や、エステティックの指導などで美容の知識を習得。さらに改善すべき生活習慣や美容法を変えたら、半年で成果を出すことができました。30歳過ぎて"美容デビュー"した私ですから、アラサー女子の百花読者なら、ちょっとした意識改革で美ボディは簡単に手に入るはず。例えば、毎日ヒールを履いて生活することで、かかとを上げて歩く習慣をつけることで、スラリとした脚が入手できます。また、思い込みで脳をダマす方法も◎。私は『自分は少女時代の一員♥』と思い込みながらトレーニングをしていました。理想のボディに近づこうと脳がコントロールするようになるんですって。30代は女性が一番輝いている時期!! あきらめず、いろんな美容法に挑戦してみて。

Part 1 初のスタイルブックで披露した体が「スタイルよすぎ♥」って話題！

里香ちゃんの メリハリボディのヒミツ♥

女子の憧れ体型〝ボン、キュッ、ボン〟はココにあり！　ただ細いだけじゃない、同姓が見ても「そそられる」メリハリボディの、特に下半身についてヒミツを大公開♡

このボディに憧れる女子急増中！

ファッションからボディのことまで、里香ちゃんのすべてを詰め込んだ、自身初のスタイルブック。『RIKA』¥1,400／角川春樹事務所

RIKA'S SECRET BODY♡

Leg

[里香ボディのヒミツ♥]

削ぎすぎていない 〝メリハリ細い〟脚

「ストイックに体を絞りたいとき以外は、バスオイルをたっぷり入れたお風呂が私のマッサージコーナー♪　指のすべりがよくなったお湯の中で、足裏から太ももまでほぐします。中でもアキレス腱のマッサージは念入りに。

編集部オススメ

サラリとしたテクスチャー。ラグジュアリーな香りは全部で11種類。ジョー マローン バスオイル 250ml ¥9,000／ジョー マローン ロンドン

アラサーの お腹 お尻 脚 の問題解決!!

下半身ヤセ

決定版

20代前半は、少しダイエットすればヤセたし、体にハリがあったし、むくみも気にならなかったけど、アラサーはそうはいかないのが悲しい現実……。でもこのままダラしない体になる一方なんて怖すぎる！　夏を目前に控えた今こそ、〝人生最後のダイエット〟に本気でチャレンジ!!

下半身が太りやすい体質で、いつも「もっとヤセなきゃ」って感じてた

20代前半はとにかく「細くなりたい」気持ちが強くて、自分の体に劣等感を持っていたくらい。その頃は〝ダイエット〟と名のつくものは、食事制限から単品ダイエット、燃焼スープ……、ほぼ全部に手をつけたはず。そして、ことごとく失敗(笑)。ジムにも通ったけれど、知識なしでの自己流トレーニングは体に負担をかけるし、ルールもセオリーもないから「がんばったご褒美♥」でたくさん食べちゃったりして、うまくいかなかった。それに気づいてからはトレーナーにお願いをして、私の体に合った、理想に近づけるプログラムを組んでもらうようになったの。成功するために重要なのは、トレーナーに「どれだけ自分の体のことを伝えられるか」。ダイエットの失敗談も、体にどういうクセがあるかも、どれだけ食べるとどう太るかも、トレーナーに伝えるエピソードの中に理想を叶えるためのヒミツがわんさか(ってトレーナーのウケウリ!)。だから、失敗も必要。体重を量ったり、毎日鏡を見たりして自分の体がどうなっているかちゃんと認識することも大切にしてるよ。

コンプレックスが強みになったとき、理想のスタイルがクリアに!

筋肉のつき方や骨の太さなど、特徴は人それぞれ。いくら願ったって私は「棒のような里香ちゃん」にはなれなくて。なったところで、それって「私らしい」かな? いろんな失敗と経験を経て、ちょっとムチッとした女っぽいこの体を受け入れることができたの。弱点を強みにしたらすごくラクになった。食事内容は人並みに意識しているけれど極端な制限はストレスがかかるからナシ。トレーニング以外の運動といえば、フラットシューズでよく歩くこと!! 「できることを続ける」っていうのもスタイルキープの秘訣だよ。

[里香ボディのヒミツ♥] *Hip*

キュッと上がって丸い、存在感のあるヒップ

「ウオーキング中はヒップエクササイズのしどき! お尻に力が入るよう意識するだけでいいの。あとは階段を1段抜かしで上がったり、筋肉に向かって「目覚めろー」って声をかけたり(笑)。雑誌で取り上げられるキレイな写真を見て、自分を刺激するのも手。

編集部オススメ
塗った瞬間に感じるクーリング効果が肌に軽やかで爽やかな心地よさをもたらす。クラランス トータル リフトマンスール EX 200g ¥7,300／クラランス

[里香ボディのヒミツ♥] *Waist*

適度に引き締め、しなやかさを残したウエスト

「せっかくのくびれをなくさないように」ってアドバイスされて、ウエスト&お腹は筋肉で大きくしないトレーニングを実践。実は書籍『RIKA』製作中はもう1人〝ふーちゃん〟っていうトレーナーにもお願いして腰上のお肉をオフ!

里香ちゃんオススメ
トレーニングに行けない日は腹筋ローラーで筋トレ! 10回動かすだけでもヘトヘトに(笑)。
幅広で安定感抜群。腹筋ローラー ¥2,700／アディダス ジャパン(アディダスグループお客様窓口)

「ヤセにくくなった」「たるんできた」「むくみが取れにくくなった」……っていう
これが人生最後! 本気の

撮影／菊池泰史(vale.) [p.18・人物]、曽根将樹(PEACE MONKEY) [p.19・人物]、国井美奈子 [p.20～21]、松本有隆 [p.22～27]、志田裕也 [p.28～29]、松橋晶子 [p.28]、須藤明子 [p.28]　モデル／泉里香　読者モデル／遠藤まいこ、笹口直子、田中愛里　取材・文／長江裕子 [p.18～19]、長島恭子 [p.20～27]、西野暁代 [p.28～29]　●掲載商品の問い合わせ先はp.127にあります。

エクササイズ

里香ちゃんのメリハリボディを作ったパーソナルトレーナー・武田敏希さんが、百花読者のために、下半身ヤセに効くエクササイズを考案。股関節とお尻を中心に、「筋膜リリース」「筋肉ストレッチ」「筋力トレーニング」の3ステップを1カ月続けることで、下半身のむくみと脂肪の悩みが解消。里香ちゃんみたいな、しなやかで丸みのある、女性らしい憧れのシルエットに近づけるんです！

里香ちゃんのパーソナルトレーナー

株式会社T-Fit 代表取締役
武田敏希さん
大手フィットネスクラブにて、インストラクター、パーソナルトレーナーとして活躍後独立し、ストレッチ専門店「e-stretch」をオープン。毎月150本以上の指名を受け、芸能人、トップモデルを多数担当している。

e-stretch 代官山店 DATA
⊕東京都渋谷区代官山町14の9 B1F
☎03・5577・4872
⊕10:00～21:00
㉁火、日曜
http://daikanyama.e-stretch.jp

RIKA'S BODY 1 | 筋肉を覆う"筋膜"にアプローチ！ 〉 筋膜リリース

まずは筋肉の可動域に影響する筋膜をほぐし、エクササイズの効果が出やすい体に。

❷そけい部をほぐす
脚のつけ根（そけい部）付近がほぐれると、股関節が動きやすくなります。

1カ所60秒ずつ

うつぶせになり、そけい部に❶と同様にボールを挟む。挟んだ方の脚を曲げ、ゆっくり体重をかける。そけい部も痛いところにボールを挟んでほぐす。

❶お尻をほぐす
お尻のくぼみ付近（中殿筋）がほぐれると、股関節の可動域が広くなります。

1カ所60秒ずつ

仰向けになり、お尻のくぼみ付近にテニスボール程度の大きさのボールを挟み、ゆっくり体重をかける。痛いところを探して筋膜をほぐして。

RIKA'S BODY 2 | 筋肉を伸ばしリンパの循環をよくする 〉 筋肉ストレッチ

筋膜リリースで可動域が広がった筋肉をストレッチ。血流、水分の流れをよくすることで、むくみが改善。

❷お尻の筋肉を伸ばす
お尻の筋肉が硬いと股関節の動きが悪くなる。しっかり伸ばしやわらかくしておきます。

1仰向けになり片脚を上げ、ひざの後ろに両手を添える。**2**もう片方の脚の外くるぶしあたりを上げた脚に引っかける。ひざが外側を向くように注意。**3**上げた脚を胸に引き寄せ60秒キープ。お尻を床からゆっくりはがすイメージで。お尻の筋肉が十分に伸びているのを意識。

❶股関節を伸ばす
[STEP1]でゆるんだ股関節を、しっかりと伸ばせば、より流れやすいように。

1真っすぐ立った状態から片脚を大きく前に出す。**2**前に出した脚のひざを曲げ、胸を張ったまま体の重心を前にかける。お尻を下にさげるイメージで、後ろ脚の股関節が十分に伸びていることを意識し、60秒キープ。

20

里香ちゃんの
パーソナルトレーナーが
百花読者のために
考えてくれました

憧れのシルエットに近づける!
自宅でできるセルフ

3 | 筋肉を鍛え脂肪と
サヨナラ！

筋力トレーニング

股関節の動きをさらに活性化し、筋肉を鍛える。[STEP1～2]を経て、ここで初めてエクササイズの効果が。

股関節の筋肉を鍛える

股関節の筋肉を鍛えると、日常生活でも下半身の筋肉が
バランスよく使えるようになり、脂肪燃焼を促す。

❶肩の真下に手、お尻の下にひざがくるようよつんばいになる。片脚を太ももが床と並行以上の位置にくるように上げる。

❶Aと同様の形でよつんばいになる。ひざを90度に保ったまま、脚を横に開くように、骨盤が水平に保てる範囲で上げる。

❷A、Bともに、上げた脚を胸に引き寄せる。❶→❷の動きで、股関節の筋肉を"伸ばして縮める"というトレーニング。

21

スッキリする方法教えます!!

「だんだん簡易的な食事制限だけではヤセなくなった。でもハードな運動は苦手」という人のために、毎日少しずつ、4週間で結果が出るエクササイズをご紹介！ 肌見せだって怖くない、メリハリボディを手に入れちゃって♡

くびれナシ & ぽっこり お腹ヤセは
呼吸に合わせて下腹を伸ばし鍛える

クラシックバレエの基礎を取り入れ、美しいボディラインを作るバレリーナストレッチ。お腹ヤセに効く理由は、お腹を薄く引き伸ばした美しい姿勢にあり。正しい姿勢で動きをくり返すことでインナーマッスルが鍛えられ、プリマ級のペタンコ腹とくびれをゲットできるんです！

クラシックバレエ講師 龍岡玲子さんの

バレリーナストレッチでくびれて薄いバレリーナお腹に!

たつおか れいこ。南青山にスタジオを開設。女性の美しさを解剖学的に引き出す美容メソッド"バレリーナストレッチ"を考案。アヴェダやニールズヤードなどのワークショップも人気。モデルや美容家からの支持が高い。『美やせストレッチ』¥1,300（高橋書店刊）

バレリーナストレッチ ＝3つのポイント＝

深い呼吸と腹筋を連動
深い呼吸を続けながらストレッチすると、自然に筋肉の緊張がほぐれます。ポイントは吐く息。息を吐きながら筋肉が細く長く伸びるイメージで、お腹の筋肉をグーッと伸ばして。

筋肉は縮めず"伸ばす"
バレリーナストレッチでは、お腹をはじめすべての筋肉で"伸び"を意識しながら動作。伸ばすことで、モリッとした硬い筋肉ではなく、しなやかで引き締まった筋肉を目指します。

美しい動きを意識する
肩の力を抜き、バレリーナ気分で優雅に動けば、筋肉のこわばりが取れて、手脚もより長く伸びます。姿勢を正してゆったりとした気持ちで、首、指先、足先まで丁寧に伸ばして。

---

step1 すべての基本 お腹を"伸ばす"

バレリーナお腹の基本となる、お腹を伸ばして薄くするストレッチをマスター。2週目以降も他のストレッチ前に実践すると、薄いお腹のまま動ける体に矯正してくれるのでなお◎。

1 お腹の中央を伸ばす　8セット×2回

❶息を吸って両手を上げる
両脚のかかとを合わせて立つ。息を吸いながら腕を左右から上げ、頭上で手の甲を合わせる。

❷吐いてお腹を引き上げる
息を吐きながら両腕を左右から下ろす。吐く息とともに背筋を伸ばし、脇腹をギューッと引き締める意識でお腹を伸ばす。❶〜❷で1セット。

息を吸うとき肩をすくめないように注意。

さらに効果UP!
❷でつま先立ちする
バランスが取れる人は、❷でお腹を引き上げると同時にかかとを上げ、さらに体を上に伸ばす感覚でおこなう。

2 お腹のサイドを伸ばす　6セット×2回

❶息を吐いてお腹を引き上げる
かかとを合わせて立つ。息を1度吸い、吐く呼吸でお腹を薄く伸ばしながら、右腕を甲から上げる。

❷吐き続けながら横に伸びる
右腕が頭上まできたら手のひらを返し、息を吐きながら体の左側へと伸ばす。右の脇に伸びを感じたら❶に戻る。左右1回ずつで1セット。

NG 上体が前に倒れて、腕の力も抜け曲がっては×。

---

step2 下腹のストレッチでしなやかなでも強いお腹に

腹筋運動は「縮める動き」が一般的ですが、バレリーナストレッチではお腹を伸ばした姿勢のままで、脚や上半身を負荷にして腹筋を刺激。結果、しなやかで引き締まった美腹に！

1 脚を胸に引き寄せる

❶息を吸って胸を張る
両脚を伸ばして座る。両手の指先を体の方に向け、体の後ろで床につける。息を吸いながら胸を張り、お腹を上に伸ばす。

❷吐いて両脚を引き上げる
息を吐きながら、両脚の太ももをできるだけ胸に引き寄せる。❶〜❷で1セット。

つらい人は片脚ずつでもOK！

{[1]×5セット→[2]×8セット}×2回

2 上体を下腹で支える

❶息を吸って両腕を上げる
両脚をそろえて軽くひざを曲げて座る。息を吸いながら両腕を真っすぐ上に伸ばす。

ピタッ!

NG ひざが開き頭が前に倒れ、背筋が丸まっては×。

❷吐いて上体を斜めに倒す
息を吐きながら両腕を肩の高さまで下ろすと同時に、❶の姿勢のまま上体を後ろに45度倒し、3秒程度キープ。❶〜❷で1セット。

Part 2 薄着になる季節が迫ってるから、アラサーならそろそろ本気出さないとマズイですよ！

お腹 お尻 脚 が劇的に

Goal! ← **step4** ← **step3**

step4 バレリーナ気分で踊るようにストレッチ

最後はいよいよ立ってストレッチ。バランスを取ることで体幹部のインナーマッスルが鍛えられ、体の内側から天然のコルセットを形成。バレリーナ気分で美意識も磨かれます♡

1 脚を持ち上げてインナーを鍛える

❶かかとを合わせて真っすぐ立つ
両脚のかかとを合わせて立ち、両腕を左右に伸ばす。両肩は力を抜く。

❷片脚を上げて反対の手でひざをタッチ
片脚の太ももを、ひざを直角に曲げ腰の高さまで上げて、脚とは逆の手でひざをタッチ。左右交互におこない1セット。

{［1］×4セット→［2］×1セット}×2回

2 ひねりの動作で体幹から引き締め！

❶両腕を広げて真っすぐ立つ
かかとを合わせて立ち、両腕は左右に真っすぐ伸ばす。両肩は力を抜く。

❷息を吐いてお腹をねじりながら片脚を前に出す
いったん息を吸い、吐きながらウエストを左にひねり、胸を大きく開く。同時に左足はつま先だけ床につけて前にスライド。

❸息を吐いて片脚を上げる
いったん息を吸い、シュッと一瞬で息を吐くと同時に、伸ばした左脚をつけ根から持ち上げる。4回脚を上げ下げしたら反対側もおこない1セット。

NG 軸足のひざが曲がり上体が前に倒れると、バランスが崩れる。

さらに効果UP！
❸で両腕を上げる
❸で両腕を頭上に伸ばし、大きな円を描くようにポーズ。よりお腹が上に伸びて腹筋に効く！

ながらストレッチ デスクワークでお腹を引き上げ

❶姿勢を正して座る
骨盤から立てる感覚で、お腹を上へ伸ばして座るだけでもお腹に効きます。

❷息を吐き片脚を上げる
さらに❶の姿勢のまま、両脚を交互につけ根から持ち上げると、下腹ヤセに効果アリ！

step3 お腹をひねってくびれを作る

次は喉から手が出るほど欲しいくびれを作るストレッチ。単純にウエストをひねるだけでなく、お腹を伸ばしたまま胸や腕も大きく開くことで、より深く「ひねり伸ばす」動きにトライ！

1 お腹を引き上げてツイスト

❶息を吸って背筋を伸ばす
両脚をそろえひざを曲げて座り、両腕を肩の高さで真っすぐ前に伸ばす。

\ピタッ！/

❷吐いてお腹を横にひねる
息を吐きながらウエストをねじり、大きく胸を開き、3秒程度キープ。視線は左手の指先を追って。❶～❷を左右交互におこなって1セット。

{［1］×4セット→［2］×4セット}×2回

2 お腹を斜めに伸ばしてツイスト

❶息を吸って両腕を上げる
両脚そろえひざを曲げて座る。息を吸いながら、両腕を斜め上に伸ばす。

\ピタッ！/

NG お腹の力が抜けて姿勢が崩れていると×。

❷吐いて上体を斜めに伸ばしお腹を横にひねる
息を吐きながらウエストをねじり、伸ばした腕を体の斜め下に回す。視線は指先を追って、できるだけ大きく胸を開き3カウントキープ。❶～❷を左右交互におこない1セット。

効果UPのコツ

鏡で姿勢をチェック！
バレリーナストレッチでは、お腹を薄く上へ伸ばした姿勢が基本。鏡の前でおこなうと常に正しい姿勢が意識できるので、正しく筋肉が使えて、より効果的！

日常でも㊙姿勢キープ

歩くときもお腹を意識する

NG お腹の力が抜けるとポッコリ腹の原因に。自然と胸も縮こまってしまい、姿勢が悪くだらしない印象に。

OK 歩いているときも「お腹を上に伸ばす」姿勢を意識。胸も斜め上に向けて開くイメージ。

重力に逆らえずたるむ一方

お尻ヤセは

インナーマッスルを整えて動かす

日本人女性の多くは、「丸くて引き締まったプリッとしたヒップ」になりにくく、ドーンと横に広がったり、テロンと下がってしまったりすることが多いそう。美尻トレでは骨盤のポジションやインナーマッスルに着目！ お尻の構造改革で、外国人並みの上向きヒップに変身♡

ヒップアップアーティスト松尾タカシさんの

美尻トレでキュッと引き締まった上向きお尻に！

まつお たかし。ヒップアップアーティスト。フィットネスクラブのプログラム開発担当を経て独立。日本初・お尻専門のトレーナーとして活動する。『「おしり」を鍛えると一生歩ける！ 寝たきり・腰痛・ひざ痛を防ぐ』¥1,200（池田書店刊）

---

step1
体の外側の筋肉を〝ゆるめる〟

美尻を手に入れるには、お尻以外の筋肉もゆるめることが重要。まずは体の外側を覆う表層部の筋肉をほぐし、柔軟性をアップ。弾力のある質のいい筋肉に目覚めさせます。

ゆるめる 2〜3セット

1 お尻と太ももをゆるめる

①仰向けになり脚を上げる
仰向けになる。片脚を上げて体に引き寄せ、太ももに両手を添える。

②脚を胸に引き寄せる
上げた脚を、両手でできるだけ胸に引き寄せて30秒キープ。このときなるべく胸を張ること。左右1回ずつで1セット。

脚は真っすぐ！

整える 2〜3回

2 腕のつけ根をゆるめる

腕のつけ根をゆるめて正しい姿勢作り！

①よつんばいになる
両手両ひざをつき、よつんばいの姿勢になる。両手の位置は肩よりも先、ひざの間はこぶし1個分あけ、足指は立てる。

②お尻を後ろに引く
両手のひらを上に向け、息を吐きながらお尻を後ろに引いていく。胸を張り、腕のつけ根に伸びを感じながら30秒キープ。

NG 腰が丸くなるのはNG。腰を反るようにお尻を引いて。

---

step2
〝整える〟を加えてスイッチON

カギは股関節のインナーマッスル。柔軟性をアップしつつ、エクササイズでしっかり使うことで、お尻のメインの筋肉、大殿筋や中殿筋が働き、丸みのあるヒップを形成！

ゆるめる 2〜3セット

1 股関節をゆるめる

お尻のメインの筋が働きやすくなる

①よつんばいになる
両手両ひざをついてよつんばいの姿勢に。両手は肩の真下につき、両ひざの間はこぶし1個分あけ、足指は立てる。

②お尻をかかとに近づける
脚のつけ根から曲げていく意識で、お尻をかかとに近づける。再びお尻を上げて❶の姿勢に戻る。以上を20回で1セット。

2〜3回

2 背筋と連動させてお尻の丸みを出す

①ひざ立ちして両手をお尻に添える
ひざ立ちになり、両ひざの間はこぶし1個分あけ、足指は立てる。姿勢を正し、両手はお尻に添える。

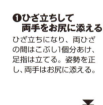

NG 背中が丸くなりお尻の筋肉への負荷がダウン。

②お尻を突き出す
息を吐きながら上体を斜め45度、前に傾ける。姿勢を正したまま30秒キープする。

さらに効果UP！

②のあとに両手を後頭部に添える
できる人は②のあと、両手を後頭部に添えてひじを左右に開き、負荷を高めて30秒キープ！

美尻ストレッチ
＝3要素＝

〝ゆるめる〟でお尻の準備運動
背中や太ももの後ろの筋肉など、アウターマッスルをゆるめます。シルエットを決定づける筋肉をゆるめることで、まずはプリッとした美尻になるためのベースを作る。

〝整える〟でスイッチON
お尻の筋肉を意識できると同時に、〝使っている〟ことも実感できるエクササイズで、筋肉のスイッチをオンに。インナーの筋肉をまんべんなく刺激。

〝動かす〟で引き締める
〝ゆるめる〟→〝整える〟で目覚めたお尻の筋肉を正しく使ってエクササイズ。股関節や脚など、インナー＆アウターを使って動かして、引き締まった上向きヒップに。

24

Goal! ← step4 | step3 →

step4 目覚めたお尻を"動かす"

最後は股関節と硬く張りがちな太ももの外側をほぐし、外側に引っ張られて広がったお尻をキュッと引き締めて小尻にリメイク。脚からヒップのラインも整って、脚長＆小尻をゲット！

ゆるめる 2〜3セット
1 股関節と太ももの外側をゆるめる

❶よつんばいの姿勢から脚を前に出す
よつんばいの姿勢から左脚を前に出し、足の位置を少し右側にずらす。右脚は後ろに伸ばす。

お尻の筋肉が発達しやすくなる

❷脚の外側とお尻を床につける
お尻と左脚外側を床につける。ひざはできるだけ直角、つらい人はもっと曲げても可。30秒キープ後、反対の脚も同様におこない1セット。

さらに効果UP！

❸上半身を前に倒す
❷のあと上体を前に倒し、両腕を床に伸ばして30秒キープ。

動かす 2〜3セット
2 股関節をゆるめてお尻の筋肉を鍛える

❷片脚を前に出す
左脚を左手の横に踏み出す。右脚は後ろに伸ばし、つま先を立てる。

❶両手をついて脚を大きく開く
両手両足を床につける。両手間はできるだけ近づけ、両足は大きく開き、つま先は内側に。

❸上体を起こす
上体を起こして胸を張り、お腹を軽くへこませて視線を正面に向ける。

❹お尻を上下に動かす
体重を前脚にのせたまま、姿勢を崩さずお尻の上げ下げを10回くり返す。反対側も同様におこない1セット。

ながらエクサ

床に座って両ひざを左右に開く。両足の裏は向かい合わせにして、手のひら1枚分程度のすき間をあける。ひざを軽く20回、上下にバウンドさせる感覚で揺らす。

テレビを見ながらひざを開く

---

step3 立ちポーズでさらに"整える"

まずはストレッチで、ふくらはぎから太ももまで裏側全体をほぐしたら、2つ目のエクササイズでたれ尻の原因になるゆるんだ筋肉を刺激。太ももとの境目のあるプリ尻に！

ゆるめる 2〜3回
1 ふくらはぎと太ももの後ろの筋をゆるめる

お尻の筋肉が発達しやすくなる

❶よつんばいになる
両手両ひざをついてよつんばいの姿勢に。両ひざと両足の間はこぶし1個分あけ、足指は立てる。

❷お尻を持ち上げる
息を吐きながらお尻を上げる。

❸かかとを床につける
いったん息を吸い、吐きながらかかとを床につける。できるだけひざを伸ばし、30秒キープ。

NG 両足は外に開かない。真っすぐ置くのが正解！

整える 2〜3セット
2 お尻の丸みを作り、太ももとの境目をはっきりさせる

❷お尻を突き出す
ひざ頭を正面に向けたままお尻を後ろに突き出していき、ひざを曲げて中腰の姿勢に。

SIDE

❶真っすぐ立ち両手をお尻に添える
両足の間をこぶし1個分あけて真っすぐ立つ。両手はお尻に添える。

❸両ひざを外側に開く
両ひざを左右に開き、両足の外側に体重がのったところで30秒キープ。❶〜❸で1セット。

体重を足裏の外側にのせて、つま先を上げる。

ながらエクサ

歯磨きしながら片脚上げ

片脚ずつ、太ももが床と平行になるまで上げてひざを直角に曲げ、30秒キープする。腸腰筋を鍛え、ヒップライン作りに関わる骨盤を正しいポジションで安定させてくれます。

90°

25

むくみが取れずパンパン

脚ヤセは
強めのマッサージで筋肉&筋膜を刺激

ミオドレとは、理学療法の観点から考案されたマッサージ法。強めのマッサージで筋肉や筋肉を覆う筋膜という組織、血管までもみほぐせるのが特徴。筋肉に滞留した老廃物を排出させ、やわらかく質のいい筋肉と代謝のいい体を作ることで、美しくヤセやすい体質を目指します。

ソリデンテ
南青山院長
小野晴康さんの

ミオドレ式マッサージで
むくみ、脂肪、こりを取ってほっそり美脚に!

おの はるやす。ソリデンテ南青山院長。理学療法士、柔道整復師。公立阿伎留医療センターなどでリハビリ医療の実績を積んだあと、現職に。モデル、タレントの顧客も多数。「ダイエットマッサージ大全」¥1,400（光文社刊）

---

step1 筋肉をほぐし脚の形を整える

脚の形を整えるには、まずは太ももやふくらはぎといった大きな筋肉を攻めるのが鉄則。骨盤周辺からスタートし、脚の裏側の硬く張った筋肉をグイグイほぐしていきましょう。

左右各3〜5回

1 お尻の横をほぐす

①骨盤に親指をあてる
床に座り、骨盤の左、触ったときにいちばん出っ張りを感じるところの前に、親指の腹をあてる。

②指をスライドさせ押し流す
骨に沿って、指の腹を強く押し込みながらスライドさせて押し流す。反対の脚も同様に。

左右各3〜5回

2 太ももの外&内側をほぐす

①太もものつけ根を押す
床に座り、脚を立てる。片脚のお尻と脚の境目あたりを手全体で覆うように強くつかむ。

左右各3〜5回

②ひざ裏まで押し流す
脚の裏側に手を強く押しつけながら、ひざ裏に向かって強く押し流す。反対の脚も同様に。

3 ふくらはぎをほぐす

①ひざの裏側を押す
床に座り、脚を立てる。両手で左右からひざを挟むようにつかみ、親指をひざ裏にあてる。

②足首まで押し流す
脚に両手の親指を強く押しつけながら、足首に向かって強く押し流す。反対の脚も同様に。

---

step2 "つかむ"で脂肪細胞をつぶす

筋肉がやわらかくなったら、すかさず脂肪細胞を撃退！ 脂肪細胞を1つずつつぶしていくイメージで、脂肪のつきやすいやわらかい部分を丁寧につかんでいきます。

左右各3〜5回

1 太ももの内側をつかむ

①太もものつけ根をつかんで離す
内ももできるだけ脚のつけ根に近い部分をつかんで離す。

親指と人さし指の間で挟むようにつかむ。

②ひざ上までおこなう
位置を少しずつずらしながら、ひざ上までおこなう。痛みを感じる強さでつかむのがポイント。反対の脚も同様に。

左右各3〜5回

2 アキレス腱の上&ふくらはぎの内側をつかむ

①アキレス腱の上をつかんで離す
1と同様の手の形で足首のくぼみの上あたりを、痛みを感じる強さでつかんで離す。

②ふくらはぎの内側をつかんで離す
ふくらはぎの内側もひざ裏から足首に向かって、位置をずらしながらつかむ。反対の脚も同様に。

美尻ストレッチ
= 3要素 =

"ゆるめる"でお尻の準備運動
背中や太ももの後ろの筋肉など、アウターマッスルをゆるめます。シルエットを決定づける筋肉をゆるめることで、まずはプリッとした美尻になるためのベースを作る。

"整える"でスイッチON
お尻の筋肉を意識できると同時に、"使っている"ことも実感できるエクササイズで、筋肉のスイッチをオンに。インナーの筋肉をまんべんなく刺激します。

"動かす"で引き締める
"ゆるめる"→"整える"で目覚めたお尻の筋肉を、正しく使ってエクササイズ。股関節や脚など、インナー&アウターを使って動かすことで、引き締まった上向きヒップを形成！

step4 〝つかむ〟で脂肪細胞をつぶす

まずはストレッチで、ふくらはぎから太ももまで裏側全体をほぐしたら、2つ目のエクササイズでたれ尻の原因になるゆるんだ筋肉を刺激。太ももとの境目のあるプリ尻に！

1 お尻を押し流す 左右各3～5回

①お尻のくぼみを押す

立って上体を反らせたとき、「ペコッ」とへこむお尻のくぼみに、親指の腹をあて押し込む。

②お尻のくぼみの外側から押し流す

親指で、くぼみの外側の硬いところから、脚のつけ根まで押し流す。反対側も同様に。

2 ひざの内側をほぐす 左右各3～5回

2週目の〝つかむ〟と同じように、親指と人さし指でひざの内側を強くつかんで離す。反対側も同様に。

3 足の甲を流す 左右各3～5回

こぶしにした指の関節を足の甲に押し当てる。足首下から指先に向かって、全体を強く押し流す。反対側も同様に。

4 足の裏全体を流す 左右各3～5回

こぶしにした指の関節を足裏に当て、全体を強く押し流す。反対側も同様に。

これでOK

ゴム素材の手袋を使って〝つかむ〟
握力が弱い人は、ゴムの滑り止めがついた軍手が便利。しっかりつかめるのでマッサージが楽になります♪

効果UPのポイント
オイルやクリームですべりやすくする
〝押し流す〟マッサージのとき、すべりの悪さや肌への強い刺激が気になる人は、お気に入りのオイルやクリームを使ってもOK！

---

step3 〝押す〟でむくみを取って血流をよくする

まずはストレッチで、ふくらはぎから太ももまで裏側全体をほぐしたら、2つ目のエクササイズでたれ尻の原因になるゆるんだ筋肉を刺激。太ももとの境目のあるプリ尻に！

1 そけい部を押す 左右各3～5回

伸ばした脚のつけ根に両手の親指をのせて、上体の体重を親指にのせながら強く押し込む。反対の脚も同様に。

2 ひざの裏を押す 左右各3～5回

ひざ裏に両手の親指の腹をあてて、できるだけ強い力で押し込む。反対の脚も同様に。

3 お尻のくぼみを押す 左右各3～5回

お尻の下にこぶしを挟む。手に体重をのせてお尻を刺激する。

ながらマッサージ
デスクワークのちょっとしたすき間時間にもできる、お尻のくぼみ押し。血行を促すので冷え対策にも効果的です♪

デスクワークでお尻を刺激

効果UPのポイント

マッサージ前に体を温める
ミオドレは、入浴中または入浴後におこなうのが効果的。体を温めると、硬くなっていた筋肉がゆるみ、より深部までマッサージの刺激が届き、体がほぐれます。

できるだけ毎日おこなう
長年の積み重ねで硬くなった筋肉は、マッサージをくり返すことで徐々にゆるみます。疲れた日は1日1種類でもOK。毎日の習慣にすることが、効果を確実に出す近道。

これでOK

ペットボトルで〝押す〟&〝流す〟
ミオドレにはペットボトルが便利。広い範囲はボトルの側面で押し流し、ピンポイントで刺激したいときはキャップ部分を押し込んで。お湯を入れておこなうと体も温まって一石二鳥♪

Part 3

キレイな人と「美人百花」編集部員が証言！
私たち、コレで下半身ヤセました!!

美の情報通がリアルに実践している下半身ヤセテクを徹底リサーチ。むくみやセルライトを予防する毎日のケア、愛用アイテム、ここぞというときに頼りにしている神サロンやクリニックも大公開！

[証言2] 即効性重視ならやっぱりクレンズ

月1回のジュースクレンズで胃腸ケア

ジョンマスターオーガニックの1dayクレンズを定期的に利用しています。丸1日ジュースだけで過ごすと、体が軽くなるのを実感！

モデル・ビューティージャーナリスト
中嶋マコトさん

美容業界も注目のバンブーウォーターを配合。82種類の素材と、75種類の食物発酵エキスを使用。
LLE82 900ml ¥9,000／プラシナ

疲れた胃腸を休め、体質改善に効果的。体調や目的に合わせて3コースから選べる。1dayクレンズプログラム 6本 ¥6,000／ジョンマスターオーガニック トーキョー

バンブーウォーターと酵素の力でデトックス

デトックス効果があるバンブーウォーターを食品で唯一配合している。むくみ解消パワーも、製造方法へのこだわりも素晴らしい！

経絡整体師・美容家
朝井麗華さん

[証言1] お風呂は美脚のゴールデンタイム

香りのいいバスソルトで長め入浴を

このバスソルトでの30分間入浴に変えたら、下半身と顔のむくみが消えて足首がほっそり。代謝も上がりました。

ヘア＆メイクアップアーティスト
野口由佳さん

ザクロの香りが肌にほのかに香らせる。バスソルト ザクロ 500g ¥7,000／サンタ・マリア・ノヴェッラ銀座

着圧レギンスをはいて10～20分入浴することで、お風呂の水圧に着圧がプラスされ、むくみが解消！ マッサージを加えればより効果がアップ。

マッサージみたいにむくみが解消できる

一番の魅力は「レギンスをはいてお風呂に入るだけ」という手軽さ。疲れているときに、これだけでむくみが解消されるのも嬉しい♡

「美人百花」美容デスク
秋葉樹代子

[証言4] 効果がエステ並みのセルフケアグッズ

エステ並みの機能で下半身を賢くケア

体を温めて、筋肉を刺激しながら脂肪をほぐしてくれる優れもの。エステに比べて時間もお金も節約できるので、愛用してます♪

「切らない脂肪吸引」で知られるエステの技術を搭載。下半身のセルライトに効果抜群。ボディケア キャビスパRFコアEX ¥45,000／ヤーマン

超音波と温め効果で老廃物を徹底ケア

1日10分を続けていたら、ひざまわりのお肉が薄くなりました。深部からの温め効果で脚の冷えも解消！ 毎日の日課として使っています。

ビューティーコーディネーター
大里有里砂さん

特殊な超音波で脂肪とセルライトにアプローチ。ドクター・キャビエット ゴースト プラス ¥225,000／ジェイ・ビー・マシナリー

Home care ホームケア

下半身の脂肪は、むくみや疲れが大きく関係アリ。脂肪を少しずつ分解＆作らせない、脚ヤセ成功者のホームケアをチェック！

モデル **舞川あいく**さん

[証言5] 飲むだけでくびれが出現！

1日1杯で便秘解消ペタンコお腹に

友だちのクチコミで試して以来、スッキリ感にハマってます（笑）。続けていたらぽっこりお腹が改善されて、くびれができてきました！

Noëlaプレス
伊藤佳奈さん

植物素材を配合し、自然の力でお腹スッキリ。モリモリスリム（ほうじ茶風味）5g×30包入り ¥3,200／ハーブ健康本舗

力いらずで脚のマッサージがラクラク♪

主に運動や入浴後の下半身マッサージに使用していて、むくみやコリが驚くほど解消！ 簡単で手軽に使えるので重宝してます。

スタイリスト
野村和世さん

\使い方はこう/

ローラーで脚を挟んで、力を入れず効果的にマッサージができるセルフケアツール。どんな脚のサイズにも合う自動調整機能つき。ロールリカバリーR8 ¥16,648／Kinetikos

[証言3] レコーディングダイエットで運動せずスリムに

摂取カロリーを記録するだけで8kgヤセ！

1日の食事を1300kcal以内に設定し、決めた時間に食べて記録。太ももがみるみる細くなり、キツかったパンツにスキマが出現！

編集・ライター
石塚覚子さん

[証言7] 脚のむくみは各方面から徹底的に解消！

脚ヤセはもちろん肩こりや腰痛にも◎

足首に巻くと体のゆがみが矯正され、むくみに効果てきめん。O脚やX脚にも効果があるそうで、美容業界関係者の間でも評判です。

モデル・ビューティージャーナリスト
中嶋マコトさん

足首を調整することで体のゆがみを改善。クワトロハートABサポーター ¥12,000／クワトロハート

むくんだ脚をジェルが瞬間冷却

塗った瞬間冷たくなるジェルで、脚がスーッと軽くなる感覚が心地いい♪ 爽やかなミントの香りでリラックスできます♡

「美人百花」編集部
笹野好美さん

配合された植物成分により、使い続けることでむくみにくい脚に導いてくれる。フィトメール クリオ トニック 150ml ¥5,500／アブコ フィトメール

睡眠中に脚を温めむくみを解消！

冷えはむくみに直結。これをはいて寝るとじんわり脚が温まって、腰までポカポカ。冷えとむくみをダブルで予防できます。

ジルスチュアートPR
伏見玲奈さん

天然鉱物パウダーが遠赤外線を発生させ、ふくらはぎを温める。イオンドクター レッグウォーマー41 ¥12,600／ジェイ・エス

むくんだ脚を優しくつつむはくサプリ

デスクワークの日は日中、帰宅したら夜用をはいておけばむくみ知らずのスッキリ脚に。ほどよい圧でのケアが心地いい。

「美人百花」編集部
池野もも

シーンや悩みにより細分化されたケア用靴下。右から、靴下サプリ ふくらはぎ押し上げサポーター ¥1,500、同 ～寝ながら～うずまいて血行を促すソックス ¥2,400、同 うずまいて血行を促すソックス ¥1,800／以上岡本

[証言6] 鉄板アイテムの実力に頼りきり！

脚や顔など全身に使って効果を実感

パンパンに張ったふくらはぎのむくみが即取れます！ 使い続けて脚が太くならなくなり、形も真っすぐキレイになった気がします。

美容家 **深澤亜希**さん

4つのローラーがエステティシャンの手技を再現。体のさまざまな部分にフィットし、脂肪にアタック。リファフォーボディ ¥33,000／MTG

一番効果を感じるのはやっぱりこれ！

いろんなオイルを試した結果、愛用しているのがシゲタ。お風呂上がりに足先から太ももまでマッサージして、余分な水分と老廃物を除去！

ジルスチュアートPR
伏見玲奈さん

血行促進を目的に数種類の精油を配合したこだわりのブレンドオイル。リバーオブライフ 15ml ¥6,000／SHIGETA Japan

[証言2] "骨格"を正してゆがみ脚と決別！

骨格矯正でメリハリ脚に POWWOW [パウワウ]

マッサージだけでは解決しきれないこりや骨格のゆがみを根本から改善。ダイエットにフォーカスしたメニューはウエストまわりにアプローチして、お尻、太ももまでスッキリ！

こんなにスゴイ！

横に開いていたふくらはぎが真っすぐに戻り、お尻がキュッと上がって姿勢まで格段によくなった。

継続しやすい価格と確かな技術に信頼大

とにかくコスパがよすぎ！ 短時間で体型がわかりやすく変わり、施術後はお腹がペタンコ&お尻の肉が柔らかくなり丸みも。

本誌デスク **秋葉樹代子**

私が体験しました！
会社受付 **橘樹里**さん

鏡を見なくても、骨盤が正しい位置に戻ったのを実感。いつも腰のあたりがキツく感じるデニムをはくのが楽しみです♪

全身を深層部までしっかりほぐして、骨格にアプローチ。元の正しい位置に導いて美シルエットに近づける。

DATA [POWWOW ブランタン銀座店] 東京都中央区銀座3の2の1 ブランタン銀座 アネックス館4F ☎03・5524・6430 11:00〜20:00（日〜木曜）、11:00〜21:00（金、土曜） 不定休 60分 ¥7,200〜 http://www.powwow-ginza.com/

[証言1] "エステ"で脂肪を強制除去

美容業界で評判の「HIFU（ハイフ）」を採用！ LIP [リップ]

一番の人気メニュー「HIFU」は、太もも、ヒップ、お腹など、脂肪が厚めの下半身部位へのアプローチが得意。施術直後よりも1週間後、1カ月後に効果の実感を得られると話題。

モデル **美香**さん

デニムのウエストが緩くなって感激！

確実にサイズダウンできる「HIFU」は大事な撮影の1〜2週間前に必ず受けるほどの効果。ハンドマッサージのレベルも高く大ファンに。

こんなにスゴイ！ 《結果一例》

お肉がひざ上にのり、全体的にむくみが気になる状態から、ひざ上がスッキリして太ももの間にスキマが出現!! 引き締め効果がスゴい！

1回の施術でお尻の位置が上がります！

「HIFU」とセットで「キャビテーション」を受けると、相乗効果でたるんだお尻がぐんと引き上がるんです。

スタイリスト **井関かおり**さん

こんなにスゴイ！ 《結果一例》

横にたるみ、セルライトのデコボコが目立っていたお尻も、表面がなめらかに整って、キュッと小さく引き締まった!!

DATA 東京都港区南青山1の8の15 カーサ南青山2F ☎03・6459・2758 11:00〜20:00 月曜 Body 50分 ¥15,000〜 http://lifesalon-lip.com/

Spot スポット

エステやクリニックなど、ときにはプロの助けも上手に利用するのが賢い美人。これがモデル&美容家のお墨つきスポットです！

決まったメニューがなく、その人の状態に合わせたオリジナルプランを提案してくれるオーダーメイドのサロンだから、望みどおりの結果が出る!!

理想の美脚ラインが叶う re-axis [リ・アクシス]

骨格調整を基本とした整体で、骨盤の開きや脚のゆがみをリセット。「骨格だから……」とあきらめていた脚も、見とれるような美ラインに。ヒップアップや猫背にも効果あり。

DATA 東京都大田区羽田1の15の17 ウィンズ名倉1F ☎03・6423・9224 11:00〜22:00（最終受付21:00） 不定休 美容整体 60分 ¥7,500〜 http://www.re-axis.com/index.html

体のゆがみが即直ってスラッと脚に変身♪

O脚を矯正したくて、こちらの木槌を使ったマッサージを体験しました。即効性があって、結果がすぐ目に見えるので大満足でした！

エディター&ライター **三輪順子**さん

木槌を使った骨格へのアプローチでゆがみを調整。1回の施術ですぐに効果が出て、持続性にも自信あり。

徹底的に流してスッキリシルエット CLARINS [クラランス]

スリミングコスメの草分け、クラランスの極上トリートメントは、循環をよくするのが得意！ その下半身のスタイルアップ力は、世界中の美アイコンたちにも評判♡

私が体験しました！
PR・通訳 **李雨瀟**さん

ふくらはぎのむくみとひざまわりのお肉がスッキリし、脚全体が軽くなりました！ パンツを履くのが楽しみ♪

DATA [アンスティテュ クラランス 伊勢丹新宿店] 東京都新宿区新宿3の14の1 伊勢丹新宿本店 パークシティ3 B1F ☎03・3355・1681 10:30〜20:00 伊勢丹新宿本店に準ずる ボディ リフトスカルプター 60分 ¥17,000〜

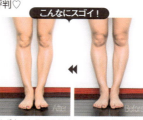

ひざ上のたるみやむくんでいた部分が、全体的にスッと引き締まり、ひざの位置が上昇！ 血色もよくなり肌がツヤツヤに。

いくつもの手技で徹底的にほぐされる

植物由来の成分とクラランスの独自メソッドで、脚が驚くほど軽くなる！ マシーンなしでオールハンドでおこなう施術に毎度感動。

「美人百花」デスク **秋葉樹代子**

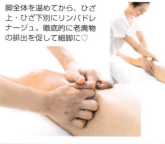

脚全体を温めてから、ひざ上・ひざ下別にリンパドレナージュ。徹底的に老廃物の排出を促して細脚に♡

[証言3] "マスター"ストレッチでボディラインを整える

教えるところが増えてます♪ バレエが進化したストレッチが話題

専用シューズを履いて脚全体をストレッチ

底がカーブしたシューズを履き、ストレッチしながら正しく筋肉を使うので、脚のラインが整います。私はふくらはぎの位置がUPしました！

モデル&ボディメイクトレーナー **佐々木ルミ**さん

マスターストレッチとは……

バレエをベースにピラティス、ヨガなどの要素を融合した、近年アスリートや海外セレブの間で話題となっているメソッド。専用のシューズをはき、お尻から足裏まで脚全体をストレッチ。筋肉を締めるのではなく、伸ばしながらコアトレーニングをすることで、必要な柔軟性と筋力がつき、美脚効果は抜群！ 日本でもフィットネスジムなどで取り入れられている。

骨格からスリムになれる！ Aimerlilia [エメリリア]

表面の脂肪にアプローチするのではなく、骨格からボディラインが引き締まるケアだから、スリミング効果が持続。骨盤がひとまわり小さくなるというクチコミが続々!!

モデル **美香**さん

自分でも驚くほどラインが美しく変化

「骨から整える」というコンセプトのとおり、骨格が変わるのを実感。ココに通っているときのボディラインは格段に違います。

DATA 東京都港区麻布十番1の5の19 ラトリエ・メモワールビル5F ☎03・6447・2939 10:00〜20:00（土、日、祝日）、11:00〜22:00（平日） 無休 BODY 30分 ¥5,000〜

1人1人の骨格に合わせたオーダーメイド施術が魅力。骨から整えることで骨盤や脚のゆがみが解消！

スゴ腕マッサージでデトックス Mishii-Beaute [ミッシィボーテ]

「ゴッドハンド」として圧倒的人気を誇る高橋ミカさんが手がけるサロンは、女優やモデルたちのかけ込み寺！ 冷えや疲れ、むくみでパンパンにコリ固まった下半身も奥からケア。

モデル **舞川あいく**さん

全身インディバで脚のむくみスッキリ

全身インディバマッサージを受けると脚のむくみがスッキリとれて肌もなめらかに。イタ気持ちよさの中、寝ている間に美脚&美尻に。

DATA 非公開 ☎03・3400・0812 11:00〜20:00 日曜、月曜 ディープリラクゼーションコース 90分 ¥16,200〜

トップクラスの手技とインディバのW効果で下半身がよく温まり代謝UP。毒素排出で脱・むくみ脚。

撮影/吉井明[尹先生、酒井先生分]、松本有隆[小林さん、奥山さん分]、坂本よう子[長坂さん分]
取材・文/長島恭子[奥山先生分]、西野暁代　●掲載商品の問い合わせ先はp.127にあります。

な背中のせいなんです。

表れる背中だからこそ、本格的「BBA化」する前に、対策を！！

「ブラの線で背中が段々なのに気づいて汗！」
メーカー勤務
峠智子さん

後ろ姿を撮られたら、背中がデカかった……
アパレル勤務
大屋りかさん

背中が「BBA化」するメカニズムを専門家に聞きました

デスクワークやスマホが老け背中を作ってる!?

長時間のデスクワーク、スキマ時間にはすぐスマホチェック……アラサー女子の生活は姿勢を悪くする要因ばかり。悪い姿勢を繰り返すと、首や肩が不必要に前に出て、そのゆがみをカバーするために、本来S字である背骨もゆがみます。それにより、関節や、骨に付随している筋肉にも間違った方向に力が加わって負担が生じ、凝りや収縮が発生。筋肉や骨はどんどん間違った位置で固定されます。その結果、血行や代謝も悪くなり、ここに脂肪がのっかっていくのです。つまり、「BBA化」した背中に。しかも背中は、目につきやすい部分と違ってピンポイントでケアしにくいうえ、アラサーにもなると代謝が落ちて体型に変化が出てくるお年頃なので、背中の「BBA化」はどんどん進行するんです！

そんなBBAな背中と戦うには、姿勢や骨のゆがみ、余分な脂肪など多角的な原因があることを知り、対策の実行が必要。今回はその対策法をご紹介します。

教えてくれたのは

ピラティスインストラクター
奥山あゆみさん
劇団四季を退団後、モデル活動をするとともにピラティスインストラクターに。現在、「OASIS RAFEEL代官山」http://sportsoasis.co.jp/sh77他で指導。

「猫背改善スタジオきゃっとばっく」オーナー
小林俊夫さん
ピラティスなどを組み合わせたオリジナルメソッドを表参道・神楽坂で展開。「猫背改善スタジオきゃっとばっく」http://catback4h.com/

日本ウォーキングセラピスト協会 代表理事
長坂靖子さん
ミス日本受賞後、資格を取得しウオーキングトレーナーに。表参道で「ビューティースタジオ Nagasaka」主宰。http://imprex.jp/studio

「さかいクリニック」グループ代表
酒井慎太郎先生
柔道整復師。整形外科などの臨床スタッフとしての経験を生かし、腰痛や肩凝り治療の第一人者として活躍。「さかいクリニック」（東京都北区所在）http://sakai-clinic.co.jp

「BHY」院長
尹生花先生
根本からの改善を目指し、丁寧なカウンセリングをもとにした施術で人気。東洋医学を基盤に、痩身、エイジングケアなど幅広い女性の悩みに応える。「BHY表参道」http://www.bhy.co.jp

今のままでは背中の老けは加速してしまいます！

背肉・背脂タイプの改善法はこちら

こんな人にオススメ
- 背中のブラにお肉がのる
- 姿勢が悪く背中が丸まりがち
- 仕事のメインはデスクワーク
- 腹筋&背筋が弱くお腹ぽっこり

対策1　姿勢を直してみよう

ゆがんだ姿勢や歩き方は余分な脂肪を蓄積します。正しく直してスッキリした背中に！

猫背を直してみよう

猫背を放置すると背中のゆがみを引き起こして、背肉がつくだけでなく、バストのたるみにもつながります。逆に言うと、猫背を正せば全身のスタイルも整うんです。

教えてくれたのは
「猫背改善スタジオきゃっとばっく」神楽坂店マネージャー
古城奈々絵さん

教えてくれたのは
「猫背改善スタジオきゃっとばっく」オーナー
小林俊夫さん

巻き肩を直す　リバースプランク

1 座って手を後ろにつく
指先は体側に向け、体育座りのように骨盤を立てて座る。手は肩幅、足幅とひざの間をこぶし1つ分開けてひざを90度に。

2 グッとお尻を持ち上げる
腹筋に力を入れ、ひざ、骨盤、肩が一直線になるようにお尻を持ち上げる。胸を開くイメージで1〜2秒キープ。

NG 首が埋まっている

骨盤を整える　ヒップリフト

1 ひざを曲げて仰向けに
足は90度より狭く曲げ、ひざの間をこぶし1つ分開ける。手のひらは上に向けあおむけに。

2 ゆっくり腰を浮かせる
お尻を持ち上げ、ひざ・骨盤・肩を一直線にし、1〜2秒キープ。呼吸は止めず、1日5回、朝晩やるだけでも効果アリ。

さらに効果UP！
さらに効果を出すなら、お尻を上げた状態で、ひざの角度を保ったまま片足ずつ、ひざを胸に寄せるように1回ずつ上げ下げすると◎。

NG 肋骨を持ち上げている
NG 体がねじれている

ウオーキングを正しくしてみよう

ウオーキング=日常で行う筋トレと心得て。正しい姿勢を保ち腕を振って歩くことで肩甲骨が動き、背肉を刺激。結果、特別な運動をしなくても美しいバックスタイルに！

教えてくれたのは
日本ウォーキングセラピスト協会代表理事
長坂靖子さん

歩くときのポイント
OK 腕が真後ろに引かれ肩甲骨が寄っている
NG 腕が開いている

正しい姿勢をキープそのまま踏み出して
つま先を正面にしてかかとから着地。後ろ足の指で地面をしっかり蹴る。腕は90度に曲げ後ろに引き、肩甲骨を寄せるように動かす。

正しい姿勢
目線は水平線に
耳／肩／指先／ひざ
かかとから着地

耳・肩・指先・ひざを一直線に保って立つ
指先はももの横に置き、耳・肩・指先・ひざが一直線になるように立つのが正しい姿勢。目線は水平線をキープ。

30

> 体重は変わってないのに、後ろ姿がママにそっくり!?

"老け見え"の原因はBBA（ババア）

アラサーになって劣化するのはお腹まわりや顔だけじゃない！　実はお母さんみたいに肉づきのいい背中になってるの、気づいてる？　お手入れの成果や年齢が

対策2 筋肉を鍛える

背中に脂肪がたまる原因のひとつが、肩甲骨のゆるみ。背筋を鍛えて、ゆるみを防ごう！

相乗効果のあるウエアあります！

肩甲骨の動きを手助けして、運動効果を高めるウエアが続々登場中！

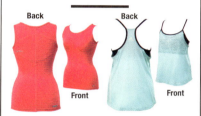

加齢でズレた肩甲骨を引き寄せて正しい姿勢に矯正
腹筋と背筋の補助機能のおかげで、着ると背筋が伸びる！　日常で着ても◎。肩バランスアップシャツ￥7,128／アシックスジャパン

背面が大きく開いてストレスなく肩甲骨を動かせる
動きを邪魔しない設計でトレーニングをサポート。レディース ヨガ パッド付きキャミタンクトップ￥5,900／アディダス ジャパン

骨格をサポートして骨も動きやすくなる

サイドのボーンが肋骨を支え、肩甲骨の動きをスムーズにします。肩甲骨のきもち ブラジャー￥5,600／トリンプ

タオル1本でできる背中エクササイズ

なかなか意識しづらい背中も、タオル1本あれば効率よく筋トレが可能。たった3つの筋トレでハミ肉と決別！

教えてくれたのは／ピラティスインストラクター 奥山あゆみさん

背中全体を引き締めるエクササイズはAとBの2種類

A 広背筋にキク

NG 頭が下がり背中が丸まる

スタートは上半身を床と水平に
両足を腰幅に開き、ひざを曲げて立ち、両手でタオルを握り、上半身を床と平行にする。両腕を耳の高さで頭の先へ伸ばし、息を深く吸う。肩が上がらないように。

ゆっくりと腕を上げる
息を吐きながら、両腕を耳の上あたりまで上げる。再び息を吸い、吐きながら1の姿勢に戻る。背中の筋肉（広背筋）を意識して、計10回。

B 脊柱起立筋にキク

NG 首を縮める、肩を寄せる

始めはリラックスした状態で
床にうつ伏せになり、足を腰幅に開く。両手でタオルを握り、両腕を頭上に伸ばした状態でスタンバイ。一度、息を深く吸う。

息を吐きながら、腕を引く
腹筋を締めて、タオルを胸の前まで引き寄せるように胸を上げる。このときお腹までは上げない。再び息を吸い、吐きながら腕を伸ばして1に戻る。計10回。

肩甲骨まわりの肉を取る

1 ひじをまっすぐに腕を伸ばす
両足を腰幅に開いて立つ。両手でタオルの両端を握り、腕が耳の後ろになるようにし、両腕を頭上に伸ばす。いったん、息を深く吸う。

2 肩甲骨を真ん中に寄せるように意識
息を吐きながら、ひじを曲げ、タオルを首の後ろまでおろす。再び息を吸い、吐きながら腕を伸ばして1に戻る。計10回行う。

肩甲骨が寄っていることが重要

対策3 モノや科学の力でどうにかしてみる

がんばらずに続けられるのはこちら。エクササイズと併用すれば、より効果アップ！

血行を促進させてみる

血行を促すと、代謝も上がり、結果、効率よく脂肪を燃焼できるようになるんです！

セルライト
マリコール ピュア マンスール ラピドゥ

すばやく浸透し集中ケアできる
根付いてしまった部分をケアするならコレ。Lメントール配合。200ml ￥9,000／ビューティーコンテンツファクトリー

サイズダウン
インテンシブ ボディ グローバル

塗るだけで背中のセルライトに集中アプローチ
脂肪細胞についての研究を重ね、誕生したボディ用乳液でサイズダウンを目指して。200ml ￥21,000／シスレー

血行
バブ メディケイティッド 高濃度炭酸

炭酸入浴のパワーで体全体の代謝をアップ
高濃度炭酸が温浴効果を高めて、血行を促進。入浴後も温かさが持続。柑橘の香り〈医薬部外品〉70g×6錠 オープン価格／花王

今注目の炭酸ってどんな効果があるの？
炭酸ガスには血管を拡張する作用があり、血行促進・冷え性・肩凝りなどに効果的。炭酸入浴剤を使うと基礎代謝がアップするという実験結果も。体の深部まで影響を及ぼすので、より代謝をしやすい体に。

教えてくれたのは／花王 パーソナルヘルスケア研究所 室長 工藤道誠さん
真菌学・皮膚科学の研究を経て、1996年より「バブ」をはじめとする入浴剤の商品開発や炭酸の健康効果、発汗研究に携わる。

脂肪を凍らせてみる
最旬の医療ダイエットとして注目の脂肪冷却。寝ているだけで念願の部分やせも可能！
DATA Theoryクリニック
http://www.theory-clinic.com/

脂肪のみを凍らせて体外に自然に排出
他の組織には影響を与えず、脂肪細胞だけをシャーベット状にして死滅＆破壊させ、排出させる施術。死んだ脂肪細胞は2〜4カ月かけて自然に体外に排出されるため、リバウンドが起きにくく痛みもほぼゼロ!!　いわゆる背脂を部分的に撃退可能。

After　Before

下着で平らにする

パッと見だけでもなんとかしたい！そんなときは下着でボディメイクしてみては？

サイド〜バックの布幅があればワキ下と背肉はスッキリ♥

Close-up

サイドの布幅がたっぷりあるブラなら、気になるハミ肉が収まって脇と背中がほっそり見える！（写真は参考）

After　Before

幅のあるサイドがハミ肉をカバー。さらに下のレースでブラ下のたるみも解消！

ブラのハミ肉や腰まわりなど脂肪が厚い部位に効果的。リンパの流れがよくなり代謝もアップ。

ブラで締めつけられた脇と背中からお肉が段々になり、肉感たっぷり。

骨タイプの改善法はこちら

こんな人にオススメ
- いつも同じ手でカバンを持っている
- 食事を片方だけで噛む癖がある
- スカートが回ってしまう
- 気づくとタイツがねじれている

対策1 骨の動きをよくする

骨が動かないと、付随する筋肉も固まり、脂肪がのることに。その対策を教えます！

関節の動きをよくするエクササイズを教えてもらう

骨の動きで重要なのは関節。骨と連結する関節の動きをよくすれば、筋肉も鍛えられ、脂肪も解消しやすく！

教えてくれたのは さかいクリニックグループ代表 **酒井慎太郎先生**

首・肩・腰をまとめて矯正する

2 あおむけで背骨を整える
平らで硬い床にあおむけになり、先ほどの仙腸関節にボールを当て、1～3分そのままリラックスする。背骨のS字の湾曲を整えれば、首、肩、腰も正しく。1日1回。

アパレル勤務 細川真奈さん

もし苦しいなら…

できない人が多く別ポーズもアリ
単純に見えて、痛くてできない場合は、自分が痛くない位置でひざを立てた姿勢で行ってもOK。

1 使ったのはコレ！
2個のテニスボールを用意。2つを粘着包帯などで動かないように固定します。

仙腸関節を確認
まず背骨の終わりにあるとがった骨、尾てい骨にこぶしを当て、こぶしの上に、2つのテニスボールを合わせたくぼみが来るように置く。そこが仙腸関節。

尾てい骨

背骨を整えるエクササイズはAとBの2種類

A 2 上体を前に倒す
正座で、土下座をするように上体を倒す。徐々に腕を前に向け伸ばし、1～3分キープ。1日3セット。そり腰にもキク！

1 前に曲がった背骨を体をそらして直す
床に手をつけた状態でうつ伏せになったあと、おへそが床から離れるまで、息を吐きながら上体を起こす。1分間キープ。1日1回単独で行っても◎。

 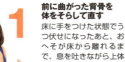

首を矯正するエクササイズはAとBの2種類

A 1 頭と首の間を広げる効果アリ
テニスボールを当てる位置を確かめるために、後頭部のでっぱりの開始する個所を指で探します。その位置にテニスボールを当てます。

2 ボールを当ててあおむけに
こちらも硬い床の上で行う。あおむけになり、確かめた位置にボールを当て、上に頭をのせる。1回1～3分、計1回でOK。

ボールがずれないよう、背中の下で2cmほどの本をストッパーにすると◎。

B 2 胸を開くことを意識して床にあおむけになる
胸の真裏にある肩甲骨にボールを当てるイメージ。リラックスした状態で、息は吐くことを意識。体重を分散させるように、1～3分間行う。計1回。

1 胸を効果的に開ける位置を確かめる
肩甲骨の真ん中あたりにボールを当てる。両肩の骨の、湾曲の頂点をつなぐように置くのが正しい位置。

最新の技術で、㊍背中チェックが可能！
ちなみに

今回教えてくれた酒井先生のところでは、3Dで姿勢分析できるマシンや、エラストグラフィーと呼ばれる筋肉の硬さを測る装置で、科学的な立場から、背中の状態を見てもらえます。

❷筋肉の硬さを測る

超音波のような機械で、筋肉の硬さを計測。凝っているところ（＝無理をしているところ）を見つけられる。

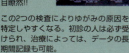

青くなっているところは筋肉が硬く、赤いところは柔らかい。凝りの様子が一目瞭然。

この2つの検査によりゆがみの原因を特定しやすくなる。初診の人は必ず受けられ、治療によっては、データの長期間記録も可能。

❶3Dで姿勢分析

3Dで体の立体映像を出し、最初に体の重心や、姿勢の角度をチェック。骨のゆがみや重心の偏りなどが一発で判明。

 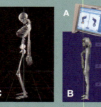 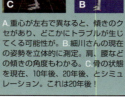

A 重心が左右で異なると、傾きのクセがあり、どこかにトラブルが生じてくる可能性が。B 細川さんの現在の姿勢を立体的に測定。肩、腰などの傾きの角度もわかる。C 骨の状態を現在、10年後、20年後、とシミュレーション。これは20年後。

B

1 肩と骨盤を一直線にして正しい姿勢に
特に、前に出た首に効果アリなエクササイズ。まずは正座し、できる限り正しい姿勢を取る。立った状態で行ってもOK。

肩 / 骨盤

2 そのままの姿勢を意識して手を添える
片手の人さし指と親指であごをつかみ、もう片方の手を額に添える。左右の決まりはないので、添えやすい方の手でOK。

3 体は動かさず首と頭だけ後ろに引く
あごをつかんだ手を首ごと後ろに押していきます。あごをかなり引くので誰でも二重あごになってしまうけど、これで正解。

4 ゆっくりと倒すように顔を上向きに
そのままの姿勢で首の重心を後ろに押すイメージで顔を上向きに。1～2秒キープ後、顔を正面にゆっくり戻す。1日3分。

32

両方のタイプの改善法はこちら

BHY 院長
尹生花先生

アラサー女子が体験
老廃物の排出で脂肪を燃焼！

今回はツボ・経絡を刺激して老廃物を排出、美ボディを作る「デト・ユニフィエ」を体験。

試してくれたのは
もともと保育士をしていたのですが、子どもを毎日抱っこしていた名残で猫背がひどくて……肩凝りも悩みです。
アパレル勤務 大屋りかさん

↑肩が丸まって前に出て、その影響で鎖骨も埋もれぎみ。スティックを使って鎖骨の横も施術する。

←特許取得のスティックで、筋肉や関節の中に潜んでいる毒素を排出させ脂肪を燃焼。老廃物があるほど皮膚が赤くなるそう。

←右肩の方が赤いのは、そちらに凝りがたまっているせい。凝り固まった筋肉によって背骨が右に引っ張られ、左にカーブを描いていたんです。

体が左側に曲がってますね
そういえば服がよくよじれます

↑まずはカウンセリング。大屋さんの背骨は左側に湾曲し、肩が胸側に入っているせいで背中が拡大。凝りの盛り上がりで首も短いと判明！

詰まった老廃物を流したあとに関節を正しい位置に整えていく。

肩を開きつつ肩甲骨を入れ込むようにし、背骨と肩甲骨を正しい位置に戻す。

施術をひと通り終え、状態を確認。左に曲がっていた背骨が首の中央に戻り、肩まわりもスッキリ。

施術前、後の変化はこちら

後ろ
↑前に丸まっていた肩が開いたことで、肩甲骨が寄り、背中の面積が減った！ タンクトップの上にのっていた脇のお肉が消えてスッキリした背中に変化。さらに首がスッと上に伸びて美しい姿勢に。

 左
 右
少し右側を向いていた顔がちゃんと正面向きに。猫背と前に巻き込んでいた肩が解消し、前に突き出ていた首がスッと上向きになり、あごも引き締まった。頭も正しい位置に戻った！

骨の位置を整えるエクササイズ

老廃物を排出し、筋肉をほぐして矯正したら、正しい位置になった骨を支える筋肉を鍛える必要アリ！

背中全体を鍛え、骨を起こすエクササイズはAとBの2種類

B

1 手の指先を後ろに向けて手足を肩幅に開き座る
胸を張って両手を体から離して置ける位置に置き、ひざは90度に曲げて。

2 腰を持ち上げアーチをつくる
息を吐きながら、背中の筋肉を意識し、5秒キープ。最低1日1回でもOK。

2 重心を前足にのせて両手を体からそらす
姿勢を1〜2秒キープ。息を吐きながら、目線は斜め上。1回で十分。

\手のそらし方/

A

1 足を前後に開き、組んだ手を仙骨の上に
背筋を伸ばし、両手を仙骨の上で組んだあと、手のひらを背中につける。

\手の組み方/
仙骨

このとき、肩甲骨が寄っていること、前の肩が開いていることを意識するのがポイント。

組んだ手の、手の甲を背中につけてしまうと、肩の前側の開きが悪くなるので間違いです。

対策2 やはり、モノに頼る

ものぐさささん＆日常生活でも常に矯正をしたい人は、お手軽グッズで日々クセづけを。

ボディメイクシート スタイル

正しい座り姿勢を導いて美しいボディラインに

カイロプラクティックに着目して開発された、座るだけで美しいS字カーブの姿勢を保てるシート。オフィスで使っている人も多数。¥7,800／MTG

背中バランスダイエット

筋肉を左右均等に整えて背中のゆがみにアプローチ

有名人も通う「アスカ鍼灸治療院」の福辻先生が監修する、背筋ケア用ストレッチマット。上に寝転ぶだけで簡単。¥7,800／ドリーム

Vアップシェイパー

腹筋を鍛えると背骨が支えられ姿勢も正しくなる

Front Back

つけると腹筋が働き、背中を支える構造で姿勢が正しくなるアイテム。¥6,648／イッティ

勝野式肩楽さん

Front Back

猫背などの姿勢矯正にぴったり

たすき掛け効果で肩甲骨を引き寄せ、自然に背筋を伸ばせるインナー。肩甲骨の可動域を妨げず、肩が軽くなる効果も。¥2,838／メイダイ

ウェアラブルコスメ® ボディバランスリング

指にフィットするジェルリングで美姿勢をサポート

足の人さし指につけると親指が開き、体の重心が安定、歩行もサポートできる。正しい姿勢になることでバランスが整う。¥890／DHC

食べない＆楽しくない Diet はもう古い！
我慢しないでヤセる♡
セレブ式ダイエット

美意識が高いセレブたちの最新ダイエット法は、「知識を持って食べ、楽しみながら体を作る」こと。セレブのように、カロリーよりも栄養を重視して、効率のよい運動を楽しみながら美ボディに！

写真／aflo、Shutterstock、Instagram　構成・文／伊藤裕子

Rule is FNS !
栄養がある食べ物なら、カロリーなんて気にしないわ！

親子3世代でクッキング
お母さんとおばあさんの3人で料理を楽しむシーンをインスタグラムに投稿！ また、愛息子のフリン君（5歳）に作る手料理で大事にしていることは、「愛情を込めること」だそう♡
Miranda Kerr (@mirandakerr)

Part 1
カロリーなんて考えない！
〜食べ方を変える〜

食材が持つカロリーよりも栄養を重視するのが、今どきセレブの考え方。まずは、何をどのように食べるか？ を意識してみましょう！

ミランダ・カーは、80％の健康食と20％の好きなものを食べる。

我慢しすぎるのは、メンタル面でも不健康というのがミランダの考え方。食べたい欲求が出たら、バランスを心がけて取り入れましょう！

スーパーフード

ミランダのオススメ「チアシード」のように、特別な栄養素を持つスーパーフードを取り入れましょう。最近では、和のスーパーフードといわれる酵素（味噌）や抹茶、海藻類もお気に入りだそう。

ドリンク

体によいイメージの果物や野菜のジュースにご用心！ 果糖や砂糖で甘さを出したドリンクより、ケールや小松菜などの葉野菜をメインとしたスムージーやコールドジュースなどをチョイスして!!

オイル

成分の90％を不飽和脂肪酸が占めるココナッツオイルのように、健康によい油（DHA、EPA、オメガ3系）をとりましょう。また、飽和脂肪酸（牛脂、ラード、バターなど）は控えたい脂です。

ストイックにならず「バランスを考える」こと！

スナック

現代のモデル界は、「お腹がすいたら食べる」が常識！ ミランダが選ぶのは、カカオ80％以上のチョコや枝豆、アーモンドなど。間食だって、心と体の栄養になることを忘れずに♪

デトックス

ティー（お茶）とデトックス（解毒）を合わせた"ティートックス"がセレブたちの間で大ブーム！ 代謝率UP、脂肪燃焼効果、排出作用、アンチエイジングなどの効果がある茶葉をブレンドしたもの♡

好きなもの（糖＆脂）

20％
大好きな食べ物は、ミランダのようにご褒美程度に食べるべき！ 炭水化物を控えたいなら、米粉や大豆粉、ベサン粉（ひよこ豆）といったように、ヘルシーな食材で作る代替食材も増えています。

昨年、ミランダがハンバーガーを頬張る写真をインスタグラムに投稿し話題に！ 写真には、「80％ヘルシーなものを食べたら、20％は好きなものでストレス発散するの♪」といったメッセージを添え、我慢よりもバランスを重視する大切さをアピールしました♪
@mirandakerr

Full Not Satisfied ＝ 「満足するより満腹になる」
食べ方が最新トレンド

ミランダ・カーが明かした美の秘訣、「栄養がある食べ物なら、カロリーは気にしないわ」のように、美意識の高いセレブたちの間で"FNS"の食べ方が新ルールとなっています。同じカロリーでも糖質や脂質が多い食品を控えて、栄養のある食事をしっかり食べるという考え方です。例えば、ミルクチョコレートを食べるよりも、アーモンド（体によい油）を選ぶといった食べ方を大切にして♪

ビタミン＆ミネラル 500kcal ＞ 糖質＆脂質 500kcal

同じカロリーなら栄養を重視する！
菓子パンを食べるよりも栄養価の高いアーモンド（ビタミンE、不飽和脂肪酸など）を選ぶ。コーンフレーク（高GI）よりも、オールブラウン（低GI）を選ぶなど、栄養に関心を持つことから始めてみて！

ベジパスタ
写真は、ズッキーニパスタのペペロンチーノ風。パスタに限らず、幅広いレシピを味わえオシャレな盛りつけを楽しめます。モデルのクリッシー・テイゲンも、炭水化物を控えたいときによく作るそう。

GEFU スパイラルスライサー スピレリ
ヨーロッパに始まりアメリカでブレイクしている、ベジパスタの火つけ役、ギフ社のスライサー。好きな野菜をセットして、くるくると鉛筆のように回すだけで麺のように細長いベジヌードルが完成！ ¥3,400／ワイ・ヨット

Part2
栄養の知識を持つ！
～食材を替える～

インスタグラムで鶏の卵の収穫や、自宅の庭で採れた新鮮野菜を投稿して、ヘルシー＆ベジタブルライフを楽しむセレブが増えています。

おいしすぎる代替主食！
グルテンフリーや糖質制限で控えたいお米や小麦粉に替わる代替主食がおいしいと話題!! 代表的な食材に、キヌア、玄米、蕎麦、オート麦、豆粉などがあります。ブームの勢いもあって、豊富な代替食材やレシピがより身近に！ 大好きなホットケーキも、豆からできた粉を使えば我慢しないでおいしく食べられます♪

アドリアナ・リマ
"ヴィクトリアズ・シークレット"のトップモデル、アドリアナ・リマもカリフラワーライスがお気に入り。エビや卵と炒めたチャーハンやピラフを食べて、メリハリのあるボディをキープ♡
Adriana Lima (@adrianalima)

Clean eating
「クリーン イーティング」を実践する！

食材の内容が見えるものだけを厳選したプロフェッショナルすぎる食生活！

ジゼル・ブンチェン
一流モデルのジゼルとNFL選手のトム・ブレイディ夫婦の専属シェフが明かした食生活が凄い！ 食事の8割は、オーガニック野菜、穀類、豆類。2割は有機畜産のお肉と天然の鮭だけというこだわり。
Gisele Bündchen (@gisele)

ソッカピザ
ひよこ豆の粉（ベサン粉）に、水とオリーブ油を加えてフライパンで薄く焼いた生地で作るヘルシーなピザ。小麦粉に替わるお菓子やパン作りにもOK！ ひよこ豆の香ばしい風味と食感が最高♡

カリフラワーライス
フードプロセッサーや包丁でカリフラワーをお米のように細かくし、良質なオイルで蒸し炒めするだけ！ クセのない味や歯ごたえがポイントで、お米やコーン、いも類に替わる主食として大人気♪

アメリカで話題の「クリーン・イーティング」とは、オーガニック食品をメインにしたプラントベース（植物性食品）とホールフード（未精製・未加工の食材）による食生活。食材が皿に並ぶまでのプロセスに意識を持ち、加工食品、精製食品、化学調味料、添加物、合成着色料などに注意する食事法です。

ほんの少しだけ、思考を切り替えればいいわ

「自然食」だけを食べるルールを持つ！

女優＆モデルとして活躍するロージーのエレガントなメリハリボディは、「オーガニックにこだわった料理を作るの」という自炊によるもの。そんな彼女がトライしたのは、英国の自然療法医ニグマ・タリブ考案の自然食法。アルコール、乳製品、グルテン、砂糖を禁止して内臓から美しく整えるのだそう。美への探究心までも完璧！

デビュー当時は今よりふっくらしていたロージー。自炊やエクササイズを楽しむことによって、現在のようなスタイルを手に入れたそう。美容や健康に良い毎日を過ごすのが自然体な美しさの秘訣！
Rosie Huntington-Whiteley (@rosiehw)

VIGANCAKE

ORGANIC

彼女の両親が育てたフレッシュなオーガニック野菜に、愛犬も大喜び!? 大好きなバナナケーキも、乳製品を使わないヴィーガンレシピなら健康食に♡ 美しさだけでなく、料理の腕も抜群です！

CLEAN MENU

NG LIST
× 加工食品
× 油で揚げたもの
× 豊富なソース
× 添加物
× 砂糖
× 人工甘味料

シュガーレス＆グルテンフリーはもちろん、「クリーン・イーティング」のリストに加え、カフェインや乳製品などもNG！ 油や塩も銘柄や産地を指定するのだそう。最も食事に厳格なセレブ夫婦かも!?

体がよろこぶオーガニックアイス
ココナッツオイルのパイオニアであるブラウンシュガーファーストが、「ガマンしないオーガニックおやつ」をコンセプトに東京・神宮前にオープン。 乳製品＆グルテンフリーのオーガニックココナッツミルクをベースにした6種のアイスはこれまでにない味わい♡
スモールダブル（チョコナッツ＆バニラ）¥500
SHOP DATA BROWN SUGAR 1ST. ⒶTOKYO都渋谷区神宮前3の28の8 1F Ⓑ11:00～19:00 不定休

脂肪分85％オフのピーナッツバター
伝統的なピーナッツバターより脂質を85％カット。トランス脂肪酸ゼロ、グルテンフリー、GMOフリーのピーナッツパウダー。香ばしいコクや豊富な食物繊維はそのままで、ココナッツオイルや豆乳と混ぜるだけ！ あまりのおいしさで大人気♪
ベルプランテーション PB2 ピーナッツバターパウダー 184g ¥1,200／ベターマルシェ

スイーツも栄養重視！
体によくておいしい時代♡

美容と健康のために控えたい、脂質＆糖質たっぷりのスイーツも、栄養豊富な代替食材で甘さやコクを失わずに食べられる時代です。

10分集中「Hit」が熱い！

今、セレブの間で大ブームとなっている「Hit」は、少ない時間で大きな効果を得る効率的なトレーニング方法だそう！

Part3 楽しいワークアウト ～続けることが大事！～

体重を落とす目的より、体力をつける、代謝を上げる、体をデザインするといった効率的なワークアウトを楽しむのがセレブ流！

10分のトレーニングで60分の効果!?

90年代にもブレイクした、高強度インターバルトレーニング（通称Hit）がアメリカで進化し、再ブレイク中。絶賛ポイントは、短時間で大きな効果を得られること。例えば、1分間走って次の1分間は歩くといったもので心拍数を計測しながら、ハイスピードの無酸素運動とスローリズムの有酸素運動を繰り返す内容です。10分程度の運動で60分以上の効果があるといわれセレブをトリコにしています。

心拍数を意識するので、トレーナーの指導のもとにトレーニングをするのが理想的。最近では映像をマネながらできるDVDや動画サイトも人気！ 10 Minute Solution／編集部私物（日本未発売）

-10kg

「いろんな筋肉を使うわ。今までにないハードなエクササイズね。」
カーリー・クロス

キャリー・アンダーウッド
カントリー歌手のキャリー・アンダーウッドは、Hitトレーニングを採用して出産前の体型を取り戻しました。元々、筋肉を作ることが好きとあって食事もパレオ式（原始時代の食生活）なのだそう！

サラ・サンパイオ

短時間で成果を上げる「ボスボール」に夢中！

Bosu Balance Ball

ゴムボール形の球面と平面の両面を使用し、短時間でより効率的なボディデザインができると話題になっている最新トレーニンググッズ。 Bosu Balance Trainer／ボス社（編集部私物）

モデルたちのエクササイズに愛され大ブームに♡

アスリートやトップモデルたちが、「ボスボール」を使用したトレーニングシーンをインスタグラムに投稿したことで大ヒット！ 不安定なゴムボールを支える筋肉が、見落としがちな部位を刺激。バランスよく、メリハリボディを作れると評判となり大人気なのだそう。日本でもブームとなる日が近いかも!?

サラ・サンパイオ (@sarasampaio)

ジョアン・スモールズ (@joansmalls)

「ロムニーピラティスで使ってから、気に入ったわ」
ジョアン・スモールズ

カーリー・クロス (@karliekloss)

HOW TO USE Bosu Balance Ball
使い方は100パターン！

正規ボスボールに付属するDVDやQRコードアクセスによるトレーニングで、初級・上級にクラスを分けてステップアップ。体の部位や目的別に鍛えるバリエーションは100種を超えるそう！

イザベル・グラール (@iza_goulart)

コルセットトレーニングで「くびれ」を作る

AFTER
BEFORE

女らしいボディをデザインする！

リアリティー番組「カーダシアン家のお騒がせセレブライフ」で知られる3姉妹の末っ子、クロエ・カーダシアンが5カ月で15kgのダイエットに成功。姉のキムやコートニーも愛用したコルセットをつけて、週に5日のジム通いと食事制限を実施。トレーナーのグンナー・ピーターソンの指導のもと、カービーボディを手に入れました♡

クロエ・カーダシアン
さすがにそれはやりすぎと多くの非難を浴びながらも、自分が理想とするセクシーなウエストを目指してグラマラスに変身！
Khloé Kardashian (@khloekardashian)

恋人や親友と一緒に「ペアワーク」する

カフェでおしゃべりはもうダサい！

友達や恋人と励ましあったり、おしゃべりを楽しみながらワークアウトを楽しむセレブが増殖中！ ジジ・ハディドやカーリー・クロスらとトレッキングやジム通いをするテイラー・スウィフトをはじめ、義理の姉妹となったキャメロン・ディアス＆ニコール・リッチーもハイキングで汗を流しています。ケーキを食べながらおしゃべりするのは非効率(!?)がセレブ流の考え方なのかも♪

ベハティ・プリンスルー＆アダム・レヴィーン
「私のヨガの先生」とインスタグラムに投稿したモデルのベハティ・プリンスルー。夫で歌手のアダム・レヴィーンは達人レベルの腕前！
Behati Prinsloo Levine (@behatiprinsloo)

テイラー・スウィフト＆ジジ・ハディド
アスレジャーファッションが得意なモデル、ジジ・ハディドと歌手のテイラー・スウィフトはガールズトークをしながらトレッキング。

トランポリンで体幹を鍛えるセレブ続出！

ジャンプするだけで筋力UP♡

女優のリース・ウィザースプーンやグウィネス・パルトローが取り入れている最強のエクササイズが、ジャンピング・フィットネス。全身の筋肉を使いながら有酸素運動ができて、集中的に体幹を鍛えられると世界中のメディアも紹介。ジャンプするだけで、血流がよくなり脂肪燃焼を促すなんて夢のようなダイエット♪

アレッサンドラ・アンブロジオ
下着ブランド"ヴィクトリアズ・シークレット"のトップエンジェルで、2人の子供を持つアレッサンドラのように手足を伸ばしてジャンプ！ Alessandra Ambrosio (@alessandraambrosio)

新感覚フィットネス「JUMP ONE」

待望のジャンピング・フィットネス「ジャンプ・ワン」がこの春、銀座に登場。音楽を聴きながら、トランポリンでジャンプ＆エクササイズをするプログラムで、45分のレッスンで約450〜800kcalを消費できるとか。今一番、HOTなエクササイズを友達と体験してみて！

STUSIO DATA 「JUMP ONE GINZA.1」⊕東京都中央区銀座1の6の2 山口興産銀座Aビル B1F ☎03-6263-0820 ⊛7:00〜23:00、土・日曜、祝日9:15〜19:00 ⊗水曜 月会費￥12,800〜

フィットネス時計でヘルス管理をする！

効率的に美容と健康をサポート

セレブをはじめ、健康意識の高い人が愛用しているフィットネス時計がスゴい！ 身につけているだけで、毎日の活動量、発汗、心拍数、体重、歩数など個人のライフスタイルをデーター記録。寝不足や運動不足も数字でお知らせしてくれます。効率的な健康管理をサポートするだけでなく、軽くてオシャレなデザインにも注目。

ブリトニー・スピアーズ
歌手のブリトニーが、ダイエット期間中に身につけていて話題となったのがフィットネス時計の"Fitbit"。専属トレーナーの指導と時計のデーター式アドバイスもあってか、5.5kgの減量に成功！

Fitbit Alta
毎日の行動（歩数、距離、消費カロリー、体重）や睡眠時間などを記録し、起床アラームやSNSなどの着信も知らせてくれる高機能時計。24時間装着をしても疲れを感じさせない可愛いデザイン。￥17,800／フィットビット

目的で選ぶ！ セレブの定番エクササイズ BEST 4

セレブの私生活をチェックできるインスタグラム♡ 美容や健康に詳しいセレブのお気に入りエクササイズがとっても楽しそう！

ボクササイズ

脂肪燃焼しながら筋肉UP！
人気モデルのジジ・ハディットやエルザ・ホスクは、ストレス発散にもなるボクササイズがお気に入り。たっぷり汗をかいて、脂肪を燃焼するほか精神も鍛えられるからハマるのだそう！
Elsa Hosk (@hoskelsa)

バイク・エクササイズ

筋トレしながら有酸素運動！
歌手のリア・ミシェルやカイリー・ミノーグがインスタグラムでオススメしているのが、音楽に合わせて自転車を漕ぐバイクエクササイズ。日本にも上陸しているので体験してみて！
Lea Michele (@msleamichele)

バレエ・エクササイズ

しなやかボディを目指すなら！
しなやかボディとエレガントな姿勢を手にいれたいなら、バレエ・エクササイズに決まり！ 妊娠中でもできるから、ママモデルのドウツェン・クロスやアレッサンドラ・アンブロジオも大好き。Alessandra Ambrosio (@alessandraambrosio)

カリスマトレーナーに学ぶ

ボディラインを作るなら！
ミランダ・カーのパーソナルトレーナーとして知られ、ヴィクトリアズ・シークレットのモデルたちのメリハリボディを作るのはジャスティン・ゲルバンド。彼のインスタグラムはモデルでいっぱい！
Justin Gelband (@justingelband4u)

Part 4 セレブ発信 7種の流行ダイエット ～食べるルールでヤセる～

セレブが実践してヤセた！ 注目の最新ダイエットから定番のグルテンフリーまで"食べるルール"がポイントのダイエット法を紹介！

1. サートフードDiet

ペペロンチーノのパスタを蕎麦に変えて、オリーブオイルと唐辛子、にんにくと野菜で炒めた蕎麦レシピが人気。

歌手のアデルが実践！

「サートフードダイエット」の著者が発信するインスタグラムより。メインとなるグリーンジュースは、ケール、パセリ、ルッコラ、りんご、抹茶、レモン汁をミキサーにかけたもの。
@thesirtfooddiet

英国発、注目のダイエット！

キヌアやひよこ豆を使った、サートフードメニュー。3週間のプログラムで、ヤセやすい体質やアンチエイジングが叶うとか♡ @thesirtfooddiet

次のトレンドは、そばがキーワード!?

英国発の最新ダイエット法「サートフードダイエット」は、人間の食欲を抑制し筋肉を作り、抗酸化を促すサーチュインという遺伝子の働きを活発化させる食材を食べるダイエット法。プランは、グリーンジュースとサートフード（野菜、果物、スパイス、カカオ、緑茶、味噌、蕎麦など）を使った食事を3週間とるプログラム。英国シンガーのアデルもサートフードで減量したとか!?

---

5. MプランDiet

ケイティ・ペリーが実践！

ケイティ・ペリーの女らしいスタイルも、Mプランダイエットのおかげ!? カービーなスタイルを維持したい人にオススメ！

きのこ料理でウエストがすっきり!?

バストサイズを減らさず、下半身が痩せる！と話題になったのが、「Mプランダイエット」。マッシュルームのMに限らず、昼か夜の1食をきのこ料理に置き換える食事法です。豊富な食物繊維を摂取できるきのこ類で胃のデトックスを促せば、下半身まわりをスッキリ解消するとのこと。調理法もヘルシーなオイルに徹底して♪

2. 22日間ヴィーガンDiet

歌手のビヨンセが実践！

「22 Days Nutrition」で販売している、美味しそうな栄養バーを自身のインスタグラムで宣伝。ちなみに炭水化物は食べてもOK！

22日間だけ菜食主義者にチャレンジ！

長女を出産後、20kg増えた体を元に戻すためビヨンセがチャレンジしたのが「22日間ヴィーガンダイエット」。ジムトレーナーのマルコ・ボルヘス氏が考案したメニューに従う食事法で動物由来の食品をNGとするのだそう。成功したビヨンセは、22 Days Nutritionというデリバリーサービス業をスタート。さすがです！

---

6. グルテンフリーDiet

マイリー・サイラスが実践！
Miley Cyrus (@mileycyrus)
3年前にグルテンフリーとヨガで15kgの減量に成功！ 最近は、ベジタリアン＆グルテンフリーの自炊ライフをインスタグラムに投稿♪

小麦粉カットに14日間トライ！

アスリートの健康法、歌手のマイリー・サイラスやレディー・ガガの減量法として有名になった「グルテンフリーダイエット」。以前は、グルテン（小麦などに含まれるたんぱく質）にアレルギーや消化不良を持つ人の治療法として知られていました。まずは14日間のグルテンフリー生活で、自分の体調をチェックする方法からトライして！

3. アルカリ性Diet

ヴィクトリア・ベッカムが実践！
Victoria Beckham (@victoriabeckham)
アルカリ性ダイエットを考案した、ナターシャ・コレットさんのインスタグラムには、おいしそうなレシピがたくさん！ Natasha Corrett (@honestlyhealthy)

体内のバランスを整えて生まれ変わる！

多くのセレブが実践して大ブームとなった「アルカリ性ダイエット」。肝臓の負担を減らし腸の働きを高めるアルカリ性の食材を選ぶ食事法です。習慣化を目指すなら、食事の7割をアルカリ性（野菜、果物、海藻、きのこ類、大豆など）3割を酸性（肉、魚介類、砂糖、小麦、米など）にするのがベスト。

---

7. アトキンスDiet

キム・カーダシアンが実践！
Kim Kardashian West (@kimkardashian)
次男を出産後、アトキンス社のメソッドを取り入れて3ヶ月で20kg減量に成功。アトキンス社のインスタグラムでは、レシピや減量成功者の変身写真が多数アップされているのでチェックしてみて！ Atkins (@atkinsinsider)

炭水化物（糖分）を減らして脂肪を燃焼！

アメリカのロバート・アトキンス医師が考案したダイエット法で、炭水化物と糖質の摂取量を1日約40gにすることで、体が糖分の代わりに脂肪をエネルギーにして燃やすというメソッドです。最近では、リバウンドや健康面で心配の声も多く極端に減らさずとりすぎないように食べる方法に注目が集まっています♪

4. 古代穀物Diet

アンジェリーナ・ジョリーが実践！
アンジーのお気に入りは、スペルト小麦。ただし、最近は痩せすぎと心配されているので、ストイックにやりすぎないように注意して！ Ancient Harvest (@ancientharvest)

豊富な栄養摂取で髪や肌が輝く！

女優アンジェリーナ・ジョリーのスレンダースタイルを支えるのは、「古代穀物（アンシャント・グレイン）ダイエット」。古代エジプト時代の食生活を再現する食事法です。世界中の穀類（アマランサス、スペルト小麦、フリーカ、チアシード、キヌアなど）とナッツ類や野菜を中心にし、現代的な食材を避けるというもの。

Part 5 ヘルシーフードを楽しむ！〜自炊メニューでヤセる〜

美しい人は、何を食べているの？　というわけで、健康と美容にこだわりを持つセレブのインスタグラムをチェックしてみました♡

自分で作るから理解が深まる♡
リア・ミシェル（29歳）
Lea Michele（@msleamichele）

おやつもヴィーガンレシピならOK！
カーリー・クロス（23歳）
Karlie Kloss（@karliekloss）

艶やかな髪と肌は食事の成果♡
アレッサンドラ・アンブロジオ（35歳）
Alessandra Ambrosio（@alessandraambrosio）

シンプルな調理法で食べる！
ドウツェン・クロース（31歳）
Doutzen Kroes（@doutzen）

我慢しないで食べるわ！
エルザ・ホスク（27歳）
Elsa Hosk（@hoskelsa）

オーガニックのデリバリーサービスを利用♪

流行のベジスライサーサラダとお蕎麦のランチ。

ブラウンパンにベリーやアボカドをトッピング！

チアシードやカカオニブス入り、ピタヤボール。

自身がプロデュースするヴィーガンクッキー♡

アボカドとチリペッパーの載せたソッカピザ！

ペッパーで味付けした、アボカドサルサチキン！

新鮮な野菜、フルーツ、豆とアボカドディップ♡

水分補給は、ココナッツウォーターに決まり。

キッズプレートで野菜の大切さを食育！

ハーブとサーモンのオーブン焼きを手料理♡

控えめな量の白米こそ、良質なタンパク源。

美しい素肌に、新鮮スムージーは欠かせない♡

ケール、ビーツ、りんご、人参のヘルシーサラダ

80%カカオ、イチジク、スピルリナチップスなど！

オシャレなベジタリアン料理と大評判！

海外ドラマ『グリー』で知られる女優のリア・ミシェルは、自宅のキッチンで料理をする姿や可愛いベジタリアンメニューをインスタグラムにたくさん投稿！自身のスタイルブックにも「私は自分の体をゴミ箱のようにしないわ。体がよろこぶものだけを取り入れているの」と語るほど、オーガニックライフにご熱心♡

クッキーもヴィーガンレシピなら大丈夫！

大好きだからこそ気持ちよく食べたい、という思いでヴィーガンクッキーをプロデュースするのは、モデル兼実業家のカーリー・クロス。スレンダーボディを維持する秘訣は、朝たっぷり食べること。食欲抑制＆燃焼率UPの効果が期待される"チリフレーク"をかけること、大親友のテイラー・スウィフトとジムへ行くこと。

ビタミンEたっぷりのアボカドメニュー！

自身がプロデュースするブランドale by alessandraのブログでヘルシーなレシピを公開しているスーパーモデル！　2児を育てる35歳の美貌を支えるのは、お気に入りのアボカドやサーモン料理。良質なプロテインをカイエンペッパーやレモン汁、オリーブオイルやハーブなどでシンプルに食べるのがルール!!

ヘルシーコーチの妹がアドバイス！

2人の子どもを持つ、オランダ出身のスーパーモデル。ヘルシーコーチとして活躍する妹の料理本やアドバイスを取り入れ、オーガニックの食材やナッツ類、スーパーフードを積極的に選んでいるそう。素材の味をシンプルに生かした調理法を好み、サプリや加工食品をとらないことをポリシーにしているのだとか♪

ヘルシーなテイクアウトを取り入れる♡

モデルデビュー前は、バスケットボール選手だったエルザ。そんな彼女のインスタグラムには、エクササイズに関する投稿がいっぱい♪　普段は、オーガニックの食材を心がけているけどジャンクフードが食べたくなったときは、我慢をしないそう。しっかり食べて、たっぷり汗を流す！　スポーツウーマンらしい考え方です。

Part 6 美しく変身したセレブたち ～ダイエット成功の秘訣～

最近、ヤセてキレイになった！と噂のセレブのダイエット法をピックアップ。しっかり食べて楽しく運動をしてスリム美人に変身！

BEFORE AFTER

1. ジャンクフード断ちダイエット

バカンス先でビキニ姿を激太りだとバッシングされていた歌手のセレーナ・ゴメス。昨年末から、1日2度の有酸素運動と大好きなジャンクフードを控えた野菜中心の食生活を心がけて、約9kgの減量を果たしました。今春になって更にスレンダーになったセレーナに対し、今度は体調を心配する声が……。
セレブってホント大変！

食事制限と有酸素運動でスリムに♡

彼女のインスタグラムには、ポテトフライやハンバーガー、アイスクリームを食べる姿が頻繁にアップ。食べグセがついていたのかも!?
Selena Gomez (@selenagomez)

セレーナ・ゴメス
Selena Gomez

1カ月で -9kg

2. ガナー・ピーターソンのカーヴィダイエット

バストやヒップのボリュームを残すカーヴィボディを作るカリスマトレーナーの指導を受け、産後約4カ月で27kgの減量に成功。シアラいわく、「彼の指導を受けて、週5回X1時間の有酸素トレーニングと食事プランを守ったわ。あと、水分をたっぷり飲んで老廃物を出すの。精神力も鍛えられたわ」とのこと。まるで別人のよう！

カリスマトレーナーの指導で美しい体に♡

カーダシアン姉妹、ジェニファー・ロペスも担当するカリスマ、ガナー・ピーターソンのジムでトレーニングをするシアラ。
Gunnar Peterson (@gunnarfitness)

AFTER　BEFORE

シアラ
Ciara

4カ月で -27kg

ケイト・ハドソン(37歳) 太らない体を明かす

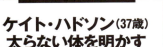

インスタグラムに投稿したデビュー当時と変わらない姿に、ファンが大興奮！彼女に憧れる女性も多いため、スタイルブックは大反響！ Kate Hudson (@katehudson)

スタイル本が大ヒット♡ 変わらない美ボディの秘密とは？

2人の息子を出産し、ハリウッドで1番モテると報道されるほど恋の噂が絶えない女優、ケイト・ハドソン。自身のライフスタイルブック『PRETTY HAPPY』で、明かした体型維持とは？ 彼女の基本ルールは、1日5食の食事法にあり。食事を小分けにすることで空腹を感じづらくすること。間食にプロテインシェイクを飲み、例え5分でも毎日エクササイズをすることなどが明かされているそう。また、ストイックにならず週に1度は好きなものを食べるハッピータイムを持つことも大事なんだとか。がんばりすぎないのが継続のコツ♪

シャーロット・クロスビー
Charlotte Crosby

3. お酒を減らして、規則正しく生きるだけ

約25kgの大幅減量に成功した英国のTVスター、シャーロット・クロスビー。ゴシップ誌に撮られた自分のビキニ姿を見てダイエットを決意！ 不摂生なライフスタイルを反省し、お酒の量を減らす、運動をする、正しい食事をとるといった健康的な生活を実践。約7カ月かけて、若々しいスタイルを取り戻しました。しかも、プロデュースしたエクササイズDVDも大ヒットして人気もアップ♪

Charlotte Crosby (@charlottegshore)

7カ月で -25kg

美人百花 × RIZAP

bijin-hyakka

たった2カ月で劇的に変身するCMでおなじみ!!

ウエスト −15cm

広告に出演した松本奈々絵さん(身長159cm)はライザップに通ってこんなに変わった!

体重	49.8kg ◀	55.8kg
体脂肪	26% ◀	33.2%
ウエスト	64cm ◀	79cm

ウワサの肉体改造ジムがアラサー女子のためにスペシャルプログラムを考案

短期間で別人級にヤセる シークレットメソッド

「結果にコミットする。」というCMで旋風を巻き起こしている、パーソナルトレーニングジム『ライザップ』。そんな『ライザップ』が百花読者のためにダイエット方法を直伝! 本気で変わりたい人の必携バイブルです♥

撮影／横田裕美子(STUDIO BAN BAN)[p.42〜43]、国井美奈子[p.44〜55]　取材・文／長島恭子

Part 1 ライザップの秘密

実は女性会員が5〜6割！ ヤセたい女子の駆け込み寺!?

読者がガチで挑戦＆レポート！ やっぱりスゴい!! ライザップ

「本当にヤセられるの!?」とめちゃめちゃ気になっている全国の百花読者を代表して、2人の読者モデルがウワサのジム『ライザップ』に潜入取材＆3週間体験！ 短期間でも、こんなに見事に変身しました♡

初日は体組成計やメジャーを使って、体を隅々まで計測。まずは今の自分を直視することから。

こんなに体脂肪率が高かったの!?

リアルな数字を知ると俄然やる気に♪

筋肉や脂肪の量、脂肪の燃えやすさなど、詳細なデータを見ながら担当トレーナーとプランニングします。

ここがスゴい 1
サイズ計測と明確な目標設定で個人に合わせたプログラムに！

まずは今の悩みや理想のボディラインなど、担当のパーソナルトレーナーとのカウンセリング。目標の数値や期間を決めたあと、自分だけのプログラムが作成される。細やかな測定を基にプランニングされるから、キレイに、そして効率よくヤセられる!!

ここがスゴい 2
毎日トレーナーがチェックして食事内容を徹底指導

ダイエットはジムで運動する時間より、1人になったときが問題！ ライザップのスゴいところは、ジムに行かない日まで、担当のパーソナルトレーナーが食事の内容をチェックしてくれる点。いつでも見ていてくれる安心感があるから、食事でも挫折しない♪

お肉や野菜は食べてもOKなんだ♪

体重より体脂肪率！ 根本から変えます

新宿店トレーナー 上本玲菜さん

「ふだんの食生活を見直してもらい、ライザップ式 低糖質食事法をしっかり指導します」

ライザップに行かない日も毎日の食事をアプリで報告

会員専用のアプリで食事の内容を報告すると、5段階評価で毎日返信が。良い点・悪い点がひと目でわかるグラフやメッセージに励まされる〜！

こんなトレーニングにもチャレンジしました！

慣れてきたら、ダンベルを使って大胸筋のトレーニング。バストアップに効きそう！

ヒップに効くスクワット。後半は脚を上げて、よりハードな動きができるように！

トレーナーさんのかけ声が励みになる♪

目標まで二人三脚でサポートします！

新宿店トレーナー 斎藤研自さん

正しいマシーンの使い方も教えてくれる♪

ここがスゴい 3
マンツーマンで無理なく集中エクササイズ！

なんといっても全員がマンツーマンでトレーニングできるのがスゴい！ 自分の体を知りつくしたパーソナルトレーナーが、毎回、その日にもっとも効果的なメニューを組み、苦しい筋トレ中も全力で励ましてくれる。だからやる気も持続して、ぐんぐんヤセられる♥

他にも女子が通いやすいポイント、見つけました！

更衣室やロッカーも完備♪

清潔感あふれる更衣室やシャワールームも完備。「トレーニング後にデートや女子会があってもバッチリ身じたくできる♥」（市村さん）

手ぶらでOKだから仕事帰りにも通える！

タオルやウエアは無料で貸し出し。シューズを忘れても借りられます。「会社帰りに手ぶらで来ても通えますね！」浅井さん

完全個室だから、人の目が気にならない♪

トレーニングルームは完全個室制。「体が硬くても、うまくできなくても、弱音を吐いても、個室だから恥ずかしくない！」（市村さん）

ちなみに2人が通ったのは **ライザップ新宿店**
東京都新宿区西新宿7の16の11 varca西新宿3〜4F ☎7:00〜23:00 ☎0120・700・900（全店共通） 他全国に41店舗あり。

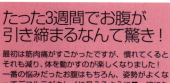

たった3週間でお腹が引き締まるなんて驚き！

最初は筋肉痛がすごかったですが、慣れてくるとそれも減り、体を動かすのが楽しくなりました！一番の悩みだったお腹はもちろん、姿勢がよくなってデコルテがキレイに見えるように♥ 彼にもほめられちゃいました！

SIDE — パンツの上にのってた肉がなくなった！

BACK — 背中スッキリ＆お尻もひと回り小さく

After / **Before**

自営業 市村真由実さん（身長167cm）

おへそ回り **−6cm**

3週間後

DATA

	After	Before
体重 −2.1kg	53.4kg	55.5kg
体脂肪 −2.3%	24.6%	26.9%
おへそまわり −6cm	74cm	80cm
ヒップ −1.5cm	90cm	91.5cm
太もも −2cm	41cm	43cm
二の腕 −0.5cm	25.5cm	26cm

炭水化物を抑えてたんぱく質を積極的に食べました！

「魚の脂は脂肪燃焼にいいと教わり、お刺身をよく食べました」

「調理いらずの缶詰は便利！ライザップ特製のお弁当と一緒に」

「トレーニングをがんばった日は赤身ステーキを。ご褒美代わり♥」

低糖質に体が慣れたら脂肪燃焼スピードもUP

低糖質食事法は糖質量を意識。食事の量は減らしすぎずたんぱく質をとることが大事。

ぽっこりお腹にサヨナラ！ほどよく筋肉もついた！

開始1週間で顔まわりがスッキリしはじめ、周囲から「ヤセた？」の声が!! 念願だったキレイなくびれもできました。食事法のおかげか便秘も解消。これからも続けたいです♥

SIDE — ヒップも約3cm減。ラインがいい感じに♥

BACK — くっきりとしたくびれゲットしました♪

After / **Before**

広告代理店勤務 浅井麻里さん（身長160cm）

体脂肪率 **−2.5%**

3週間後

DATA

	After	Before
体重 −1.7kg	48.6kg	50.3kg
体脂肪 −2.5%	21.9%	24.4%
おへそまわり −4.5cm	64.5cm	69cm
ヒップ −2.7cm	90.3cm	93cm
太もも −1.8cm	40cm	41.8cm
二の腕 −0.9cm	23.5cm	24.4cm

外食多めの私でも食材の選び方で低糖質の食事に！

「コンビニに頼るときは、スモークタンや蒸し鶏が大活躍でした」

「定食ではご飯抜きに。焼き魚や豆腐を選ぶようにしました♥」

「仕事がらみの飲み会では焼き鶏のささみ、レバーをチョイス」

毎日3食とれていて食材選びもバッチリ！

野菜を毎食しっかりとるのも大切。運動と食事の両立がヤセやすい体を作ります。

次ページから、自宅でできるシークレットメソッドを紹介!!

Part 2 トレーニング編

百花女子がヤセたいパーツ別に、必ず効果のあるスペシャルトレーニングを考案！

自宅でできるライザップ式 集中エクササイズ

今回ここで紹介するのは、ライザップで指導しているエクササイズをもとに百花読者がトライしやすいように考えられた、特別プログラム。初心者はまず、それぞれのパーツの「EASY」から。体力に自信がある人や「EASY」になれてきた人は「HARD」にトライして！

教えてくれたのは
ライザップ品川店トレーナー
西 亜利菜さん

ライザップ品川店勤務。「ライザップのプログラムで、短期間で、10kg以上のダイエットに成功された女性もいます。楽しく運動を続ければ、必ず結果は出ます！」

ウエスト～下腹

「お腹はヤセたいけれど腹筋運動は苦手……」という人に朗報！ 寝たままできる呼吸法と立ったままできる楽々腹筋運動で、カービーなウエストとぺたんこ腹も一挙両得です♡

「大きな筋肉」を狙って短期間で理想の体に！

ほどよく引き締まったお腹やカービーなウエストにプリッとひき上がったヒップ。水着の似合うボディラインを手に入れるためには、筋トレは必須。

「短期間でボディメイクするときは、とにかく大きな筋肉を刺激するのがポイント。例えば、指先にも筋肉はありますが、いくら指を曲げ伸ばしても消費カロリーが低く、シェイプアップの効果は感じにくい。指よりは腕、腕よりは胸や脚など大きな筋肉から動かした方が、より早く代謝が上がります」（西さん）

今回、ライザップが美人百花読者のために考えてくれたのは、運動の苦手な人や筋トレ初心者でもスタイ

EASY ドローイン
吐く⇄吸う 10回

1 息を吸いながらお腹をふくらませる
あお向けに寝たら両足を腰幅に開き、ひざを立て、両手は腰骨から内側に2～3cmの下腹付近に添える。3秒間で鼻から息を吸う。手を添えることで、お腹のふくらみをきちんと確認できます。

Close-up!　ス～　吸う 3秒

この筋肉に効く！
お腹をぐるりと囲むインナーマッスル・腹横筋。ここを鍛えるとぽっこり腹を解消する天然のコルセットに変身！

2 お腹がへこむまで息を吐き切る
お腹と下腹がへこむまで、お腹の中から絞り出すように10秒間で口から息を吐ききる。1～2を10回くり返して。Close-upくらいへこますのが理想。

Close-up!　フゥ～　吐く 10秒

Point お腹をへこませながら息を絞り出す

NG！ 背骨が浮いている

背中はきちんと床にくっつけて
寝ころんだとき、腰が浮かないように注意して。腰が浮く人は、腰まわりの柔軟性不足です！

ライザップ式エクササイズのポイント

1 1週2〜3回のペースで
同じ部位の運動は中2日あける方が効率よく筋肉が鍛えられます。下の図のように、2〜3種類を日替わりでやるなど、工夫を。

2 胸をはって姿勢を意識
エクササイズは正しい姿勢とフォームでやることで、筋肉にしっかりと刺激が与えられます。基本姿勢を意識しながらおこなって。

3 動かす筋肉を意識
実は使っている筋肉を意識しながら動かす方がエクササイズの効果もアップ。各筋トレの「この筋肉に効く！」を頭に入れてトライ。

エクササイズのスケジュール例
❶ウエスト〜下腹 ❷ヒップ ❸太もも ❹二の腕&バスト

ルアップの効果が出やすいエクササイズ。

「ふだん運動になじみがない人でも達成感を感じられるエクササイズばかりなので、続けるほどにやる気も出ます。筋肉を増加させるには、筋肉を傷つけ、修復のための休息を繰り返すことが大切。筋トレで、普段使わない筋肉を活性化させることで、理想的なボディラインを手に入れられるだけでなく、太りにくくヤセやすい体になれますよ」（西さん）

【百花女子がヤセたいパーツ 1】ウエスト

VOICE
- 歯科助手 長谷川愛里さん「ぽっこり下腹をへこますのが、最近の目標。」
- 自営業 権田裕美さん「なんとか水着を着られるくびれを作りたい！」

HARD サイドベント 左右各20回

この筋肉に効く！
左右のわき腹にある腹横筋を刺激。引き締めることでくびれを作り、パンツのウエストにのるムダ肉を削除！

1 両足を肩幅に開いて立ち右手に重りを持つ
両足を肩幅に開いて立つ。右手に1kg以上の重り（ペットボトルやダンベル）を持ち、左手は頭の後ろに添える。

2 息を吸いながら腹横筋を刺激
息を吸いながら左のわき腹をしっかりのばすよう意識して、上体を右側に倒す。

Point しっかりわき腹を伸ばす！

NG! 姿勢を後ろに倒しすぎないように！
上体を左右に倒したときに、顔や手が後ろに倒れてしまわないように意識して。きちんと前を向くことで、腹横筋への効果がアップ。

3 息を吐きながら左側に倒していく
息を吐きながら、左のわき腹が縮むまで上体を左側に倒す。動作の最中、骨盤を固定し、お尻が左右に揺れないように注意。2〜3を20回。逆も同様におこなう。

Point しっかりと縮める！

Part 2 トレーニング編

ただ脂肪を落とすだけでは、女性本来のセクシーな魅力は半減。「寄せて、上げる」の2ステップで、ほどよくボリューム感があるプリッとした小尻を目指して。

EASY アブダクション
左右各10～20回

骨盤の左右にある中臀筋にアプローチ。鍛えられると骨盤を安定させて、歩く姿もキレイになります！

1 頭、骨盤、くるぶしを一直線にして横に寝る

体の右側を下にして横向きに寝る。ひじを曲げた右腕に頭をのせて、左腕は胸の前で床につく。上から見たときに、頭、骨盤、くるぶしが一直線になるよう、姿勢をキープ。

2 左脚をつけ根から45度上げる

息を吐きながら、左脚をつけ根から真上に45度上げる。このとき、左ひざとつま先をともに正面に向けて、左側のお尻に力が入っているのを意識。吸いながら、ゆっくり脚を下ろす。1～2を10～20回。逆も同様におこなう。

お尻に力を入れて

Point ひざとつま先は前向きに！

45度くらい / 上げ下げ10～20回

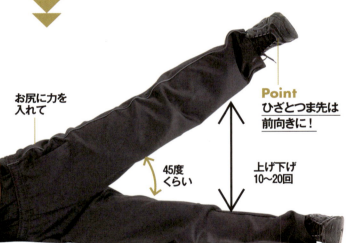

NG!
脚上げすぎ
上体が前に

脚を上げすぎたり姿勢が崩れたりしないよう注意

脚を上げすぎると、逆にお尻から力が抜け、筋肉を効果的に刺激できないのでNG。また、上体が前後に倒れないように注意して。

ライザップからのプチアドバイス
正しい立ち方を意識することでヤセ体質に

実は正しい姿勢を維持できる筋肉をつけるだけで、やせ体質になれます。筋トレ中はもちろん、日常生活でも姿勢を正しく保つクセをつけて、24時間エクササイズタイムに！

NG!
頭や肩が前に出てお腹の力が抜けて猫背に……

スマホの操作やパソコンの作業を長時間続けていると、頭や肩が前に出て猫背になりがち。お腹とお尻の力も抜けてしまいます。

【正しい立ち方】

肩を軽くひきお腹とお尻を引き締めて立つ

かかとをそろえつま先はこぶし2個分開く。肩を後ろに引き、お腹とお尻を軽く引き締め、かかと、お尻、肩甲骨、後頭部を一直線上に。

46

HARD スプリットスクワット
左右各10回

【百花女子がヤセたいパーツ2】 ヒッ

VOICE
お菓子研究家 早川愛さん
「最近、お尻が垂れてきたのが悩みです……。」

会社受付 西美香さん
「デニムをはくために、ヒップアップしたいな。」

この筋肉に効く
お尻のふくらみを作るのは、階段を上るときに使われる大臀筋。ココを鍛えておけば日常生活でも消費カロリーがアップ！

Point 猫背にならないよう上半身の姿勢を意識

真っすぐに
手はクロス
ひざは前向き
両足を前後に大きく開く
つま先は前向き

くり返す

真っすぐに
直角
直角
つま先よりひざは前に出ない

1 両手を胸の前でクロス 右足を大きく1歩前へ
胸の前で両手をクロスさせて立ち、右足を大きく1歩前に踏み出す。

2 両ひざが直角になるまで息を吸いながら腰を落とす
息を吸いながら左右のひざが直角に曲がるまで腰を落とす。息を吐きながらひざを伸ばし、1の姿勢に戻る。1〜2を10回。逆も同様に。

背中を丸めない！

NG! 腰を落とすときに猫背にならないように！
腰を落とす際、猫背になったり、ひざが前足の足先よりも前に出たりしないように注意して。

ツライい人はイスにつかまってやってもOK！
ツライ人は動きに慣れるまで、体の前にイスを置き、背もたれにつかまりながらおこなってもOK。

真っすぐに

もも

下半身でもっとも大きな筋肉群・太ももを中心に刺激を。太くなりやすい太ももの前面の脂肪をそぎ落とし、内もものたるみを引き締め、シュッとしたレッグラインに!

EASY アダクション
左右各10〜20回

1 頭、骨盤、くるぶしを一直線にして横に寝る

体の右側を下にして横向きに寝る。右脚はつま先を前に向けて伸ばし、左脚はひざを曲げて腰の前に立てる。ひじを曲げた右腕に頭をのせて、左腕は胸の前で床につく。上から見たときに、頭、骨盤、くるぶしが一直線になるよう姿勢をキープ。

ひざは真っすぐに

太もも内側の内転筋。鍛えるとひざを閉じて座ることが楽になり、結果、座る姿勢もよくなるというおまけも。

2 息を吐きながら下側の脚を上げる

息を吐きながら右脚をつけ根から真上に上げる。このとき、右脚の内ももに力が入っているのを意識。吐きながら上げて、吸いながら下ろすを10〜20回。逆も同様におこなう。

Point 脚のつけ根を意識しながら上げる

ひざは真っすぐのまま

上げ下げ10〜20回

ライザップからのプチアドバイス
正しい座り方を見直そう!!

座ったときの姿勢は、背中からひざまでのラインが「L字」を描くのがベスト。しっかり腰を立て深く座ることで、上半身の重さを骨盤が受け止め、姿勢が安定します。

NG! お腹の力が抜けて顔が前に出て背中が丸くなる

よくあるNG姿勢は丸まった背中と力の抜けたお腹が特徴。お腹の力が抜けると骨盤が後傾し、自然と左右のひざが開きます。

【正しい座り方】 あごを軽く引き、腰から頭を真っすぐにキープ

両ひざを合わせて座る。お腹は段々腹にならないよう、真っすぐ上に向かって伸ばす。耳から、背骨、ひざまでのラインをL字にするイメージで。

NG! 前かがみになりすぎない

体が前後に傾いたりひざが倒れないように!

上体が前後に倒れると、伸ばした脚の内ももに正しく負荷がかからない。また、立てたひざも倒れないように意識して。

HARD
ワイドスクワット
10回

この筋肉に効く
太ももの前にある大腿四頭筋と太ももの内側にも効果的！下半身のなかで最も大きな筋肉群を、効率よく一気に刺激。

【百花女子がヤセたいパーツ 3】

VOICE

メーカー勤務
垰智子さん
パンツのときは、いつも太ももが気になる。

保険会社勤務
山下美咲さん
ショートパンツがはける太ももになりたい。

太

背中は真っすぐに

Point
腰を落とすとき、ひざを足先より前に出さない

足先は45度開く

肩幅の1.5倍開く

1 肩幅の1.5倍程度に両足を開いて立つ

両足を肩幅の1.5倍程度に開いて立つ。足先は正面から45度外側に開き、両手は頭の後ろに添える。

くり返す

直角

2 ひざが直角に曲がるまで息を吸いながら腰を落とす

息を吸いながらひざが直角に曲がるまで腰を落とす。このとき、ひざと足の向きが同じになるように意識。息を吐きながらひざを伸ばし1に戻る。1〜2を10回。

ひざが内側に入る
前かがみになりすぎない

NG!

ひざとつま先の方向が違ったり前かがみになったりしないこと

腰を落とすとき、ひざとつま先が違う方向を向かないように注意。また、前かがみにならず、常に顔を正面に向けておこなうこと。

バスト

ブルブル揺れる二の腕を放置したままでは、水着姿どころかノースリーブにもなれない!! 最後は引き締まった二の腕に変身しつつバストアップも可能にする、一石二鳥の腕立て伏せにチャレンジ。

EASY プッシュアップ 10回

1 両ひざを床についたまま腕立ての姿勢に

うつ伏せになり、両手を胸の左右で床につける。両ひざをつき、両手と両ひざで体を支えて、腕立て伏せの姿勢になる。このとき、頭からひざまでを一直線のままキープ。

目線は真っすぐ

この筋肉に効く!
バストを覆う大胸筋と腕の裏側にある上腕三頭筋。ひじを曲げるときは胸を、伸ばすときは二の腕を意識して。

ひじは真横に向けたまま
直角に

Point 上半身を床すれすれの位置まで下ろす

NG! 背中曲がりすぎ
背中が曲がるなど姿勢が崩れると効果ナシ
動作の最中、体は常に一直線をキープ。お尻が上がる、お腹が下がる、腰がそる、背中が丸まるなど姿勢が崩れると効果がない。

2 息を吸いながらしっかりひじを曲げる

手は前に、ひじは真横に向けたら、息を吸いながらしっかりとひじを曲げて、体を床すれすれまで近づける。1に戻るときは息を吐く。1〜2を10回。

二の腕＆

【百花女子が ヤセたいパーツ 4】

VOICE

カラーリスト
吉田ルイさん
「ノースリーブのとき、二の腕を隠しちゃう。」

ピアニスト
三浦泉さん
「肌見せの季節はバストがどうしても気になる。」

HARD
プッシュアップ
10回

この筋肉に効く！
バストを覆う大胸筋と腕の裏側にある上腕三頭筋。特に、HARDのプッシュアップは上腕三頭筋に効果テキメン。

1 体を一直線にして腕立て伏せの姿勢になる

うつ伏せになり、両手を胸の左右で床につける。腕を伸ばし、両手と両足で体を支えて、腕立て伏せの姿勢になる。このとき、頭から足までを一直線にキープ。

目線は真っすぐ

Point
腰がそらないよう注意し体を一直線に保つ

ひじは真横に向けたまま

2 息を吸いながらひじを曲げて5秒KEEP！

息を吸いながらしっかりとひじを曲げて、体を床すれすれの位置まで近づける。戻るときは吐く。1〜2を10回。動作の最中、体は常に一直線をキープ。ひじを真横に向けたまま曲げることで、上腕三頭筋に効くように。

NG!
腰が曲がりすぎ

ひじが曲がらず腰が曲がる人多し！
ひじを曲げたつもりが、実は上半身だけが上下しているパターン。腕立て伏せができているように錯覚するので注意して！

Part 3 食事編

毎日のごはんの工夫で脂肪燃焼&運動しやすい体に！今こそ"低糖質食事法"をマスター

エクササイズと並行して、毎日の食事をしっかり管理することが理想の体への近道!! ライザップが提唱する"低糖質食事法"は、1日3食食べてOK。食材や量などのポイントを押さえましょう。

低糖質食で3食食べながら体を燃焼モードにシフト！

教えてくれたのは
ライザップ管理栄養士 芦野めぐみさん
ライザップのカウンセラーとして、実際に店舗で低糖質の食事法を指導した経験あり。また、会報誌などで、低糖質だけどマンネリしない、おいしいレシピも提案。

ライザップでは3食しっかり食べながらヤセられる"低糖質食事法"を提案。「低糖質の食事を続けると、体にたまった脂肪を燃焼させやすくなり、効率よく脂肪を燃やせる体に。最終的に3食の糖質を抑えることを目標に、最初は夕食だけ、次に朝食&夕食と、徐々に気をつける回数を増やしましょう。コンビニ食が多い人も、ゆで卵、豆腐、魚のおかず、海藻のサラダなど、低糖質のものは意外とたくさんあるので安心して。購入時は栄養成分表示をチェックするクセをつけましょう。また、外食時は和定食のご飯抜きにすると、簡単に低糖質食が可能になります」(芦野さん)

太ってしまう一番の原因は糖質なんです!!

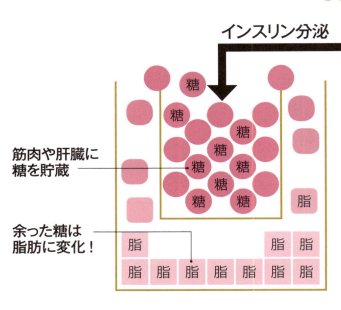

糖質をとる → インスリン分泌

じつは糖をとると体脂肪が増えるんです！
人間の体は糖質をとると血糖値(血液中のブドウ糖の値)がアップ。血糖値が上がるとインスリンというホルモンが分泌され、筋肉や肝臓に糖を貯蔵して、血糖値を下げようとします。しかし貯蔵できる量には限りがあるため、貯蔵しきれなかった糖は体脂肪に変換され脂肪組織に蓄積。だから、糖質をとりすぎると体脂肪が増える=太ってしまうんです！

- 筋肉や肝臓に糖を貯蔵
- 余った糖は脂肪に変化！

運動をすると…

エネルギーとして燃焼されるのは脂肪があと回しなんです！
人間の体のエネルギー源は、主に糖と脂肪。車に例えると、糖はターボエンジンで、脂肪はタンクに貯蔵されたガソリン。運動すると、まずターボエンジンが始動して糖が燃焼されます。そして、これを使い果たすまでガソリンである脂肪の出番はなく、貯蔵庫に残ったまま。糖をとり続ける以上、脂肪はいつまでたっても燃焼できません。つまり、脂肪を効率よく燃やすには、糖の摂取量を減らすべき。

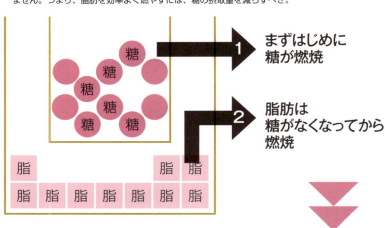

1. まずはじめに糖が燃焼
2. 脂肪は糖がなくなってから燃焼

ちなみに3大栄養素のうち糖質だけ余る傾向が！

- 脂質 — 細胞膜やホルモンの原料
- たんぱく質 — 骨・筋肉・皮膚などを作る
- 糖質 — ほとんどエネルギー源

ダイエットでもっとも嫌われがちな脂質は、ホルモンや細胞膜の材料となるため適量は必要不可欠。たんぱく質も骨、筋肉、皮膚、血液などを作る材料です。それに比べ、糖質の役割は体を動かすためのエネルギー源としてだけ。過剰にとりすぎると太る原因に！

だから食事を低糖質にすれば効率よく脂肪が使われる！

［ライザップ式 低糖質食事法のポイント］

1 主食を抜いて糖質オフ

主食となるご飯、麺類、パン類の栄養素はほぼ糖質。これを抜くだけで大幅な糖質オフが可能です。主食を抜いた分、おかずや汁物をたっぷりいただくことで、「食べることをガマンしている」というストレスもありません。食事のボリュームは、活動する時間が長いお昼を一番多めに、夕食は少なめにすることも心がけて。

Q. 糖質をとらなければ、いくら食べてもいいの？

会社受付
池谷優美さん

A. 海藻やきのこ類はOK。ただし脂質は要注意！
糖質の少ない野菜や海藻、きのこ類は食べてもOK。ただし体に必要な栄養素とはいえ、脂質も糖質と同様、食べすぎると体脂肪として蓄えられるので気をつけましょう。

2 たんぱく質をメインのおかずに

キレイにやせるためには栄養バランスのよい食事をとるのが鉄則。たんぱく質をメインのおかずにして、野菜、海藻類、きのこ類をプラスしましょう。またたんぱく質も肉・魚介・卵・大豆製品をバランスよく食べて。主食を抜くと食事から得られる水分も減りがちなので、しっかりと水分補給をすることも忘れずに。

Q. 今流行のコールドプレスジュースは飲んでOK？

商社勤務
安藤三佳さん

A. フルーツ入りはNG。飲むなら野菜オンリーで！
フルーツには特に脂肪になりやすい果糖が含まれているので注意が必要。野菜にも糖質が含まれているので、飲むのであれば青汁など、低糖質の葉野菜のみのジュースにして。

Q. 家で作ると同じメニューになってやる気がダウンしちゃう

メーカー勤務
田村亜美さん

A. 季節の野菜や調味料の組み合わせで工夫を！
例えば同じ素材でも、焼く、ゆでる、蒸すと調理法を変える、季節の野菜や香草を積極的に使う、調味料の組み合わせを変えてみる……。これだけで味はガラリと変わります！

3 おかずに含まれる糖質にも注意

実はおかずとなる食材にも、「隠れ糖質」が含まれています。特に多いのが根菜類やいも類、そして甘味の強いトマトなど、女性に人気の「甘味のある食材」。それからヘルシーな印象のフルーツも糖質が多いので要注意！

家で作るなら 低糖質スープがオススメ!!

低糖質食事法ビギナーにオススメなのが、低糖質の食材を使ったスープ。仕事帰りでもさっと作れて、味のバリエーションをつけやすいので飽きがこない、お腹の満足度も高い、といいことずくめ。体も温まり、代謝もアップします。特にオススメの3レシピをご紹介！

糖質：4.4g
たんぱく質：9.3g
カロリー：103kcal

ごま風味のクリーミーなスープは満足感大！
豆乳ごまスープ

【材料と作り方】（1人分）
1. ボウルに白ごまペースト15g、しょう油7g、豆乳140mlを混ぜ合わせておく。
2. 石づきを切り落としてバラしたしめじ20g、小口切りにした小ねぎ10g、ひと口大に切った豚肉（ロース）20g、もやし30gを鍋で3分ほど炒める。
3. 1を2に入れ、少しずつ鍋を温め、沸騰させないように注意する（沸騰させてしまうと、豆乳がざらついて分離してしまうのでゆっくり温めると舌触りがよくなります）。
4. 最後に塩・こしょう各適量で味をととのえて完成！

糖質：8.4g
たんぱく質：15.9g
カロリー：311kcal

シャキシャキもやしのピリ辛スープで元気に
ごま担々スープ

【材料と作り方】（1人分）
1. 鍋にごま油小さじ1を熱し、みじん切りにしたねぎ30g、にんにく5gを弱火で炒める。
2. ひと口大に切った豚肉40gを1に入れ、豆板醤少々を加えて弱火で炒める。
3. 水250ml、中華スープの素10g、もやし60g、しょう油大さじ1弱、塩・こしょう各少々を入れてひと煮立ちさせる。
4. 最後に白すりごま少々を振り入れて完成！

糖質：4.4g
たんぱく質：9.3g
カロリー：103kcal

ぽかぽか食材で冷えをとりつつ代謝をアップ
しょうがスープ

【材料と作り方】（4人分）
1. 鍋に水500ml、鶏ガラスープの素大さじ2、しょう油大さじ2、塩・こしょう各少々を入れて火にかける。
2. 沸騰したら溶き卵1個を入れる。ひと口大にカットした豆腐150gを入れる。
3. ほうれん草3束は5cm幅にカットし電子レンジ（600W）で1分加熱する。
4. 3を鍋に入れ一緒に1〜2分ほど煮る。
5. 鍋の火を止めてしょうが10gをすりおろし、鍋に入れる。軽く混ぜ合わせて完成！

低糖質食材早見表

RIZAP METHOD Part 3 : MEAL　Part 3 食事編

ライザップに通うダイエッターたちが愛用する、低糖質食材の一部を公開！ 常に持ち歩き、日々のメニュー選びに役立てて。

野菜・きのこ・果物

野菜は色で見分けるのがコツ。緑色＆淡色野菜はOK。暖色野菜、根菜は気をつけて。

- **もやし** [ゆで] (約2/5袋)
  糖質:0g
  たんぱく質:2.9g
  カロリー:34kcal
  食物繊維:1.5g

- **ほうれん草** [ゆで] (約1/3束)
  糖質:0.4g
  たんぱく質:2.6g
  カロリー:25kcal
  食物繊維:3.6g

- **アボカド** (約2/3個)
  糖質:0.9g
  たんぱく質:2.5g
  カロリー:187kcal
  食物繊維:5.3g

- **椎茸** (約8個)
  糖質:1.4g
  たんぱく質:3.0g
  カロリー:18kcal
  食物繊維:3.5g

> 食物繊維豊富なきのこ類は積極的に!!

- **きゅうり** (約1本)
  糖質:1.9g
  たんぱく質:1.0g
  カロリー:14kcal
  食物繊維:1.1g

- **キャベツ** (約1/10個)
  糖質:3.4g
  たんぱく質:1.3g
  カロリー:23kcal
  食物繊維:1.8g

> 野菜は緑色を選ぶのがポイント！

- **トマト** (約2/3個)
  糖質:3.7g
  たんぱく質:0.7g
  カロリー:19kcal
  食物繊維:1.0g

- **にんじん** [皮むき・ゆで] (約2/3本)
  糖質:6.5g
  たんぱく質:0.6g
  カロリー:37kcal
  食物繊維:3.0g

- **かぼちゃ** (約1/10個)
  糖質:8.1g
  たんぱく質:1.6g
  カロリー:49kcal
  食物繊維:2.8g

> 甘～いかぼちゃも糖質要注意！

- **バナナ**
  糖質:21.4g
  たんぱく質:1.1g
  カロリー:86kcal
  食物繊維:1.1g

> フルーツは基本的に避けること

- **りんご**
  糖質:13.1g
  たんぱく質:0.2g
  カロリー:54kcal
  食物繊維:1.5g

- **じゃがいも** [蒸し]
  糖質:17.9g
  たんぱく質:1.5g
  カロリー:84kcal
  食物繊維:1.8g

- **さつまいも** [蒸し]
  糖質:27.4g
  たんぱく質:1.2g
  カロリー:131kcal
  食物繊維:3.8g

> いも類は糖質がたくさん

肉・卵・魚介類

たんぱく質はたっぷりと。魚の脂はヤセ効果があるのでとってOK。肉は赤身に限定！

- **鶏肉・胸** [皮なし]
  糖質:0g
  たんぱく質:22.3g
  カロリー:108kcal
  食物繊維:0g

- **あじ** (約[中]1尾分)
  糖質:0.1g
  たんぱく質:20.7g
  カロリー:121kcal
  食物繊維:0g

- **しまえび** (約5尾分)
  糖質:0.1g
  たんぱく質:18.7g
  カロリー:83kcal
  食物繊維:0g

- **刺身** [まぐろ赤身] (約10切れ)
  糖質:0.1g
  たんぱく質:26.4g
  カロリー:125kcal
  食物繊維:0g

- **牛肉・肩ロース** [赤身肉]
  糖質:0.1g
  たんぱく質:19.7g
  カロリー:173 Kcal.
  食物繊維:0g

> 積極的に食べて！

- **しらす・じゃこ**
  糖質:0.2g
  たんぱく質:23.1g
  カロリー:113kcal
  食物繊維:0g

> おやつ代わりに食べるのもオススメ！

- **豚肉・肩ロース** [赤身肉]
  糖質:0.1g
  たんぱく質:19.7g
  カロリー:157kcal
  食物繊維:0g

- **ゆで卵** (約2個)
  糖質:0.3g
  たんぱく質:12.9g
  カロリー:151kcal
  食物繊維:0g

- **ロースハム** (約5枚)
  糖質:1.3g
  たんぱく質:16.5g
  カロリー:196kcal
  食物繊維:0g

- **ウインナーソーセージ** (約5本)
  糖質:3.0g
  たんぱく質:13.2g
  カロリー:321kcal
  食物繊維:0g

- **かまぼこ** (約2/3本)
  糖質:9.7g
  たんぱく質:12.0g
  カロリー:95kcal
  食物繊維:0g

> 加工品はつなぎに砂糖やでんぷんが！

> 少量に抑えて

- **はんぺん**
  糖質:11.4g
  たんぱく質:9.9g
  カロリー:94kcal
  食物繊維:0g

> 練り物は特にでんぷんが多いので注意

- **さつま揚げ**
  糖質:13.9g
  たんぱく質:12.5g
  カロリー:139kcal
  食物繊維:0g

- **つくだ煮**
  糖質:17g
  たんぱく質:14.4g
  カロリー:77kcal
  食物繊維:4.1g

> 困ったら鶏の胸肉！蒸す、焼くなどアレンジ自在です♪

> 基本的に禁止!!

糖質 少ない ← → 多い

Advice!

※出典『「糖質オフ」ごちそうごはん』監修:大柳珠美

Part 3 : MEAL **RIZAP METHOD**

外食や買い物で役立つ！

書き込んでみて！

1日のたんぱく質の摂取目安量は
体重×1.0g〜2.0g

体重 □ kg × 1.0g〜2.0g = □ g

ライザップのプログラムでは
糖質は
1日50gまで
が目安！

調味料・油脂・酒類

低糖質の食事を楽しむコツは調味料の使い方にあり。味のバリエが広がり、満足感アップ。

少ない ← 糖質 → 多い

○

■ **オリーブオイル**（約大さじ8）
糖質：0g
たんぱく質：0g
カロリー：921kcal

■ **ウイスキー**（約シングル3杯）
糖質：0g
たんぱく質：0g
カロリー：237kcal

■ **焼酎**（約1/2カップ）
糖質：0g
たんぱく質：0g
カロリー：206kcal

■ **バター**
糖質：0.2g
たんぱく質：0.6g
カロリー：745kcal.

■ **塩**
糖質：0g
たんぱく質：0g
カロリー：0kcal

> 塩は使っていいけど控えめに

△

■ **マヨネーズ**（約大さじ8）
糖質：1.7g
たんぱく質：1.5g
カロリー：703kcal

■ **しょう油**（約大さじ5）
糖質：10.1g
たんぱく質：7.7g
カロリー：71kcal

■ **辛口味噌**（約大さじ5）
糖質：17g
たんぱく質：12.8g
カロリー：196kcal

> しょっぱくても意外に糖質多し。使うときは慎重に

Advice!
お酒は焼酎、ウイスキーなど蒸留酒を選んで

×

■ **ビール**
糖質：3.1g
たんぱく質：0.4g
カロリー：46kcal

> 糖質ゼロのビールにチェンジ！

■ **果実酒カクテル**
糖質：8.6g
たんぱく質：おおよそ0g
カロリー：0〜50kcal

■ **マーガリン**
糖質：0g
たんぱく質：0.4g
カロリー：758kcal

> 糖質0でもトランス脂肪酸は×！

豆・大豆・海藻

海藻類＆大豆食品は、ミネラルも豊富なオススメ食材。豆類は糖質多め、と覚えて。

○

■ **ところてん**（約2/3パック）
糖質：0g
たんぱく質：0.2g
カロリー：2kcal
食物繊維：0.6g

■ **もずく**（約2/3パック）
糖質：0g
たんぱく質：0.3g
カロリー：6kcal
食物繊維：2g

■ **わかめ**［水戻し］（乾燥約20g）
糖質：0.1g
たんぱく質：2.0g
カロリー：17kcal
食物繊維：5.8g

■ **木綿豆腐**（約1/3丁）
糖質：1.2g
たんぱく質：6.6g
カロリー：72kcal
食物繊維：0.4g

■ **油揚げ**
糖質：1.4g
たんぱく質：18.6g
カロリー：386kcal
食物繊維：1.1g

■ **枝豆**［ゆで］（約1/2袋）
糖質：4.3g
たんぱく質：11.5g
カロリー：134kcal
食物繊維：4.6g

■ **納豆**（約2パック）
糖質：5.4g
たんぱく質：16.5g
カロリー：200kcal
食物繊維：6.7g

> たんぱく質もしっかりチャージ！

△

■ **グリーンピース**［冷凍］（約25さや）
糖質：11.3g
たんぱく質：5.6g
カロリー：98kcal
食物繊維：5.9g

■ **ひよこ豆**［ゆで］（約2/3カップ）
糖質：15.8g
たんぱく質：9.5g
カロリー：171kcal
食物繊維：11.6g

> 豆類は大豆以外は控えて正解!!

×

■ **つぶあん**
糖質：48.3g
たんぱく質：5.6g
カロリー：244kcal
食物繊維：5.7g

■ **はるさめ**
糖質：80.9g
たんぱく質：0.2g
カロリー：345kcal
食物繊維：3.7g

> ヘルシーかと思われがちなはるさめもNG!!

※糖質・たんぱく質・カロリーは100gあたりの値を示しています。※分量は可食部のおおよその量です。※掲載の食材は一部です。

＼ 最新デトックスは骨のマッサージ!! ／
グーとパーだけでできる
悩みパーツ別 骨気（コルギ）ダイエット

誰もが整形級に小顔になれる！と一大ブームを巻き起こした「骨気」。その小顔テクを全身に応用した"骨気ダイエット"が登場。即スッキリボディになれるとウワサのマッサージで、「むくまない&太らない」体にチェンジ♡

撮影／臼田洋一郎　取材・文／長島恭子　イラスト／菜々子[4コマ漫画]、宮川さと子[解剖図]

先生はこの方！

日本骨気協会 会長　**林幸千代**さん
Profile
2005年、骨氣法創始者の下で直接指導を受ける。帰国後2006年3月、日本ではじめて骨気施術を開始、韓国で技術習得した「骨気法」の痛みを軽減した施術法を考案し「骨気療法」と名づけて日本でブームを築く。世界初となるセルフ骨気考案者。『骨気ダイエット』（河出書房新社）をはじめ著書8冊。

骨気の進め方のポイント

使う手

人さし指から小指までの第2関節

中指と薬指の先の骨

POINT 1　正しい位置に骨をあてる
骨気では「骨」を意識するのが最大のポイント。骨と骨がしっかりあたっていないと効果アップにつながらないので、どの骨を使うのか、どの骨にあてて行うのかを必ず確認。骨気の最中も位置を意識しながら行います。

POINT 2　正しい向きに力を加えて！
骨と骨がしっかりあたっていることが確認できたら、次に大切なのは「力を加える向き」。「いらないものをスッキリと流す」骨気ダイエットでは、デトックス効果を高めるために、力を加える方向を大切にしています。

POINT 3　骨を押す力は"イタ気持ちいい"ぐらいが目安
力が強すぎても弱すぎても、骨気ダイエットの効果は出にくくなります。適切な力の加減は「イタ気持ちいい」と感じる程度。また、勢いよくスピーディーに刺激するのではなく、骨にゆっくりと力を加えながら行いましょう。

骨気を行う前にしておく

使う骨、あてる骨をしっかり確認！
骨気を行う際は必ず、マッサージする方の「手の骨」、マッサージされる方の「体の骨」の位置を確認しましょう。骨気の最中も適当に力を加えるのではなく、骨の位置を意識しながらゆっくりと進めて。

オイルやクリームで肌のすべりをUP！
骨気を行う手や指のすべりをよくすると、しっかりと骨に力が伝わるので、必ずマッサージ用のオイルやクリームを使用しましょう。手や肌になじみやすく、のびのいいものを選ぶのがポイント！

手のリラックス運動
骨気の前に両手でグー、パーを10回くり返してリラックス。手の血行もよくなります。

＼パー／　＼グー／

林幸千代式 骨気デトックスとは……

骨気デトックスでヤセられるって？

日本でも一大ブームとなった「骨気療法」。もともとは韓国の"骨気法"がルーツで、日本人のデリケートな肌に合わせて改良されたもの。

「骨気の特徴は、筋肉やリンパだけではなく、骨に直接アプローチする点。骨に適度な負荷をかけ、血行を改善し、代謝をアップします。同時に、骨の周囲の筋肉やリンパを刺激し、体内に滞留していた老廃物を排出。骨気療法は特に小顔効果で注目されましたが、滞った老廃物を排出することでも、ほおのむくみが軽減したり、たるみが引き上がったりといった変化が起きました」（林さん）

基礎代謝を上げて太りにくい体に変身！

小顔効果と同様の効果が全身にも期待できるのが、今回紹介する"骨気ダイエット"。

「お腹がたるむ、腕や脚が太いと悩んでいる人も、実は顔と同じように、老廃物によりむくみやたるみが生じています。骨気ダイエットは骨気療法によって、体の中に滞留している老廃物の排出を促します。むくみやたるみをマッサージにより軽減することができ、見た目からスリムになれるこれぞ林幸千代式『骨気デトックス』なのです。

また、人は誰もが筋肉の動かし方や姿勢のクセなどをもっていて、それらの積み重ねによりゆがみが生じます。骨気療法では、手の骨を使って筋肉よりも深部にある骨に力を加えたり押したりすることで、ゆがみを整えていきます。結果、見た目がスッキリするといった即効性があると同時に、骨気療法を続けることで常に流れのよい体へと変身できるのです。ぜひ、毎日実践して、効率よくリバウンドしにくい体作りを目指しましょう」（林さん）

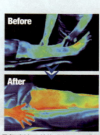

Before / After
骨気療法の前後のサーモグラフを見るとオレンジの部分が多く、体温の上昇が明らか！

アラサーになってきたからこその、気になる部分
読者のお悩み別・美ボディメソッド

使い方
カンタンコースは時間のない日のための基本メソッド。気になる部分を重点的に骨気したい日はテイネイコースをプラスしてみて！

お悩み1 難敵は下腹＆腰まわりのプヨ肉！目標はやっぱりくびれ腹!!
お腹まわり

使うのはグー — 親指以外の4本の指の第2関節

手をあてる位置はココ — ろっ骨の下から下腹まで

テイネイコース

1 両手を握りグーを作る
両手を軽く握る。このとき親指は一緒に握らず、外に出して。マッサージで使う第2関節を確認して！

2 お腹の左端に両手をあてる
お腹の左端、おへその延長線上に両手のこぶしの第2関節が正確にあたっているのを確認。カンタンコースの前にこれを行うことでより効果が出る。

手のあたり方check

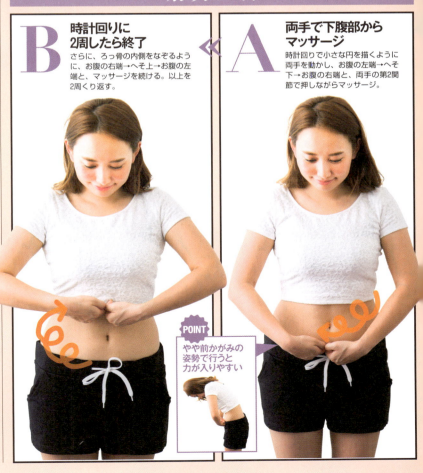

カンタンコース

A 両手で下腹部からマッサージ
時計回りで小さな円を描くように両手を動かし、お腹の左端→へそ下→お腹の右端と、両手の第2関節で押しながらマッサージ。

B 時計回りに2周したら終了
さらに、ろっ骨の内側をなぞるように、お腹の右端→へそ上→お腹の左端と、マッサージを続ける。以上を2周くり返す。

POINT やや前かがみの姿勢で行うと力が入りやすい

お悩み 2 二の腕

1年中"隠さなくてOK!"の ほっそり美腕が欲しい！

使うのはグー — 親指以外の4本の指の第2関節

手をあてる位置はココ
- A 鎖骨の左右の端から端まで
- B 腕のつけ根からわきの下まで
- C 上腕の腕の内側

A 鎖骨の体の中心側から腕のつけ根側まで
B 腕のつけ根からわきの下まで
C 上腕の骨の内側、ひじからわきの下まで

テイネイコース

1 鎖骨の中心側に右手をあてる
左の鎖骨の体の中心側に、こぶしにした右手の第2関節をあてる。

zoom up! 第2関節で鎖骨の上をなぞりながら押し回して！

3 腕のつけ根に第2関節をあてる
左腕のつけ根にこぶしにしたまま右手の第2関節をあてる。

4 わきの下に向かって流す
わきの下のくぼみに向かって、右手の第2関節で押し流す。8回。1〜4を右腕も同様に行う。

2 反時計回りに押しながら流す
右手で反時計回りに小さな円を描きながら、第2関節で鎖骨の上を外側の端まで押し回す。8回。

カンタンコース

A ひじの内側に関節をあてる
左腕を斜め上に上げる。右手はこぶしにして、左ひじ内側の骨にこぶしの第2関節をあてるようにする。

B わきの下まで腕の内側を流す
右手の第2関節でイタ気持ちいい強さで押しながら、左腕の内側の骨に沿ってわきの下まで流す。8回くり返し、右腕も同様に。すべてわきの下にあるリンパ節に持っていくことがポイント。力加減は強すぎず弱すぎないように。

58

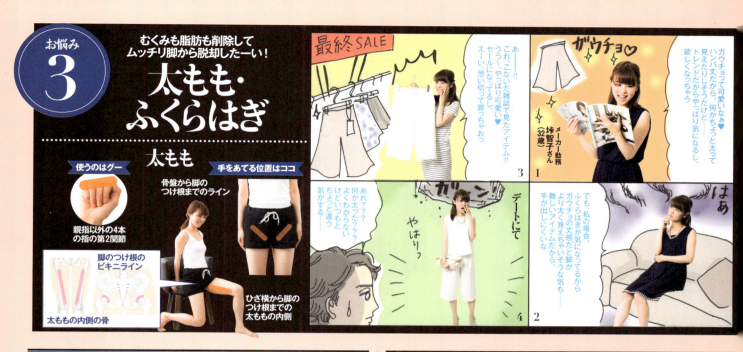

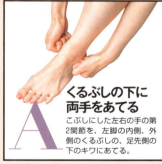

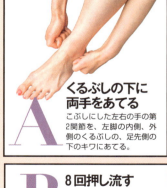

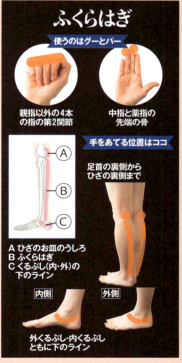

真冬のおこもりケアで
目指せ！女っぷりの高い"ふわとろ肌"＆"カービーライン"♥

思わず触れたくなる「エロふわボディ」の作り方

潤いに満たされた色っぽい肌と、メリハリのあるしなやかなボディは女子にとって最高の武器。保湿ケアやマッサージ、バスタイムを今まで以上に充実させてボディ磨きに専念を！

撮影／永谷知也［人物］（will creative）、吉澤康夫、志田裕也［ともに静物］　スタイリング／筒井葉子（PEACE MONKEY）　ヘアメイク／高橋里帆（Three Peace）　モデル／泉里香　取材・文／内田芙美　撮影協力／AWABEES　●掲載商品の問い合わせ先はp.127にあります。

"脚がむくみやすいから
お風呂で
マッサージしてるよ"

「疲れているときは特に脚がパンパンになっちゃうから、お風呂で必ずマッサージ。41℃くらいのお湯につかり、温めながらケアすると、脚がスッキリ！　お風呂上がりはボディクリームでしっかり保湿しています」

60

Ero Fuwa Body

"女の子の **お尻とおっぱいは** ふわふわじゃないと！"

「お尻やバストはザラつきやすい場所だから、やさしいスクラブでツルツルに。肌が乾燥しないようにしっかりボディクリームやオイルで保湿するとふっくら♥」

"毎日お風呂に入ると肌が **しっとりもちもちに**"

「肌が柔らかそうに見えるとそれだけで色っぽい。お風呂に入って体を温めると血行がよくなって肌がふっくらするし、気持ちもマイルドに♥ バスソルトとアロマオイルを入れて20分くらいつかるのが習慣です」

"**女らしいメリハリ**が 欲しいから **腹筋は欠かしません**"

「ほどよくお肉がついていて、ウエストや脚が引き締まっているのが理想だから、週1でジムに通ってトレーニング。家では腹筋をしてメリハリ感が出るようにしています」

色っぽいのは透明感のある肌と丸みのあるライン

目指したいのは里香ちゃんのしなやかおフェロボディ

胸やお尻はふっくら柔らかそうなのに、脚とウエストはキュッと引き締まっている里香ちゃんのボディは全女子の憧れ！ もっちりお肌とメリハリボディのヒミツを聞いちゃいました。

Topics 1
心がガチガチではエロさも半減しちゃうかも!?
入浴剤は五感に響く香りでチョイス

ふわっとした肌を手に入れたいなら、まずは疲れた心をほぐすべし。脳が疲れた状態では、ケアする気持ちも湧いてこないから、心地いい香りでストレスを解き放つことからスタート。

> "いい香り"を嗅ぐと脳から幸せな気分になる信号が!
> 「人は鼻の中の"嗅細胞"で香りを受容し、脳に伝達。1度心地よいと感じた香りは脳が覚えていて、再度嗅いだときに幸せ気分が蘇ることから、いい香りを嗅ぐと心身ともにリラックスできます」
> 花王 香料開発研究所第3研究室 主任研究員 中島美奈子さん

バスルームは最高のビューティースポット
"ふわモチ"質感はお風呂で仕込む

体を温めながらたっぷりの蒸気が舞うバスルームは、いるだけで肌が柔らかく。さらに目的別アイテムをプラスすれば、心までもふわふわに。こんな美の聖地を利用しない手はない!

- 体と心のこわばりに染み込む贅沢な炭酸バス
- ジューシー&スパイシーな清々しさが心を軽やかに
- 心が疲れたときや揺らいだときに勇気をくれそう!
- ローズヒップオイルなど天然の保湿成分がたっぷり
- 心と体の緊張をゆるめて"余裕"を取り戻して♡

A. 華やかなローズの香りとともにしっかり肌を保湿。ヴェレダ ワイルドローズ クリームバスミルク 100ml ¥2,200／ヴェレダ・ジャパン B クラリセージやローズマリーなどが、気持ちを前向きに。アロマセラピー アソシエイツ エンカレッジ バスアンドシャワーオイル 55ml ¥7,800／シュウエイトレーディング C ラベンダーやクラリセージなどのブレンドがストレスをリリース。ストレスフィックス シリーズ ラベンダーバスソルト 454g ¥5,200／アヴェダ D ジューシーなフルーツにシダーウッドのスパイスがピリリ。ブラックベリー&ベイ バス オイル 250ml ¥9,000／ジョー マローン ロンドン E.4種の香りをその日の気分でチョイスして。バブ ナイトアロマ 12個 オープン価格 [医薬部外品]／花王

Topics 3
強力にデトックスしたい日や浄化したいときに!
ツルスベ桃色肌は"日本酒風呂"に限る!!

エロっぽいふわふわした肌は、余分なものをため込んでいては絶対に叶いません。太陽の下で天日干しにした塩と日本酒の最強のデトックス入浴剤で、色っぽさ漂う透明桃色肌に。

用意するのは日本酒と塩だけ!
日本酒と塩には浄化するという共通の働きが。この2つを合わせれば最強のデトックス風呂に。肌の透明感もグッとUP!

→純米酒の力でクリアな肌に。浴槽に250ml入れて入浴。すっぴん酒 風呂専用・原液 純米酒 500ml ¥600／福光屋

♡コレおすすめ

お酒の浄化力と美肌効果にほれぼれ
「湯船に頭から浸かって頭皮をもむと、頭皮の毛穴の汚れもオフ。強烈な人に会ってぐったりした日や、頭や肩が重い日にもオススメです。笑」
ビューティープロデューサー 牧野和世さん

Topics 2
その日の自分に寄り添ってセレクトする楽しみも♡
"バスソルト&アロマオイル"のお手製入浴剤で心も肌もまろやかに

いいことがあってウキウキ♪ 失敗して落ち込む……など、その日の気分に必要な香りをカスタマイズ。リラックスしつつ、発汗作用も抜群なので肌までキレイに!

Pick up!
- 【女性ホルモンUP】➤➤ローズ、イランイラン、マンダリン
- 【安眠したいとき】➤➤ラベンダー、ネロリ
- 【リフレッシュしたいとき】➤➤ミント、レモングラス、ユーカリ
- 【体のめぐりをよくしたいとき】➤➤シナモン、タイム、ローズマリー

デイリー使いにピッタリ!
保湿作用とデトックス効果に優れた、ミネラル豊富な死海の塩。Sea Line 死海ミネラルソルト 1kg ¥2,100／ブリリアントアース

A.シナモンの葉と小枝から抽出。血流を促し、月経痛の緩和もサポート。エッセンシャルオイル シナモン・オーガニック 10ml ¥2,900／ニールズヤード レメディーズ B.スッとした香りで、もやもやした感情もシャキッと。EO エッセンシャルオイル ユーカリ 10ml ¥2,300／アトラス C.ホルモンバランスを整えて穏やかな気持ちに。DIVINE BEAUTY organic マンダリン 10ml ¥2,600／アグライア サンクチュアリ クリニック D.温かみのある香りがスムーズな入眠に誘う。PRIMAVERA ネロリ 10% ¥3,200／ヴィーゼ E.イタリアのミネラル豊富なバスソルト。発汗作用が抜群! サルソマッジョーレ 温泉バスソルト 1000g ¥7,600／アリエルトレーディング

入浴前に……
オイルを塗ってから入浴すると肌がも〜っちり♡

湯船につかる前にボディオイルを塗ると、お風呂に入っている間中全身パックをしているような感じに。お風呂上がりはぷるるんっと弾む美肌に。

オススメ!

ポーテ デュ サエ ナチュラル パフュームド ボディバスオイル(ローズブーケ) 230ml ¥4,900／KOZUCHI

優雅な気分に浸れる柑橘とジャスミンの香り。エルバビーバ EM ボディオイル 125ml ¥2,660／スタイラ

Bath care

Topics 4
ハーブのパワーでデトックス&チャージをスムーズに
月の満ち欠けに合わせた"ハーブ風呂"で体調ごとケア

新月や満月の影響で、気持ちが高ぶったり、浮ついたり、弱くなったりすることも……。そんなときは、ハーブの天然のパワーが有効。パワーチャージをしたり気持ちを落ち着かせるのに活用してみて。

オーガニックのリコリスやペパーミントをブレンド。コンフォーティング ティー ティーバッグ 20袋入り ¥2,400／アヴェダ

Pick up!

インプット期の満月とアウトプット期の新月に必要なハーブって？

新月になるとパワー全開になり、がんばりすぎて疲れる人も。そんなときは気分転換できるミントや気持ちが安定するオレンジを。満月はデトックスにぴったりなとき。ジュニパーやセージなどで浄化を促して。好きなハーブティーをそのまま浴槽に入れても、煮出してから投入してもOK。

月の満ち欠けと四季の香りの入浴剤

デトックスや、リラックス効果の高い精油をブレンド。右上・NEHAN TOKYO epsalt winter、右下・同 epsalt summer、左上・同 epsalt autumn、左下・同 epsalt spring 各¥1,500／馬居化成工業

Topics 5
落としながら与えるスペシャルケアを習慣に
大人は優しい質感と保湿力の高いスクラブを使う

週1のスクラブで余分な角質をオフすれば、スキンケアの浸透も高まり、ボディの運命が変わるほどなめらかに。大人の女性なら潤いもキープできるものを選ぶべし。

敏感肌でもスキンケア感覚で使える！
クリームタイプ

余分な角質を落としながら、クリームの保湿成分や栄養が肌になじんで、高級感あふれる感触に。肌が弱くてスクラブが苦手な人も◎。

A ほのかに甘いグリーンティーの香りでリラックス

B 甘いフィグの香りがお風呂いっぱいに広がる

C ツヤのあるソフトなボディに

D ローズブーケの香りとともにふわふわ肌に

A.ホホバビーズとバンブーのスクラブが透明感のある肌に。KOTOSHINA KS ホホバ&バンブースクラブ SGT 190ml ¥7,500／バル B.角のないスクラブで洗ったあとのなめらかさは目を見張るほど。ローラメルシエ ボディスクラブ フィグ 300g ¥4,600／メルシス C.ツヤのあるソフトなボディに。ヌーディチュウ クリーミーボディスクラブ 145g ¥1,980／石澤研究所 D.あんず種子がざらつきをしっかりオフ。ボーテ デュ サエ ナチュラル パフュームド ソフトボディスクラブ（ローズブーケ）200g ¥3,200／KOZUCHI

肌の上でジュワッととろけてツヤむち肌に
シュガー

肌への刺激が気になる人は、よりマイルドで保湿力の高いシュガーベースをチョイス。全身を潤わせながらツヤを仕込めます！

A 白いバラと桃の香りで女子力もアップしそう♡

B ラズベリーシードオレンジ果皮油でスイートな気分に

C オリエンタルのスパイスが効いた深みのあるローズ香

D シトラスとバニラの魅惑的な香りがほんのり続く

A.何度も触りたくなる女性らしいなめらかさを味わって。DR.TAFFI ボディスクラブ ホワイトローズ 300ml ¥6,250／DR.TAFFI B.13種のオーガニックオイル、エキス、精油をブレンド。ジョンマスターオーガニック R&Oスイートボディスクラブ 136g ¥3,400／スタイラ C.細かい粒子でベルベットのような肌に。ボディ ゴマージュ 200g ¥4,200／レ・メルヴェイユーズ ラデュレ D.肌に潤いとツヤを与えるオーガニックオイル配合。フィグアンドヤロウ シュガーボディスクラブ（シトラス&バニラ）128g ¥3,400／アリエルトレーディング

肌を柔らかくして毛穴の黒ずみまでしっかりオフ

A ミネラルたっぷりな能登半島の珠洲の塩を使用

B 塩をジェルオイルで包み込んでいるから肌当たりがソフト

C 北海道産の海塩を顆粒にして配合したマッサージジェル

ミネラルの力で代謝を促進しザラつきをオフ
ソルト

塩には毛穴の汚れを引き出すデトックス効果があり、スクラブとして使うと、不要な角質をオフしてツルスベ美肌に！

D リゾート気分にひたれるシトラスのブレンド

A.椿の香りが皮脂のバランスを整え、ストレスも解消。重曹と日本酒と珠洲の塩のマッサージスクラブ レギュラー 300g ¥2,000／まかないこすめ B.シーソルトとアルガンオイルがゴワつきをケア。プレディア ソルト ボディスクラブ 150g ¥3,500／コーセー C.マッサージ効果で美しいボディラインに。VQ オーシャン ボディ 200g ¥6,000／イグニス D.レモングラスやマンダリンの爽やかな香りが漂う。植物由来成分が肌にハリを与える。インドシン STH ボディポリッシュ 200ml ¥6,200／パンピューリ ジャパン

入浴して肌を柔らかくしたら保湿の時間♪
お風呂上がりのケアは目的別に効かせる！

お風呂上がりは絶好のボディケアチャンス！肌の油分量がグッと低下した肌は、オイルやバーム、クリームなどでたっぷりと油分補給して、ふっくら感を死守すべし♥

むくみが気になるときは……
オイルでマッサージ！

エッセンシャルオイルや植物の恵みを存分に感じられるボディオイルはマッサージもでき、滞りをケアするのにぴったり。濡れた肌に塗り込めばもっちり感もUP。

A.血行促進をサポートし、むくみや肩こりにもアプローチ。ポール・シェリー リンパハーバルオイル 150ml ¥8,000／ピー・エス・インターナショナル B.肌のコンディションを整える植物成分を贅沢に配合。RMK ボディオイル〈LC〉150ml ¥4,000／RMK Division C.南国で咲き乱れる花々のエレガントな香りが全身を柔らかく。ジョヴィネッツァ プロフォンダ オイル カメリアチック 250ml ¥2,845／DR.TAFFI D.血行と代謝をアップし、ボディをキュッと引き締め。ボディ オイル "アンティ オー"。100ml ¥7,000／クラランス E.植物のパワーで活力アップもサポート。ボディ オイル VE 100ml ¥8,300／イラ

極度の乾燥には……
バームで潤いを密封

乾燥を通り越して粉をふいたり、ひび割れてしまったときはバームの出番。肌の温度でとろりと溶けてぴったりフィット。肌荒れや敏感肌も優しく癒してくれます。

A.エモリエント効果抜群のワセリンが肌の水分蒸発を防いでしっかり保湿。ジルスチュアート リラックス ボディバーム 85g ¥4,000／ジルスチュアート ビューティー B.シアバター、ビタミンを含む美容成分がたっぷりIN。キンバリー パリー オーガニック ソフトラベンダー 116g ¥6,800／コスメキッチン C.乾燥肌のカサつきをなめらかなバームが保湿してツヤ＆ハリ肌に！ オメガ サプリファイング ボディバーム 164g ¥6,500／スンダリ D.ローマカミツレ花油やラベンダー油が肌荒れもケア。エルバビーバ ベビー バター エルバくんのそり遊びラベル 50g ¥2,430／スタイラ

肌の上でジュワッととろける感覚が心地いい♥

とにかく肌をふかふかにしたいなら……
ボディクリームでコーティング！

肌内部の潤いをしっかりキープするフタの役目は何と言ってもクリームに任せるのが一番。化粧水やオイルと合わせ使いすると、みっちり保湿されたエロふわ肌に。

こっくりした質感でまろやかな弾力肌に♪

Relax...

A.サンダルウッドやジャスミンが深い癒しへ。パンピューリ ブラック ジャスミン ボディバター 200ml ¥9,800／パンピューリ ジャパン B.深呼吸を誘うイチジクの果実と花の爽やかな甘さ。フィグ パフューム ボディバーム 200ml ¥4,500／ロジェ・ガレ C.ほんのり温かくなり、ハリのある肌と全身の巡りをサポート。シンプリス ウルトラリッチ ボディクリーム 180g ¥7,000／MNC New York なめらかにのび、肌のバリア機能を高め、外的刺激からも保護。シルキーボディミルク デリケート・ジャスミン 200ml ¥4,000／SABON Japan E.ハッピー感あふれるフローラルフルーティーの香り。MOR エッセンシャルズ ハンド＆ボディローション ネロリクレメンタイン 350ml ¥3,000／グローバル プロダクト プランニング

Body care

\教えてくれたのはこの人!/
ビューティープロデューサー
牧野和世さん

"大切にされる香り"を
身にまとうと愛される

女子力と恋愛力を上げるためには香りが重要。恋人同士になるまでは派手な香りよりも清潔感や癒しを感じられるものを積極的につけて。

Profile
女性誌などのビューティー企画の監修やコスメブランドの商品開発をはじめ、コンサルティング業まで幅広く手がける。自身のサロン「COCOMA DAIKANYAMA」の香水診断が人気。

あざとくモテる香りのレイヤーテク

シーンに沿った香りワザで運命は作れる!

男性の気を引くのに、香りは効果的。髪や、ウエスト、足元などでつけるものを替えれば香りが混ざり合って、自分だけのフレグランスに。計算ずくの香りで、気になる彼を射止めて♥

Hair

"洗いたてのような清潔感のある香り"はふわっと香る髪につけて♥

男の人はシャンプーの香りが好き。動いたときに髪の毛から香る清潔感のある香りは、ただ可愛いだけじゃなく清らかさも感じられるから、「大切にしないと!」と思わせるんです。シャンプーよりもいい香りをヘアに意図的に仕込んで、動作のたびにあざとく香らせて。

Stomach

お腹にローズの香りをまとって
"女性ホルモン"アップ!

基本的に女性ウケの香りですが、お腹にローズの香りをつけていると、女性ホルモンのバランスが整って、喜怒哀楽も緩やかに。また、お手洗いで下着を下ろしたときにふわっと香ると「自分は女だな」と思えるので、忙しい女子やイライラしがちなときにも試してほしい。

▲ 編集部オススメ

グリーンアップルとチューリップで清楚なイメージに

可憐な女性らしさ。トッカ オードパルファム ジュリエッタの香り 50ml ¥9,500/グローバル プロダクト プランニング

男性が永遠に憧れるシャンプーの香りを再現♡

お風呂上がりの優しい香りをさりげなく。フィアンセ ボディミスト ピュアシャンプーの香り 50ml ¥1,200/井田ラボラトリーズ

◀ 編集部オススメ

ピンクペッパーとローズの華やかな香りが漂う

香りとともに、引き締め効果にも期待。アピヴィータ ローズ&ペッパー ボディ クリーム 150ml ¥4,800/アピヴィータ・ジャパン

ロマンティックなローズがあらゆる瞬間に寄り添う

美人力が高まりそうなロマンティックなローズの香りが繊細に続く。ローズ パフュームウォーター 30ml ¥3,500/ロジェ・ガレ

▶ 編集部オススメ

最も希少で高級なお茶をベースに使用

柑橘やスパイスのアクセントが新鮮。オ・パフメ オーテヴェール オーデコロン 75ml ¥10,300/ブルガリ パルファン事業部

心のバランスを取り戻し、ホッと癒される香り

シトラスフルーツやウッディーノートが大人っぽい。グリーンティー パフュームウォーター 30ml ¥3,500/ロジェ・ガレ

Ankle

"足首にグリーンティーやウッド系の香り"を入れると知性が生まれる

相手に安心感を与えるグリーンティーやウッディー系の香りは、恋愛の入り口には向かない香りですが、足元につけてほのかに香らせるには効果的。地に足のついた知的な印象を演出できるので、相手に"結婚相手にはこういう女性"と本能的に思ってもらえるかも。

最新刊『病気がいやならわきの下をもみなさい』（幻冬舎）をはじめ、右・『くびれポリスの腹トレ』¥1,500（講談社刊）、左・『おっぱい番長の乳トレ』¥1,300（講談社刊）など、著書多数。

\ 教えてくれたのはこの人！/
美容家・経絡整体師
朝井麗華さん

〝乳トレ〟をすると
自然とくびれも出現！

アラサー世代はバストとウエストの差がどんどん縮まっていく傾向に！ カービーボディに必要なのは〝日々の緊張をためずにリセット〟する習慣です。

Plofile
美しく健康になるサロン「気・Reika」主宰。独自のメソッドで有名人にも多くのファンを抱え、予約のとれないスゴ腕整体師として大人気。

胸からお尻にかけてのくびれが
色っぽさのキモ

やっぱり欲しいのは
女っぽいカービーライン

ペタンコ胸とくびれなしのずん胴じゃ、どうしたって色気ゼロ……。おっぱい番長こと、朝井麗華さんが伝授する「乳トレ」&「腹トレ」で、マシュマロおっぱいと美ウエストをゲット！

1日5分でOK！　〖 **ふっくら美バストに育つ簡単マッサージ** 〗

| ボインとした〝谷間〟を出現させる「グーパー推拿（すいな）」 | ふっくら柔らかい質感を生む「肋骨（ろっこつ）ほぐし」 | 自前のブラ＝大胸筋を育てる「バストくるくる」 |

正しい位置を覚えさせるように、大きく開いた手で体側からバストを支えて内側へ寄せ、そのまま30秒キープ。

両手をグーにして第2関節の骨で脇下、バスト上部、バスト下部の順にしっかりほぐす。各10回ずつ計30回。

支えていた左手がバストトップまできたらはずして、左手でもう一度脇からバストへとマッサージする。

左手で右側の脇の肉をバスト側に集め、右手をグーにして、第2関節の骨で脇からバストへとマッサージする。

逆側の親指以外の4指でバスト上部を内から外へ円を描きながら大胸筋のつまりをとるようにマッサージする。

片側の手をバストの下に添える。ココを支えることでバストが無駄に動くのを防ぎ、靭帯へのダメージを防げる。

簡単！ つらくない！　〖 **メリハリラインを作るくびれメソッド** 〗

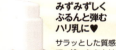

朝井さんオススメの
〝効果UPコスメ〟

みずみずしくぷるんと弾むハリ乳に♥

サラッとした質感で、塗ったあとはバストがむっちり柔らかく。インソーレ フラワーオイル ローズ 50ml ¥3,300／インソーレ

胸に

老廃物を流してむくみをスッキリ解消！

余分な水分や老廃物の排出を促すジュニパーベリーオイル入り。ジンジャー＆ジュニパーウォーミングオイル 100ml ¥3,500／ニールズヤード レメディーズ

ウエストに

| 冷え性やお腹や腰まわりのむくみに効く！「腎兪（じんゆ）絞り」 | ぽっこり出ている下腹やハリに効く！「八の字ぐりぐり」 |

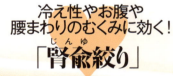

曲げた指を
肋骨裏に
入れ込む

鼻から息を吸い
口からゆっくり吐く

お腹に集めたお肉を逆の手で受け止める。そのまま手のひら全体を使って、背中や脇腹のお肉を前に持ってくる。

片手を腰に当て、親指で腎兪を押す。そのポジションから手を前の方に、くびれを作るイメージで動かす。

手をウエストの一番細い所に当てたときに親指が触れる部分が腎兪。体内の水分排出をスムーズにしてくれる。

指を第2関節まで曲げ、肋骨の下にグッと差し入れる。体のセンター側から徐々に外側に広げていきます。

肋骨の裏側を指で触るようなイメージ。痛みがある人は無理のない範囲で、弱い圧からでOK。

Point！ 腎のエネルギーのピークは20代。ホルモンバランスにも影響を与える重要なツボなので、しっかりケアすることで若返りも期待できる。冷え性やむくみ、疲労感も軽減できます。

ふわツヤボディのヒミツ、教えます！
美女たちが女らしさを高めるためにしているこだわりを拝見！

女らしくも芯の強さを持つ6人の美容のプロが、その女らしさや肌の質感をキープするためにこだわっていることを公開。美女ボディ&美女肌のエッセンスを盗んで美人度を高めよう！

ヘアメイクアップアーティスト　高橋里帆さん

"毎日人のお肌を触るのでハンドケアは特にぬかりなく"

「年齢が出やすい手がキレイな人はそれだけで素敵な印象に。名刺を渡すときやおしゃべりをしているときなど、意外と視界に入ってきますよね。私は仕事柄、手を洗う回数が多いので人一倍、手のケアを大切にしています」

外的刺激から肌を守って肌荒れを予防

爪のひび割れや2枚爪を抑制し、甘皮もソフトに

肌細胞の活性化をサポートしハリのある肌に

贅沢な抗酸化成分が肌のエイジングをブロック！

肌に栄養を与えながら、血行や代謝の促進をサポート

無香料だから、その日の気分でオイルを選べる

A.「モデルさんや女優さんのお顔を触る仕事中は、手のケアも顔用のアイテムで」ケイパーフェクトモイスチャーミルク 55ml ¥8,000/ドクターケイ B.「ネイルに塗りこんだり、ハンドクリームに数滴プラス」ネイル&キューティクルオイル 12ml ¥3,800/ハーブファーマシー C.「こっくりとした質感でごわついた肌もキメを整えてくれます。仕事終わりにはコレ」ニベアクリーム 56g オープン価格/ニベア花王

A.「湯船で体を温めてからゴマージュ」デイカ パーフェクト マッサージ スクラブ シュガー&ソルト 550g ¥5,500/デイカ ジャパン B.「お風呂から出たら、濡れたままで全身マッサージ。あと肌がしっとり」ボディ オイル "トニック"。100ml ¥7,000/クラランス C.「ボディオイルと1:1で混ぜると、クリームだけでは得られないツヤが♥」リピカ バームAP 200ml ¥3,300/ラ ロッシュ ポゼ

美容家　深澤亜希さん

"ウエストの軽さは女子力もアップ"

「ウエストまわりが重いと、マインドまで重くなり姿勢も悪く。なので、ウエストのツイストストレッチとクリーム&オイルでのマッサージを毎日しています。また、手、足、腕の傷や爪まわりのささくれも禁物です！」

ヘアメイクアップアーティスト　野口由佳さん

"指と爪にツヤがある女性はポイントアップ"

「爪が短くても、ちゃんとケアしている手は女性らしい。私は、スキンケアで使用した化粧水を含んだコットンで必ず手の甲も保湿。爪にツヤを出すために、透明のマニキュアを塗れば清潔感とピュアな印象も与えられます」

コールドプレス製法の新鮮なオイルがカギ！

「食用のココナッツオイルは肌への浸透も早く、べたつかないのでハンドケアにも使っています」バージンココナッツオイル 200g ¥900/ミトク

美容ライター　内田芙美さん

"女性らしい質感は健康なマインドが最大のカギ"

「いい製品を使うのはもちろんですが、その前に、気持ちによどみがあると、いくらケアしてもくすみっぱなしですし、化粧品の効果も半減します。まずは、その日心地いいと思える香りで心をクリアにし、五感を研ぎ澄ませて」

その日の体調や気分で香り方が変化するのも特徴

セラムとオイルのセット使いでサラツル肌に♥

大地の温かみが伝わるハーブの香りが最高♥

A.「ストレスが一瞬で吹き飛んで心が柔らかく」NEOM ボディオイル DEEPLY RELAX 100ml ¥6,300/ステキ・インターナショナル B.「ざらつくお尻が今までにないほどふわふわに！」ポール・シェリー ボディ リビタルセーラム 200ml ¥8,000、同 リビタルクリーム 200ml ¥10,000/ともにビー・エス・インターナショナル C.「気持ちをスッキリしたいときはコレ！」ソテディ バロメーターバスソルト 30g×3 ¥2,000/ナチュロパシー・ジャポン

マイクロパールが肌の古い角質を穏やかにオフ

優しいスクラブと保湿効果でサテンのような輝く肌に

美容家、Riche主宰　石井美保さん

"全身の潤いと透明感は幸福感を感じさせる"

「顔だけでなく、首もシワがなく透明感があると、清潔な印象も受けるし、顔のレフ板効果にもなって一石二鳥。動作のたびに目につく指先や、ふとしたときに見えるかかと、ひじ、膝が潤っていると大人の余裕が感じられます」

A.「首をマッサージして角質とくすみをオフしたら、化粧水からクリームまで肌と同じようにケア」ベルル ブラン アクティブ クレンジング フォーム 150ml ¥6,400/ゲラン B.「お風呂で指先から手の甲にスクラブ後、オイルを塗ってゴム手袋をしたまま入浴」クレ・ド・ポー・ボーテ エクスフォリアンプールルコール 200g ¥9,000/資生堂インターナショナル

リラックス効果抜群の心まで潤う上質なオイル

冷え、あせも、ニキビ、肩こりなどマルチに効く

ビューティープロデューサー　牧野和世さん

"寝る時間を削ってもバスタイムはマスト"

「夜のお風呂は1日の気持ちをデトックスする大切な時間。どんなに疲れていてもお風呂にさえ入っていれば、お肌キレイだね！と必ず言われます。さら湯は刺激が強いので、入浴剤で水質をマイルドにするのもポイントです」

A.「まずは、香りを全種試せるミニセットで自分好みの香りに出合って」アロマセラピー アソシエイツ ミニチュアバスオイル コレクション 3ml×10種 ¥5,700/シュウエイトレーディング B.「体が芯からポカポカして疲れが吹き飛びます」華密恋薬用入浴剤 400ml ¥2,200/カミツレ研究所

究極の時短ダイエット 　1日たった4分好きな運動をするだけで、**脂肪が燃える！キレイにヤセる!!** 　世界中が注目

TABATAメソッド

欧米で爆発的な人気を集めている日本発のトレーニングメソッド「タバタ プロトコル」。
なんと週3回、たった4分間のトレーニングを行うだけで確実に体を引き締まる、と話題。早速、今日から試してみて！

撮影／チェキ(will creative) 　ヘアメイク／松永奈巳(S.) 　取材・文／長島恭子

考案者は

立命館大学
スポーツ健康科学部
田畑 泉先生

健康増進やスポーツ競技力の向上に関する身体活動を研究。1996年に「タバタ プロトコル」を世界に向けて発表。

TABATAメソッドって一体なに？

強度の高い運動で持久力が飛躍的にアップ

もともとは持久力の向上を目的としたアスリートのトレーニングに用いられていたインターバルトレーニング。"高い強度の運動を20秒間行う＋10秒間の休憩をする。を1セットとし、8回繰り返すプログラムは、たった4分間で自転車を1時間こいだときと同等の運動効果が。『短時間の運動でもがんばってやれば筋肉をつけられるかも』と世界中のボディコンシャスな人々の間で広まり、大人気に。

要はこういうこと！ 　これを
20秒全力で運動→10秒休む×8セット

8.th	7.th	6.th	5.th	4.th	3.rd	2.nd	1.st
20秒運動 ｜10秒休む	20秒運動 ｜10秒休む	20秒運動 ｜10秒休む	20秒運動 ｜10秒休む	20秒運動 ｜10秒休む	20秒運動 ｜10秒休む	20秒運動 ｜10秒休む	20秒運動

ここがスゴイ 1 　運動が苦手な人でも**簡単＆手軽**にできる！

とにかく心臓を最大限バクバクいわせるのが目的だから、ハードだけれど単純、道具いらずの運動ばかり。しかも週3日程度で効果が出るというから、運動苦手でも始められる♪

ここがスゴイ 2 　全力運動を繰り返すから運動初心者でも**体力が向上！**

高強度の運動を繰り返すうちに、酸素を体内に取り込んで脂肪を燃焼させる"有酸素運動効果"がどんどん高まるのがTABATA式。キレイなボディラインをゲットできそう！

美意識の高い人がこぞってハマり中！

パーソナルトレーナー
池田佐和子さん

スポーツクラブ「ティップネス」でも「タバタ プロトコル」採用プログラム『TIME』が大人気。「運動経験を問わず、真剣に体を変えたい人ほどハマってます！」

ここがスゴイ 3 　たった4分で、**約1時間運動したのと同等の効果が**

4分間で約1時間の運動に匹敵するくらいの運動効果が！　時間がない人でも効率よく体を変えることができるし、どんな運動でもいいので運動オンチや飽きっぽい人でも続けられます。

イギリスでは
DVDが
バカ売れ！

フィットネスDVD『tabata™ 4 minute fitness-scientifically proven』はイギリスで1万3000枚を超え、さらに160カ所以上のフィットネスクラブが"TABATAメソッド"を導入しているんだとか！

海外セレブやアスリートがこぞって取り入れてる♪

今、世界中で「TABATA」旋風が！

発信源である日本よりも先に、フィットネスに関心の高い欧米やロシア、ブラジルなどで話題沸騰中。世界のダイエットブームを牽引するマドンナもハマっているというウワサ!!

最強の美ボディセレブ
マドンナも実践!?

©AFLO

69

ングの 20秒 全力運動のバリエをご紹介

という人のために、"TABATAメソッド"をベースにした、初心者〜上級者向けの運動を池田先生が提案してくれました。効率よく筋肉をつけて、太りにくい体を目指そう♪

も今日からできる！ 家の中編
下半身の筋肉を効率よく刺激できる運動が集合。動作は単純でも8セットきちんとこなせば効果は絶大!!

つまめる腰肉&太もも肉をそぎ落とす
手を上げてスクワット

\\こうするとよりgood//
つま先よりもひざが前に出ないよう注意
ひざがつま先より前に出るとケガの原因になるので注意。後ろにあるイスに腰掛けるイメージでお尻を突き出しながら腰を沈めて。

やり方はこう！
①両手を頭上へと伸ばして立つ。
②猫背にならないよう意識しながら、太ももがいちばんツライ！と感じる位置まで腰を沈め、再び直立に戻る。ひざの曲げ伸ばしをリズミカルに行う。

初級者向け
1 ふみ台アップ＆ダウン
初心者はココから！
太もも&お尻を簡単刺激

\\こうするとよりgood!//
台を高くするほど燃焼効果も上がる！
動作に慣れてきて楽に感じるようになったり、さらにハードな刺激が欲しくなったときは、台を高くしても◎。

やり方はこう！
階段、または踏み台の前に立ち、台に上る→下りる、をできるだけ素早く繰り返す（階段の場合1段目のみを使う）。動作の最中、猫背にならないよう注意。

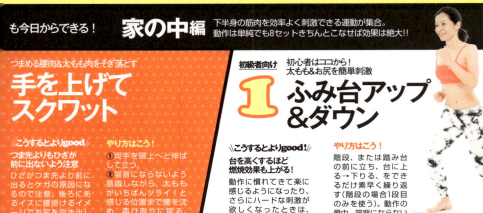

POINT
全力ってどれくらい？
とにかく動作は大きく！ 動きは素早く!!
できるだけ大きな動作で筋肉を動かすことが心拍数を効率よく上げるコツ。動作が小さくならない範囲で最大限のスピードを出そう！

筋肉を温めておけば効果がさらにアップ！
まずは準備運動
筋肉や関節がほぐれて動作が大きくなるうえ、適度に心拍数を上げた状態でエクササイズに入るので運動効果がアップ。ケガを予防する意味でも大事！

太ももの前をのばす

バランスをとりつつ脚の筋肉をフル稼働！
左手で左足の甲をつかみ、右脚で片足立ち。バランスをとりながら右腕を頭上に伸ばし、左太ももの前面をのばす。手足を逆にして反対側も行う。各5秒5回。

初級者向け くびれもペタンコ腹もまとめてゲット！
4 ひざ斜めキック

体は正面！

やり方はこう！
①両腕は斜め上に伸ばして立ち、左足を一歩後ろに引く。
②左ひざを体の前で高く上げ、同時に右ひじを左ひざに引き寄せる。①の姿勢に戻り、①〜②をスピーディーに繰り返す。※休憩をはさんだ次の回で、足を逆に入れかえて！

\\こうするとよりgood//
前かがみにしないのがお腹を刺激するコツ
ひざとひじを近づけたときの姿勢は起こしたままをキープ。上半身が前傾すると、お腹まわりをしっかり刺激できず、効果もダウン！

上級者向け お尻を引き締めつつ体幹も鍛えちゃう♡
3 手を上げてヒザを前に踏み込む

\\こうするとよりgood!//
前足のひざが直角に曲がるのを目標に！
腰を深く沈めるほど、下半身に負荷がかかるので効果もアップ。前脚のひざが直角に曲がるまで深く腰を沈められるのがベスト！

ひざを前に深く

やり方はこう！
①両手を頭上へと伸ばして立つ。②右足を大きく一歩前に踏み出しながら、できるだけ深く腰を沈める。右足を元に戻し、続けて左足でも同様に行う。猫背にならないように左右交互にスピーディーに続ける。

太ももの裏をのばす

左足に体重をのせて両手を頭上に伸ばす
①直立の姿勢から右足を1歩後ろに引いて、左足に体重をのせる。両腕は頭上にまっすぐ伸ばして体幹を意識しましょう。

つま先を立ててふくらはぎまで伸ばす
②両腕を体の後ろに振りおろしながら、上半身を前に倒す。同時に左足のつま先を甲の方に引き寄せて左脚裏側全体を伸ばす。続けて勢いよく両腕を振り上げながら①の姿勢に戻る。これを片方ずつ10回くり返す。

これをするともっといい！
その場でジャンプ＆もも上げで心拍数アップ
時間のある人は、ジャンプ1回→素早くもも上げ10回を行うと心拍数が高まり、あとのエクササイズの効果も出やすい！ 3〜5セット。

上級者向け 心拍数をMAX上げて全身の脂肪をバーニング！
6 腕立てジャンプ

\\こうするとよりgood!//
体が硬い人は両手をつかなくてOK
しゃがんだときに両手を前につく姿勢が苦しい人は、両足の幅を広くして。それでも難しい人は、両手を床につけなくてもOK。

やり方はこう！
①直立からしゃがんだ姿勢になり、両手を床につける。
②両足で床を蹴って後ろにジャンプ！ 両脚を後ろに真っすぐ伸ばし、腕立て伏せの姿勢になる。
③再びジャンプして①の姿勢に戻る。
④立ちあがって頭上へと両腕を伸ばし、頭の上で両手を1回叩く。①〜④をスピーディーにくり返す。

コレがあると便利！
面倒な時間設定は専用アプリを活用！
TABATA式トレーニングに便利な無料アプリ『タバタタイマー』。運動と休憩のタイミング時間やセット数などを知らせてくれるから、集中して行えます！

click **tabatatimer.com**

70

トレーニングを教えてくれたのは
パーソナルトレーナー
池田佐和子先生

"TABATA式メソッド"を用いたプログラム『TIME』を考案。ボディメイクのスペシャリストとして、テレビ、雑誌など多方面で活躍。

どれをやってもOK！組み合わせ自由

TABATA式トレー二

「全力で運動して休憩」を4分繰り返すのは意外にハード！ しかも全力運動って何をすれば!?

ジャンプMIXでもっとハードに!! 家の外編

さらに運動強度を高めるなら、ジャンプを多く取り入れた運動がオススメ！ 激しいぶん、ヤセ効果もより期待できます♡

初級者向け　プルプル揺れる内ももをスッキリ♪
8 ガニまたジャンプ

やり方はこう！
①両足を肩幅程度に開いて立ち、両腕はひじを曲げて、両手を頭の上あたりで近づける。②軽くジャンプしながら両ひじを体の横に引き寄せる。着地で①の姿勢に戻る。①〜②をスピーディーにくり返す。

こうするとよりgood!
効果を出すために常にガニまたをキープ
連続して跳んでいるうちに、だんだん、内またぎみになってしまう人が多いそう。効果を最大限出すために、常にガニまた着地を意識！

初級者向け　シンプルだけど下半身ヤセの効果絶大
7 なわ跳び

やり方はこう！
なわとびで一重跳びを繰り返す。背スジをできるだけまっすぐ伸ばし、猫背にならないよう意識しましょう。

こうするとよりgood!
慣れてきたら片足跳びをMIX
一重跳びに慣れてきた人や、もっと心拍数を上げたいときは、片足跳びにチェンジしてみましょう！

運動オンチさ
初級者向け
2

背スジまっすぐ

中級者向け　腕・背中・わき腹まで一気にシェイプ
10 スケーター

目線はまっすぐ前

やり方はこう！
スケートをするイメージでその場で動作を続ける。右ひざを軽く曲げて右足で立ち、同時に左足はひざを曲げながら後ろに蹴りあげる。両腕は体の右後方に振る。逆の手足でも同様に行い、左右交互にスピーディーにくり返す。

こうするとよりgood!
お尻が振れないよう下半身を固定
左右交互に足をつくたび、お尻までプリプリと振れるのはNG。お尻や脚はブレないようグッとこらえると、ウエストの引き締めに◎。

初級者向け　下腹を引き締める腸腰筋にアプローチ
9 太もも上げ

背スジまっすぐ

やり方はこう！
その場で、左右交互にひざをなるべく高く上げる。疲れてくると猫背になりやすいので、常に姿勢を正すように意識しながら、できるだけスピーディーに続ける。

こうするとよりgood!
腕を大きく振ればひざも高く上がる！
腕と脚は連動して動いているとか。腕もできるだけ大きく前後に振ると、ひざが高く上がるようになります。

中級者向け　天然のコルセットをつくりつつ二の腕も引き締め
5 腕立てひざキック

こうするとよりgood!
疲れてきてもお腹は下げないで！
疲れてくると腰が落ちて、お腹がダラッと下がりがち。グッとこらえ、横から見て斜めの姿勢をキープすれば、お腹を深部から引き締め！

床と平行に！

やり方はこう！
両手を両肩の下について腕立て伏せの姿勢になる。左脚のひざを素早く胸に近づけたあと、素早く左足を元の位置に戻す。続いて右脚でも同様に。左右交互にできるだけスピーディーに続ける。

池田先生オススメ！
ヒップアップに効く組み合わせはコレ

10 スケーター ＋ 11 スクワットジャンプ

瞬発系の動作の連続でプリッとした筋肉に！

横ブレを抑えつつ動きで横広がりのお尻を小尻に！

なぜ効くの？
お肉を寄せて上げてプリンとしたヒップに♡
「スケーターの動作は、体が左右にブレるのを抑えるときに、お尻の横の筋肉を使います。スクワットジャンプでは下半身の瞬発系の筋肉を刺激。すると短距離走の選手のようなプリッと上がった立体的なお尻に変身できます！」

上級者向け　太ももからヒップをグイグイ引き上げる
11 スクワットジャンプ

胸を正面に！

やり方はこう！
できるだけ腰を深く沈めた状態からまっすぐ＆大きくジャンプを、スピーディーにくり返す。着地したときは前のめりにならないよう、お尻を後ろに突き出すように腰を沈めましょう。

こうするとよりgood!
両腕＆胸を利用してスムーズにジャンプ！
ジャンプの瞬間、両腕は振り上げ、胸を正面に向けるように意識。特に疲れてくる後半は腕の反動を使えばよりスムーズに跳べる！

池田先生オススメ！
お腹に効く組み合わせはコレ

4 ひざ斜めキック ＋ 5 腕立てひざキック

腕立てひざ蹴りでインナーからお腹を引き締め

ひざを斜め上に上げる動作がくびれ筋に効く

なぜ効くの？
下腹のたるみを引き締めて美くびれも出現！
「斜めキックは、くびれ作りに欠かせない腹斜筋という筋肉に、ひざキックは特にお腹のインナーマッスル、腸腰筋に効きます。腸腰筋を鍛えると下腹の引き締めに効果的。ヒールを常用する人は衰えやすいのでぜひトライしてみて！」

71

マニュアル

「可愛さ2割増し♥」「美人の象徴!!」「集合写真も怖くない」しかも「スタイルよく見える」って理由で、みんながなりたい小顔。今回は、お金も時間も手間もほとんどかけない、今日からできる小顔ネタだけ集めました。

撮影／泉雅之(will creative)[p.72～75]、国井美奈子[p.76～79取材]、志田裕也[p.79～80商品] スタイリング／佐久間彩子[p.74～75、79商品、80] 取材・文／石塚覚子[p.74～75、79商品、80製品] 構成・取材・文／秋葉樹代子 ●掲載商品の問い合わせ先はp.127にあります。ざわちん使用アイテムはすべて本人私物です。

ざわちんメイク　すっぴん　自分メイク

頬もったりの眠そうな顔がすっきり爽やか女子アナ顔に

れる カンタン 小顔メイク術 《実践編》

読者2名がざわちんの手で、小顔印象＆華やか美人に大変身～♪　誰でもマネできそうなカンタンで小顔効果高めのメイクテクだけ、こっそり教えてもらいました。ざわちんの絶妙テクをあなたもトライ!!

いつもより濃いめのたれ目で、顔の余白埋め！

Cの濃い茶色のアイシャドウを何度も重ねて塗ることで、ハッキリとした二重を演出。眠そうな顔も、濃いめメイクならすっきりと！　朝番組の女子アナレベルの、爽やかなパチ目になれる。

ラインをたれ目っぽく長めに引き、目尻にだけつけまつ毛を。目幅を広げて余白を埋める作戦で、目ヂカラと小顔を一気に獲得。ほり深顔なら目だけ濃い印象にならない。

ざわちん Check!「ここを変えてみよう」

☑ **濃いめアイメイク**で重心と視線を上に！

ナチュ顔が主流の今、「とくに目元もシンプルにナチュラルに……」という人が多いけど、やっぱり目だけはしっかりメイクした方が美人度がアガります！　口元やチークを控えめにすればバランス◎。

アンジェラ・ベイビー眉で瞬間ほり深顔に

【小顔メイク終了後】

ベースメイクだけで、顔に立体感が生まれてた！　しかもアイメイクと眉を仕上げた時点で、すでに顔が小さく見えました。目はかなりきっちりメイクしているのに、顔全体を見ると立体感があるけどナチュラルに見えるのが不思議♪

下がまっすぐで山がカクッとした三角形で、濃く＆長めに仕上げたアンジェラ風の眉は、たいていの人をほり深い目元に変えてくれる魔法の眉。でも、アイメイクがある程度濃くないと不成立！

☑ **濃くて太い**存在感ある**大人眉**に！

ものまねメイクで最もキモになるのが、実は眉！　それくらい眉の存在は顔の中では大きいんです。隙間を埋めるのにも、目元にインパクトをもってくるのにも、とにかく小顔にとっては便利なパーツ。

"肌なじみ色"が小顔マジックのタネ

唇にはやや血色とツヤのあるベージュピンク系のリップ**H**をオン。肌となじみがいい色を塗ることで顔の下の方にある口元に重心がこないため、顔全体が引き上がって見え小顔効果大。

Dの練り系チークを頬骨上にのせ、ベースメイクで使ったファンデが少し残った状態のスポンジで、上からやや広めに叩き込み、**J**のパールピンクチークをふわりと重ねれば、自然ななじみに。

☑ **なじみカラー**で視線をそらして！

肌の色になじみのいい色や質感のメイクの場合、そこには視線が行かないし、印象にも残りにくいんです。特に唇とフェイスラインといった輪郭近くの部分は、ときには血色をややおさえた色で目線をそらして。

手間も時間もかけずに効果絶大!! 完全「小顔」

輪郭がゴツく見えた顔型も立体メイクでスッとした美女に

ざわちんメイク / すっぴん / 自分メイク

KOGAO MANUAL Part 1 ざわちんが直伝!! 小顔見せメイク術
ぽっちゃり見えに悩むアラサーがざわちん流小顔メイクで－3kg見え!!

今日から取り入れら

立体顔の影作りには思い切ってチョコ色カラーを

4 鼻筋にGのハイライトを指でスッと入れたら、鼻の側面から頬の方まで、かなり広めにがっつりとGとFでシェーディングを入れます。ブラシで軽くぼかしながら入れるのがコツ。

3 ほうれい線も頬をもたりと見せてしまう要素。消したいなら、鼻横のほうれい線の始まりにだけコンシーラーをなじませて隠すこと！スポンジで何度も何度も重ねていくと、もたつかない。

2 濡らしたスポンジに、Aのチョコ色コンシーラーを軽くとり、耳とあご先を結んだエリアから首元、あご裏まで叩き込む。少しずつなじませることで、自然な陰影感が生まれてくるんです。

1 コンシーラーはファンデよりもオイル成分が強いのでツヤ感が高く、少量でもカバー力も十分。だから軽くスポンジにとって叩き込めば、自然なツヤ感で、顔の凹凸効果も狙えるはず。

ざわちん Check!「ここを変えてみよう」

☑ **凹凸感は強調させる** でもナチュラルに！
平面的な顔は、顔のパーツよりも輪郭を強調させてしまうので大きく見えがち。だから奥行き感ある顔立ちにしてみて。ハイライトに頼るより影を広めに入れた方が効果が高い。

☑ **パーツを大きくして** 隙間を埋めて！
パーツ1つ1つを少しずつ大きめに作っていくと、顔立ちが華やかになって大人顔になるだけでなく、顔の隙間が埋まっていくので、頬や額の平面感＆面積感がダウンします。

☑ **目元は濃くメイク** してもいいんです！
ナチュラルにしすぎて顔がぼんやりしてしまうと、小顔の印象がなくなります。だから、目だけはやや濃いめにメイクした方がベター。濃いけどギャルに見えない方法あります。

【小顔メイク終了後】
濃い色のコンシーラーをスポンジで叩き込んでいたので不安でしたが、驚くほど肌がなめらか＆ツヤツヤで、メイクが濃くないのに立体的な顔立ちに。自分で見ても鼻の高さにしか目が行きません。エラのコンプレックス!?そんなのどっか行っちゃった!!（笑）

"大きく＆しっかり"はまず唇と眉から

2 唇もアウトラインぎみでメイクすることで、下頬からの目線そらし効果を発揮するだけでなく、顔の下半分の余白が埋まり、顔全体も華やかに。色っぽさも強調するので一石何鳥にも♥

1 パーツを大きくするのに抵抗があるのなら、まずここからチャレンジ！眉は太めに描けば目と眉の間が狭まるし、長めに描けば顔の側面の余白が埋まる。額の印象も薄まって小顔印象に。

ラインは断然引いた方がいい

黒のリキッドで目のきわにアイラインを入れます。やっぱりラインを引かないと、目元にインパクトを持ってこれないので。目尻の下側1/3だけ濃茶を軽く入れて影をつけると、目に奥行き感が出て、よりほり深い顔立ちになり立体感がアップします。

ヘアアレンジ

トップアーティストが、耳下とトップさえ巻いておけば1〜5分でできる簡単ヘアを読者で実演♪

「アトリエ はるか」
全国の駅ナカに54店舗を構える、短時間＆リーズナブルにヘアメイクとネイルサービスを提供するビューティーサロン。パーティー前のヘアアレンジなどで駆け込む百花読者も多数！ その技術を直接体験したい人は、こちらで店舗をチェック。www.haruka.co.jp

PROFILE 佐藤敦俊：高い技術とセンスで、社内アーティストの育成の他、国内外からも指導を求めて派遣依頼も多数！

大人可愛いをアピる 胸上セミロング

全体を平巻きにしたら、サイドをピタッと締めるように低めのポニーに。トップと後頭部、サイドは軽く引き出して奥行きをプラス。サイドは耳上2cmまでの毛は残し、それより上の毛は引き出す。

POINT

これで小顔効果!!

前髪は根元を立たせてふんわり♪ トップはさりげなく高さを出し、後頭部とポニーにボリュームをプラス。

毛束をひも状に結ぶだけ 30秒でリゾート風ヘア♥

POINT

これで小顔効果!!

高い位置にポニーを作ったら、毛束を2つに分け、それぞれ三つ編みに。編み目は軽く引き出して結び目に巻きつけてピンで留め、ふんわりお団子に。サイドとハチ上はぴちっとさせず、軽く引き出して立体感を出す。

あごのラインをすっきり見せるようお団子はふんわり＆位置高め。サイドとハチ上は軽く引き出してふんわり。

MEDIUM
清楚で知的な印象の 鎖骨上ミディアム

センター分け＆MIX巻きなら 3分でエレカジ系に

センターパートの前髪と外巻きの顔まわりの髪で、ほっそりひし形シルエットに。髪表面のツイスト巻きで、ダウンスタイルにメリハリをオン。

これで小顔効果!!

POINT

トップと毛先を内巻きにしたあと、髪の表面から少量の毛束を6本とって、それぞれをねじってアイロンでMIX巻きに。前髪はセンターで分け、顔まわりはアイロンで外巻きにしてひし形に見せて。

保険会社勤務
山下美咲さん

オフィスの優等生狙える 清楚可愛さも たった1分半でGET♥

POINT

全体を内巻き後、耳上の髪を2束に分けてそれぞれを後ろへ向かってねじりながら交差させ、後頭部を締めるようにアメピンを使って固定。毛束より上を軽く引き出したらワックスで前髪に束感を。

これで小顔効果!!

束感のある前髪、サイドのねじった毛束で締めたふんわり後頭部がシルエットにメリハリを。おろした髪はフェイスラインをすっきり演出。

大人っぽいクラシカルな まとめ髪も実は たったの3分で

POINT 2 **POINT 1**

ハチ上の髪をゆるくまとめて後ろで1つに結ぶ。両サイドの耳上の髪を2束とり、生えぎわの髪を足しながら襟足まで交差させる。毛先はハチ上の髪をまとめた結び目に軽く巻きつけピンで固定。

これで小顔効果!!

おろした顔まわりの髪が横顔をすっきり。トップと後頭部、耳上をふんわり引き出すことで、キュッと引き締まった印象のフェイスラインに。

KOGAO MANUAL Part 2

「アトリエ はるか」直伝!! 超時短！小顔見え

「可愛くて華やかなヘアアレンジを短時間で仕上げてくれる」と評判のスポット「アトリエはるか」の

LONG
女子度の高さをアピる王道胸下ロング

定番ポニー＋ひと技で小顔見せ錯覚ヘアに！

POINT
耳より前の髪を残して、耳の高さでポニーテールにしたら、トップを軽く引き出してボリュームアップ。耳前の髪は2つに分け、ねじりながら交差させていって、結び目に巻きつけてピンで留める。

これで小顔効果!!
耳の高さのポニーテールと耳上から結び目に伸びたねじった毛束で、横顔をシャープに。トップとポニーのボリューム感も小顔効果に貢献！

涼しげで華がある大人髪"アナ雪"ヘアも3分で完成

トップにボリュームを出すように根元に軽く逆毛を立てたら、左サイドで三つ編みを。三つ編みは編み目を軽く引き出して、無造作感を演出。ゆるみがちな襟足はピンで留めて、ピンは髪で隠して。

POINT 1 / POINT 2

これで小顔効果!!
編み目をくずした片寄せ三つ編みと耳をふんわり隠した髪の無造作感が、コンパクトな印象に。ボリュームを出したトップがバランスアップ。

医療事務 竹内彩さん

自分の髪でコサージュを作る1分半のプチ華アレンジ

POINT 1
トップから後頭部をふんわり見せながらも、両耳を結ぶラインを引き締めて横顔すっきり感をオン。前髪はふんわり奥行きを作るようにアイロンで。

POINT 2
トップに逆毛を立てたら、耳上の髪を後ろで1つにまとめ、その毛束で輪を作ってお団子風に結ぶ。輪を2つに割りバランスよくベースにピンで固定。前髪は上下に分けアイロンで内巻きに。

これで小顔効果!!

SEMI LONG

大人の抜け感たっぷりの低めポニーは1分以内で完成

アパレル勤務 大屋りかさん

POINT 1 / POINT 2
顔まわりの髪を残し、後頭部で斜めに2つに分け、低めの位置で毛束を2回結ぶ。毛先はお団子を作るようにアメピンで留める。顔まわりの髪はアイロンで中間から外巻きにし、ひし形シルエットに。

これで小顔効果!!
顔まわりの髪を少し多めにおろして外巻きにし、すっきりひし形のシルエットに。耳にかけた1束で奥行き感を。

おでこ出しても小顔！雑でもキマっちゃう2分ヘア

75

矯正

都心の有名百貨店内に整体サロンを構え、多くの有名人を美スタイルへと導いてきた整体のスペシャリスト・伊藤さんが、セルフでもできる骨へのアプローチを極秘伝授！

「POWWOW」
毎回、丁寧なカウンセリングで個々に合うオーダーメイド感覚の施術をおこなうことで、一時的ではなく根本的なケアを提供。高い技術でありながら、60分(全身ほぐし、ストレッチ、骨格矯正、小顔矯正)¥7,200〜とリーズナブル。
www.powwow-ginza.com/

PROFILE
伊藤賢治：12年前にウイメンズ整体サロン「POWWOW」を開業。1日に5000個も売れる美顔ローラー「ユビタマゴ」など数々のアイテムやメソッドも監修。

STEP 0 準備 (各3回)

いきなり頭がい骨を動かそうと思っても、動きません。まず筋肉を緩めてから。その筋肉を早く柔らかくするために、肩〜首にかけて、血行をよくしましょう。

1 肩甲骨をグルグルと大きく動かす

息を吐きながら、ひじで真上から真横に大きな円を描くよう、腕をゆっくりと大きく回します。肩甲骨が大きく動くのがわかるはず。

息は吸いつつ、ひじを前に向けたまま、ゆっくりとひじを真上にもっていきます。このとき、肩甲骨の間の筋肉がグーッと伸びます。

ゆっくりと息を吸いながらスタート！ 首のつけ根の左右に軽く指先を置いてワキをしめ、そのままひじをグッと前に突き出します。

2 首をゆっくり大きく回す

頭の頂点が遠くを通るよう、大きく円を描くイメージで。ゆっくりと呼吸をしながら、1呼吸で1回転させるのがベスト。左右ともに3回転させて。

3 鎖骨の下をほぐす

指の真ん中3本の腹を使って、鎖骨の下を中心から肩手前まで3カ所、グリグリとイタ気持ちいい刺激で筋肉を軽くゆするようにしてさする。

この一連のメソッドをするとたった1回でも変化が！

ほうれい線が薄く＆目鼻がハッキリ

あご下のぷにっ＆頬のもりっが消滅

STEP 1 筋肉をほぐす (各60秒)

ほとんどの人がほぼ凝り固まっていて、血行を促しても なかなか筋肉が柔らかくならない3カ所を、ほぐします。

1 咬筋をイタ気持ちよくゆらす

手はこう

ここ！

グリグリ

親指以外の指先を耳下あたりにあてて噛みしめたとき、もっとも動く場所が「咬筋」。軽く握った猫の手の第2関節で小さく揺らすようにしてもみほぐします。

2 あご裏の筋肉を骨からはがす

ここ！

あごの骨を親指の腹と人さし指の第2関節側面で挟むようにして、小さく揺らします。あご先からエラの手前まで少しずつずらして。あごの骨の裏側に凝り固まった筋肉をはがすイメージです。

3 こめかみ横の側頭筋を刺激

手はこう

ここ！ グーッ

真ん中の3本の指をこめかみの横にあてて奥歯を噛みしめたとき、大きく動くのが「側頭筋」。ここを手首の上の骨で強めに押し込みながら、小さく円を描くようにしてもみほぐす。

76

KOGAO MANUAL Part 3
POWWOW代表 伊藤賢治さん直伝!! 頭がい骨

自分で押すのが面倒なら
2本の小顔矯正バンド 整体ウエア「ight」を！

骨と筋肉を知り尽くした伊藤さんが開発した〝整体ウエア〟の第1弾！ 細かく伸縮率を変えた2本のバンドを1日3～5分はめることで、日を追うごとに小顔に。ight フェイスバンド＆ヘッドバンド ¥12,000／SMILE CREATE GROUP

骨を押すときは基本的に手首の上の骨を使います！

STEP 2 骨を押し込む

いよいよ頭がい骨へのアプローチ！ 基本的に4～5カ所をグーッと押すだけ。この流れ、1日最低1回。何度やってもOKです。

1 あごは3カ所押し上げる

ここ！ あご先横からエラまでの3カ所

各5秒 ×3

あご先の横に両手を添えて5秒。さらに少しずらして5秒。最後、エラの部分に添えて5秒。顔の中心に寄せるように押し込みます。顔の下半分がほっそりと。

2 頬骨を側面から内側に

ここ！ 顔の側面で一番出ている骨

30秒

顔を挟んで細くするイメージで、両手で頬骨を押し込みます。手のひらを垂直にたてるより、少し指先を耳側に倒した方が力を入れやすいかもしれません。

3 頬骨を正面から内側に

ここ！ 目の下の一番出ている骨

30秒

頬骨が出ているのが気になる人だけでOK。垂直に押し込むポイント。ここが平らになると、鼻が高くなり、ほうれい線が薄くなり、顔全体がすっきり。

4 頭の側面ハチ下を挟んで
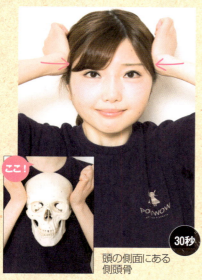
ここ！ 頭の側面にある側頭骨

30秒

日本人は頭がい骨の横幅が広めなので、ここを押し込んで、顔の横幅を縮めると、小顔効果がグッとアップ。ひじを横に張って押し込むと力が入れやすい。

5 耳の後ろを挟み込む
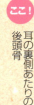  
ここ！ 耳の裏側あたりの後頭骨

30秒

頭の奥行き感を出すようなイメージで、耳後ろの出っ張った部分を押し込みます。指を軽く組み、手首上の骨で挟み込むと、圧をしっかりと加えられます。

77

防止メソッド

独自のメソッドで世界中のセレブリティーをとりこにしている「クラランス」。その数々のノウハウの中から、アラサー女性の顔印象を変えるほど効果が高く、スキンケアのついでにもできる簡単な小顔メソッドを教えていただきました。

「クラランス」 数々のセレブリティーのボディ作りにかかわってきたパリのエステティックサロン。厳選された植物が持つパワフルさとサイエンス、それと独自のメソッドで「確実に結果が出る」サロン&製品と世界中で評判！

むくみ解消メソッド

頭の重みを利用して優しくプレス→血流促進

各10秒

これを使うと効果UP
細胞内にたまった水分や老廃物を排出するワイルドジンジャー配合。トータルVセラム 50g ¥8,600／クラランス

1 まずは力を抜いて額を手のひらに
椅子に座り、肩と手の力を抜き、ひじをついて両手のひらに額をあて、力を抜いて頭の重さをすべて預けます。手のひら全体と額は包み込むように密着させましょう。

2 手のひらでまぶたを覆って
額の次はまぶた。目を軽く閉じて手のひらでまぶたを覆ったら、1と同様に、頭の重さで目元をプレスします。

3 顔の中心から頬までをプレス
手のひらを少し下にずらし、今度は顔の中心を覆って、同様に頭の重さを利用してプレス。プレスと解放を繰り返すことで、血流がよくなります。

POINT 顔の中心とは、両手の薬指を鼻筋に添わせるくらいのイメージ。老廃物がたまりやすい鼻横もくまなくホールドします。

4 フェイスラインを包み込んで同様に
手首をつけた手のひらにあごをのせ、手全体でフェイスラインを十分に包み込み、同様に頭の重さを利用して圧をかけます。

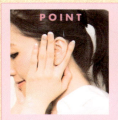
POINT 人さし指と中指で耳を挟み、親指をあごの裏に添えるようにすると、フェイスラインはばっちりカバーできます！

5 ここからは耳まわり3連発
手の位置を少し上にずらし、人さし指と親指で耳を挟むようにして、耳前に手を添えて同様に頭の重さを預けて圧を加えます。

6 少し後ろにずらして耳を手で覆って
次は手全体で耳を覆い、同様にプレスをします。手を離したときに解放されて血流が促進するので、どんどんすっきり顔に。

7 最後は耳の後ろをプレス
耳の後ろに手をあて、同じようにプレス。このとき、ひじはひざ先の方について支えた方が、姿勢がつらくありません。

目がパッチリしてすっきり顔に

むくみ解消とたるみ防止を一緒におこなうことでアラサーはすっきり小顔に！！

40代以上は肌の弾力が減って余った皮膚がたるんでしまうのですが、アラサーの場合は肌の中に老廃物がたまってその重みで皮膚が耐えきれずに起こったたるみ。だからむくみ解消ケアと一緒に、スキンケアをしながらのたるみ防止ケアをするのが正解！

この一連のメソッドをするとたった1回でも変化が！

スキンケアは手全体で押し込む
 ○
 ×
スキンケアは手全体で有効成分を押し込むと浸透しやすいだけでなく、のばす摩擦で肌が硬くなるのも防げます。

顔を押さえるときは内側から外側に
 ○
たるみ防止メソッドは内側から外側が基本。内側は鼻を両手でカバーするくらい顔の中心から押さえましょう。

圧迫&解放の繰り返しで血行促進
 ○
 ×
むくみ解消メソッドは自分の頭の重みを利用した圧迫&解放の繰り返しを。肩と手の力を抜いて頭を預けて！

KOGAO MANUAL Part 4
クラランス直伝!! むくみ解消&たるみ

たるみ防止メソッド
むくみ解消メソッド後 スキンケアはこう使う

これを使うと効果UP
充実したハリと弾力をかなえる、植物成分と先進サイエンスを融合した美容液。ダブル セーラム 30ml ¥11,000／クラランス

2　少しだけ手を外側にずらす
手のひらを少し横にずらして、頬全体に化粧品を浸透させていきます。頬全体を包むように手を密着させましょう。

各5秒

1　まずは顔の中心に十分に浸透させる
顔の中心に手のひら全体をあて、軽く圧をかけます。手になじませておいた化粧品をググッと押し込むようなイメージです。

POINT
スキンケアアイテムを肌になじませるときには、すべてこのメソッドで！　まず、手のひらにとり、全体になじませつつ肌温に。

5　最後に額の外側から目尻まで
顔を下半分、上半分に分けて、どちらも内側から外側に向かってプレス、と覚えておけば難しいことはありません。

4　乾燥しやすい目まわりと額も
手のひらで軽く閉じた目を覆うようにして、同様に押し込みます。どんなにいいアイクリームを使っても、塗り込むような行為は肌の摩擦を起こし、しわ、たるみへとつながります。

3　さらに少し手を外側にずらす
顔の側面とフェイスラインを手のひら全体で包み、押し込むようにして化粧品を浸透させます。たるみが気になるなら、たるみ対策美容液を使って念入りに。

スキンケアとの併用でさらに効果UP♥

たるみ顔にはコレ！

6.ハリに満ちた上向き肌に。エリクシール シュペリエル エンリッチドセラム CB 35ml ¥7,500（編集部調べ）／資生堂　7.たるみ毛穴を引き上げ。キールズ DS リフト＆タイト コンセントレート 50ml ¥8,700／Kiehl's Since 1851　8.つけた瞬間から小顔効果の印象へ。アンフィネス グラヴィティ レジスタンス X 40ml ¥10,000／アルビオン　9.フェイスラインすっきり。ニュクスリアンス UR ロールオン マスク 50ml ¥8,000／ニュクス（ブルーベル・ジャパン 香水・化粧品事業部）　10.笑うたびにハリと弾力を育む。SR ファーミング セラム 30ml ¥16,000／パルファム ジバンシイ

むくみ顔にはコレ！

1.肌をキュッと引き締め。スカルプトウェア コントゥーリング マッサージ クリーム マスク 48g ¥6,300／クリニーク　2.ドレナージュ効果を発揮。ジェノマー リフトマッサージクリーム 90g ¥6,000／ドクターシーラボ　3.みずみずしいマッサージ美容液。QuSomeリフト 60g ¥7,000／ビーグレン　4.ステンレスボールがひんやり心地いい。ワンダーハニー コロコロマッサージのすっきり美容液 シトラスソルベ 60ml ¥1,600／ベキュアハニー（ベキュア）[6月1日発売]　5.マッサージにより巡りを促す泡状パック。DEW スペリア マッサージフォームコンセントレート 170g ¥5,000／カネボウ化粧品

KOGAO MANUAL Part 5

美容マニアのクチコミ発 《瞬間》小顔法あれこれ!!

ストイックに美容&小顔法を追求するマニア級読者から美容関係者が、「誰にも教えたくない!!」と思いつつこっそり実践している《瞬間的に小顔になれる》方法を聞き出しました。

NEWAリフト

美容皮膚科発のエイジングケア施術"サブマイクロ波(RF)"のケアが、セルフで手軽にできる高機能美顔器。低刺激で痛みもなく、肌内部まで深く広く温めてやさしくリフトアップ。NEWAリフト ¥62,800／ビューテイジェンス

> 忙しさで美容皮膚科に行けないときのスペシャルケアとして愛用
> 美容家 IKKOさん

> 自宅ケアと思えない驚きの引き締め力！使うほど小顔を実感
> 化粧品関連会社勤務 田中みわさん

> 撮影前のモデルに使うくらい即効性がある！
> ヘア&メイクアップアーティスト 杉村理恵子さん

Before / After

ReFa

右・つまむ動きをしながら、あらゆる方向にスムーズに流す。フェイスラインに◎。ReFa CARAT ¥23,800、左・目元、口元などの細かな部分にフィット。デリケートな肌にも。ReFa S CARAT ¥14,500／ともにMTG

> やっぱり使うと顔の印象が全然変わる！王道だけどやっぱコレ
> 会社受付 那須愛里さん

Re;Born+

エレクトロポレーション、イオン導入、LED、EMS、RFの5つの美肌機能を搭載。肌にフィットしやすい字型デザインの美顔器。週に1、2回、たった10分の使用でOK。Re;Born+（リボーン）美顔器 ¥120,000／オンライフ

> ちょっと使うだけでハリがアップして美肌になるんです！
> 化粧品メーカー勤務 佐々木仁美さん

ユビタマゴ

POWWOWの整体師・伊藤さんの指技を再現したマッサージャー。3つのステンレスボールが凝り固まった顔の筋肉をほぐして、むくみ、ゆがみなどの大顔の原因をケア！美肌効果も。ユビタマゴ3 ¥7,600／ミツワ

> とにかくほぐれてむくみ解消♥クマも解消されてメリハリ顔に
> ヘア&メイクアップアーティスト 新見千晶さん

かづき・デザインテープ

はがれにくく、しかも目立たない。上からメイクもできちゃう！かづき・デザインテープイージータイプ 10枚入り ¥4,200／REIKO KAZKI

写真の左側だけに、おでこ、耳前、耳後ろの3カ所にテープを使用。右側と比べればー目瞭然。ぼやけたフェイスラインが瞬時にリフトアップ。もたつくほっぺの肉の厚みや下がった印象がなくなり、すっきりシャープに。

> テープで引き上げてすっきり顔に。私の結婚式でも大活躍しました♥
> ヘア&メイクアップアーティスト 山下美紀さん

目尻だけまつ毛強調

アイライナーとつけまつ毛が一緒になった、失敗せず簡単につけられる粘着シートつきつけまつ毛。ちょいハネラインが目尻のたるみ感を引き上げてくれる効果も！ ハリEYE（4ペアセット）¥3,400／トリコロール

> 目尻のまつ毛を長めにするっていうのは結構効果があると思う
> 商社勤務 藤沼めぐみさん

> 跳ね上げライン効果があるつけまの目尻側をカットして使用中！
> エディター・ライター 長江裕子さん

歯列矯正

「上下びっしりの最新のインプラント矯正をしていましたが、装置に食べかすがつまって虫歯にならないよう、3食以外は食べないように。おかげで自然にヤセてまずは小顔に。さらに、歯並びが整ったら、あごのあたりがかなりほっそりと」（夏目さん）

> 歯並びとともに骨格まで変わって驚くほど顔の形と大きさが小さく
> 美容ライター 夏目円さん

眉しっかり

人気ヘアメイクアップアーティスト・尾花ケイコさんのプロデュース。眉にあてて空いている部分をパウダーやペンシルで埋めるだけで、左右対称の美人眉が完成。アイブローテンプレートだれでも美人眉 ¥750／貝印

> 眉を美しく整える……それだけで顔の印象がシャープと凛となる♪
> 「美人百花」デスク・美容担当 秋葉樹代子

個々の骨格にフィットする眉をデザイン。ツイーザーとワックスで眉まわりのうぶ毛をオフするので、眉のフォルムが鮮明になり目元印象も強く、パーツがハッキリして小顔感が。

DATA
【mime(ミメ)】＠東京都中央区銀座1の6の1 銀座クレッセントビル9F ☎03・5856・9305 休水曜（祝日の場合は営業） シェイピング（40〜60分）¥6,000他 www.mime-japan.com
※敏感肌用や育毛用のメニューも

美容鍼

> 顔はもちろんですが、体全体が代謝アップし、むくみのない状態に♥
> 不動産会社勤務 久本実雅子さん

数あるメニューの中でも「超リフトアップ美容鍼」は、引き締まった理想の小顔が実現できると評判！顔、肩、首頭までなんと約50本の鍼を施す。話題のパルス鍼も体験可。

DATA
【美容鍼Jasmine(ジャスミン)】＠兵庫県神戸市中央区三宮町2の6の1 DENビル5F ☎078・392・1311 不定休 超リフトアップ美容鍼（90分）¥20,520など
www.beauty-jasmine.com
※体験価格あり。詳しくはHPをチェック！

> 肌にハリが出るし引き上ってる感じが結構続くんです。
> 会社受付 那須愛里さん

自律神経のバランスを整えつつ、皮膚、顔の筋肉細胞を活性化させ、血液の流れを促進。デトックスを促してむくみのないすっきり顔とハリのある肌を同時にゲットできる。

DATA
【HARINIQ銀座(ハリニーク銀座)】＠東京都中央区銀座4の13の8 ソフィアスクエア銀座401 ☎03・6264・0393 美容鍼（顔鍼、背中鍼 40分）1回¥6,640、5回¥29,880など。エステ施術を加えた60分、90分もあり。
http://hariniq.jp/

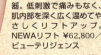

バレエのウオーミングアップや優雅な動きを取り入れた新エクササイズ

アラサーからでもプリマボディになれる「バレエ・ビューティフル」をはじめましょ♡

全米で話題沸騰のDVDが大HIT!!

優雅な動きをくり返すことでキレイな体が手に入るとウワサの『バレエ・ビューティフル』。ハリウッドのセレブリティーたちから絶大なるラブコールを送られているメソッドの中から百花読者にオススメのものを、開発者・メアリーがチョイス&直伝♡

撮影／臼田洋一郎　取材・文／長島恭子

> "ダンサー独特のメソッドによって美しくエレガントな体に変身します"

『バレエ・ビューティフル』は、トレーナーのメアリーさんがバレエダンサー時代に続けていたさまざまなトレーニングを融合させて生み出したメソッド。
「このメソッドの特徴は、ダンサーのように体を動かし、女性ならば誰もが気になるお腹、脚、腕などの筋肉を狙って、効率よく鍛えられること。結果、美しくしなやかな筋肉とエレガントな姿勢、そして、細く、整ったボディラインを作りあげます。人は誰でも体を変えることができます。このメソッドで、自分が本来持っている美しさ、女性らしさを最大限、引き出して」(メアリー)

美しすぎるトレーナー、メアリー・ヘレン・バウアーズが考案!

Profile
16歳からニューヨーク・シティ・バレエ団で10年にわたり活躍。08年、「バレエ・ビューティフル」を立ち上げ、以降、ヴィクトリアズ・シークレットのショートレーナー他、多くのハリウッドセレブの指導を務めている。

「バレエ・ビューティフルって何?」

バレエダンサー級の美しくしなやかな筋肉を作るメソッド

バレエダンサーが使う筋肉を効率的に鍛え、しなやかな筋肉と美しい姿勢、ボディラインを手に入れるエクササイズ。メアリー自身も引退後、シェイプアップに活用していたそう。

1畳分のスペースで今すぐはじめられる♡

メアリーのメソッドがつまった、日本コロムビアより絶賛発売中のDVDは、有酸素運動と筋トレの2枚セット。「バレエ・ビューティフル ～スワン・アーム・カーディオ／バックステージ・ワークアウト～」2枚組 ¥4,800
©2015 Ballet beauty,LLC, All rights reserved

81

バレリーナのような……
**きゃしゃで
しなやかな
二の腕**

バレリーナのような……
**スッと平らで
ハリのある
背中**

ミランダも
やってる！
バレリーナのような……
**小さくて
立体的な
ヒップ**

ミランダも
やってる！
バレリーナのような……
**長く細く
スラリと伸びた
脚**

バレリーナのような……
**薄くて
くびれのある
ウエスト**

イベント前は
気になるポイントだけを
緊急メンテ

このパーツを鍛えれば バレリーナ体型！

細く長い腕や脚、キュッと引き締まった小尻に、ペタンコなお腹。「なりたい♡」がつまったバレリーナ体型に近づけるパーツ別のエクササイズをご紹介。ゆっくり優雅な動きで行うのがポイントです！

(背中)

つま先を立てる / **つま先を立てる** / **まっすぐ伸ばす** / **ひざも外向きに軽く曲げる**

右脚を振り上げて、さらに背中をのばす
④背中をのばして、上に伸びあがる意識で右脚をつけ根から上げる。①〜④を4セット。逆脚も同様に。

肩をすくめずに両腕を頭上に伸ばす
③重心は左脚にのせたまま、両腕を上げて背中全体をのばす。肩甲骨を下げる意識を持ち、肩をすくめないように。

左脚に重心をのせ、右脚を前にのばす
②右脚はつま先を床にすべらせながら甲を伸ばす。同時に、両腕は手の甲を上に向けて、円を描くように上げていく。

両足先を外側に向けて軽くひざを曲げる
①右脚を左足の前に出し、左右の足先は外側に向ける。軽くひざを曲げて、お腹を軽く引き締め、胸を開いて重心を真ん中に置く。

(ウエスト) (ヒップ) (二の腕)

脚はまっすぐ閉じて

あお向けに寝て両手で大きな円を作る
①両脚を伸ばしてあお向けに寝る。胸の上で両腕を前に伸ばし、大きなボールを抱えるイメージで軽くひじを曲げて指先を合わせる。

↓ **腹筋をくり返す**

息を吐きながらお腹の力で上体を起こす
②息を吐きながら、お腹の力を使ってできるだけ上体を起こす。このとき、反動を使って上体を起こさないように注意。8〜10回行う。

右脚を上に伸ばし左脚のかかとを上げる
①床にあお向けに寝て両ひざを立てる。両腕は体に沿って伸ばし、手のひらを床につける。右脚は天井方向に伸ばし、ひざを軽く曲げて甲を伸ばす。左脚はかかとを上げて。

↓

息を吐きながらゆっくりと腰を上げる
②息を吐きながら胸からひざまでが一直線になるまでお尻を上げる。お腹とお尻を軽く引き締めて①〜②を8回、リズミカルにくり返すのを2セット行う。逆脚も同様に。

腕と体を離す

↓

片手で上半身を支えてひじを曲げ伸ばしする
体の左側に両脚を崩し、右手を遠くに置いて上体を支える。このとき、お腹を引き締め、腕だけに体重をのせないこと。左腕は頭上に伸ばして、軽くひじを曲げる。息を吐きながら床のすれすれの位置まで右ひじを下げ、吸いながら戻す。これを8回くり返して1〜2セット行う。逆も同様に。

(ウエスト)

背中はまっすぐ / **右手と左足先で引っぱり合うように**

上体を前に倒して右脚に重心をのせ左脚全体を伸ばす
④上体をグッと前に倒し右脚の重心をより深めることで、特に脚のつけ根から左脚裏が伸びる。①〜④を4セット。逆も同様に。

右腕を斜め上に上げながら左脚を後ろに伸ばす
③続けて、右腕を右斜め上に伸ばしながら、左脚を左斜め後ろに向かってまっすぐ伸ばす。重心を右脚にのせて左脚の伸びを意識。

ひざを伸ばしながら両腕も肩の高さに上げる
②内ももを引き締めながらひざを伸ばし、同時に両腕もひじを伸ばしながら肩の高さに上げる。このとき肩をすくめないように注意。

両足先を外側に向けゆっくりと腰を落とす
①両足を肩幅に開いて立ち、足先を外側に向けてひざを曲げる。両腕は体の前で大きな円を作るイメージで軽くひじを曲げる。

お風呂上がりのストレッチをコレに変えるだけで、バレリーナ体型に♪
バレエストレッチ&エクササイズ

たった8ステップで全身の筋肉を伸ばして引き締めるスペシャルエクササイズを、メアリーさんが美人百花のために考案。動作の最中、呼吸を止めないことがポイント。代謝が上がり柔軟性もアップしているお風呂上がりの新習慣にして！

Lesson

2 たるみがちな太もも内側も刺激

両脚をより開いて座り、左脚はひざを曲げてかかとを股間に近づける。左腕はひじを軽く曲げて頭上に伸ばし、ゆっくりと上体を右に倒して右手を右脚にすべらせ、キープする。

体が前に倒れないよう注意！
両脚8秒ずつ

1 太もも裏を伸ばしセルライト対策！

両脚を伸ばして座り、左脚はひざを曲げてかかとを股間に近づける。息を吐きながら、右手を右脚の上をすべらせて前屈し、キープしましょう。

目線はつま先！
両脚8秒ずつ

Start!

3 太ももの前と腰をまとめてスッキリ

座ったまま重心を体の真ん中に置き、右脚はひざを曲げてかかとを股間に近づける。左脚は体の後ろに伸ばし、左脚の甲を左手でつかんで体に引き寄せてキープ。右腕は頭上に伸ばして。

両脚8秒ずつ
太ももの前を伸ばす

できない人はコレでもOK
難しい人は横になってトライ!!

体の右側を下にして横になる。右ひざを軽く曲げて、右腕のひじを床につけて上体を起こす。左手で左脚の甲をつかみ、お尻に近づけて重心を体の真ん中に。

4 ひねりのポーズで横腹をシェイプ

開いた両脚を閉じて座り、右脚はひざを立てておく。左腕は軽くひじを曲げて上に伸ばし、右腕は胸の辺りから、上体を右にひねるのと同時に大きく開いていく。視線は右手に向けてキープし、ゆっくりと元に戻る。

目線は手！
両脚8秒ずつ

5 脚上げ腹筋運動で脱・ぽっこりお腹

4と同じ状態で両脚を伸ばして床に座る。胸の高さで両腕を前に伸ばし、軽くひじを曲げて指先を合わせる。息を吐きながら、右脚を上に高く上げると同時に、上体もできるだけ後ろに倒してキープ。吸いながら上体と脚を元に戻す。

両脚8秒ずつ
太ももからつけ根までまっすぐ！

まずは体を伸ばすことを習慣にして！

「結構 食べてますよね!?」

やせられない女子のライフスタイルをズバリ見破る!!

PART 1 おデブとヤセている人には生活に違いが!

比較すれば一目瞭然!のおデブとヤセのマインド&ライフスタイル。ヤセている人の生活を見て、目を覚まして!

おデブの生活

モトをとらなきゃ損!と凝った料理をてんこ盛り
ビュッフェでは、「せっかくだから」と自宅では食べられないような、調理法の凝った高カロリー料理や高級食材を山盛りにして、ご満悦。

お菓子を食べながらお仕事 書類にシミがついちゃった!
デスクには気分転換用おやつを常時ストック。仕事中、無意識に口へ運んでいるせいか、たびたび書類に食べこぼしてしまい雑な印象に。

せっかくもらったから おやつ、いただきま〜す♡
お土産のお菓子を配られたら、すぐさまお口にポン!「イマイチだな……」と思っていても、もったいないからとりあえず食べちゃう♪

いつでも朝食はしっかり 身だしなみは手抜きが基本
前日食べすぎても、膨満感を上書きするように、ボリュームのある朝ごはんでパワーチャージ。時間がないからピアスはつけずに出社。

SCENE 4 ランチ | **SCENE 3 仕事中** | **SCENE 2 休憩** | **SCENE 1 朝**

ヤセている人の生活

食欲に合わせた量だけ 食べられるから幸せ♡
"好きな料理を好きな量だけ食べられる"のがビュッフェのメリットと考え、チョイス。そもそも、シンプルで低カロリーなものが好き。

デスクでは仕事に集中 おやつは休憩時間に!
仕事はデスクで、休憩はカフェテリアで。時間と場所を混同しない整とんされたデスクでは仕事の効率がよく、仕上がりもGOOD!

今はお腹がすいていないし お昼近いからお菓子はキープ
お菓子をもらったとき、お腹の具合と相談して「今は食べないでおこう」と選択。お腹がすいたらおいしくいただくことにする。

夜重かったから朝は調整! コーデチェックはマスト
昨日の夜は焼き肉だったから、翌朝は野菜中心の朝食でバランス調整。余裕を持って起床してるから、コーデやアクセ選びもカンペキ♪

1年間でマイナス20kgを達成し「準ミス日本」に選ばれたEICOが、ヤ

「やっぱり、あなた、

ダイエットコーチ EICOさん
実体験をもとにコーチング
自身のダイエット経験を生かし、日本初のダイエットコーチとして、個人サロンにて700人以上のダイエットを指導。「リバウンド率ゼロ」をキャッチコピーに、徹底的なカウンセリングから体質などを分析、最短で最適なダイエット方法を指導している。ダイエット関連の著書も多数。

BEFORE　AFTER

「たいして食べてないのに太る……」、「空気のんでも太る……」とか思っていない？ そんなワケありません!! そんなあなたには、日常生活の中に自覚していないおデブ習慣がきっとあるはず。昔はおデブだったというダイエットコーチ・EICOさんが、おデブ女子のたるんだ精神と脂肪に鋭い視点で、〝喝〟入れます！

イラスト／菜々子　取材・文／鹿志村杏子

おデブの生活

ヤル気十分!!だけどハードル上げすぎ挫折
慣れないハードな運動を必死にがんばる！が、心身共についていかず、プレッシャーから投げ出してしまう。結果、運動をしない生活に逆戻り。

SCENE 8　運動

春夏秋冬同じワードローブ 似たような服が複数存在！
衣替えをしないせいで、持ち服を把握できていない。「同じ色を買っちゃった！」「こんな服あったっけ？」なんてことはしょっちゅう!!

SCENE 7　衣替え

終電逃してタクシー帰り 家は〝とりあえず置き〟だらけ
よく終電を逃すのは時間のルーズさゆえ。部屋もしかり。帰宅後はソファに服を置き、小銭はその辺へ。飲みかけのペットボトルも散乱!!

SCENE 6　帰宅

人といるときは小食ぶり 1人になってから食欲爆発
人目を気にして小食ぶるものの、「足りなかった……」という後悔から帰り道にコンビニへ。財布の中は、そんなレシートでパンパン！

SCENE 5　ディナー

ヤセている人の生活

エレベーターより階段！ 楽しく心地いい運動を趣味に
生活の中で無理なくカロリー消費できることを習慣に。おしゃれなウエアに身を包んで体と心をほぐす運動を、定期的にエンジョイ。

年に2回の衣替えは当然！ ジャンル別にきちんと収納
シーズンごとに服を入れ替えているから、ワードローブの管理はバッチリ。服のケアにも自然と目が行き届く。朝の仕度も断然スマートに！

時間に余裕をもって帰宅 家こそ最上のリラックス空間♪
楽しい食事も爽やかに切り上げ、電車があるうちに帰宅。常に物が定位置だから、いつでもキレイな部屋でゆったり自分の時間を大切に♡

コミュニケーションの場として会話を重視♪
食事を共にするということは、誰かと時間を共有することと同じ！ 箸を置いてじっくり話に耳を傾け、飲み代は交際費と思っている。

TYPE A 不満たまりまくりの イライラ女子

味わうどころか、無心でむしゃむしゃ食べてしまうことが多い人はこのタイプかも!?

PART 2 自分のタイプを知れば、おデブ脱出の傾向と対策が見えてくる!!

おデブは3つのタイプに分けられます。チェックリストの合計が1番多かったのがあなたのタイプ。自分のタイプを診断したら、対策をすぐさま実行して！

CHECK LIST
- □ イライラすると甘いものが無性に欲しくなる
- □ 一段落するとき甘いものは欠かせない
- □ 小額の食べ物でもクレジットカードで買うことが多い
- □ ハマっているものや特にコレといった趣味がない
- □ 細かく食事の内容を覚えていないことが比較的多い
- □ 悩んだり忙しいときこそ太ってしまう

計　　　コ

この人の特徴
ストレスの代償で食べる

人間関係や忙しさでたまったストレスを食で紛らわす人。どんな場所でも食べものをつまみ、わかりやすく味の濃いものや甘いものがいつも欠かせません。また、まとめ買いしてドカ食いするのに、味わっていないせいで何を食べたかハッキリ覚えていない傾向もあります。

どうしてもできないとき EICOさんはこうしてました

ストレスでドカ食いしそうなとき

①『蒸気でホットアイマスク』を試す
「あったかい、香りがよい、暗い、柔らかい、とリラックス条件ずらりのアイテム。心がほぐれると、ガツガツ食べようなんて気持ちは飛んで行ってしまうんです」

②食べたいときは食べちゃう！
「どうせ食べてしまう自分の行動を先読みして、せめてカロリーが比較的低いものを準備。タンパク質やカルシウムが豊富な小魚やスルメをよく噛んで食べるように」

③友だちと一緒のときに好きなものを
「1人で食べると歯止めが利かないもの。誰かと一緒なら自然とちょっとずつ食べたり、会計を気にするようになったりするので、食べすぎ防止を期待できます」

④お笑い番組を見て大笑いして忘れる！
「満たされたいのは『お腹』ではなく『心』。お笑い番組を見て笑ったり、動物の映像を見てほっこりしたり、と楽しく&癒しの気持ちで満たされる時間を作りました」

つまり↓
ダイエットは自分の心だけを頼らない
張りつめた心でがんばって爆発してしまう前に、リラックスできる行動、道具、環境を見つけておきましょう！

このタイプは こうすれば 大丈夫

できること 1　間食の前にあった出来事を振り返る
「『食べなきゃいられない!!』と感じたときの出来事を、冷静に思い起こしてみましょう。怒られたとか、苦手な人と会話したとか……それがストレスの原因。ムダ食いやドカ食いを止めるためには、ストレスのモトをなくす努力をすることが先決です」

できること 2　おいしいと思って食べているか確認
「大して味わいもせず、食べても食べなくてもいいものを無心に口に運んでいませんか？ もしそうなら、食べているのは食欲を満たすためではなく、ストレスを解消したいだけ。おいしいと思わない人、何を食べたか思い出せない人も、食事のとき、自分はちゃんと味わっているか確認して」

できること 3　シュガーホリックを疑ってみて
「糖分には落ち着いた気分にさせるホルモン・セロトニンの分泌を促す働きがあり、摂取するとホッとした気になるのです。それを繰り返すと中毒になることも。イライラしたときに無性に甘いものを食べるのが習慣化している人は、シュガーホリック（砂糖中毒）の可能性を疑って」

できること 4　食べること以外の解消法を見つける
「条件は『価格が手頃』、『プチ特別感がある』、『すぐ使える』の3つ。例えばフェイスマスクやバスソルト、リップクリームなどがオススメ。いい香りのする美容グッズで自分をいたわって。必要なのは食べ物じゃなくて癒しかも。リラックスと同時に、キレイへの意識アップの効果アリ」

TYPE B 面倒くさがりな ズボラ女子

部屋が散らかりがちなこのタイプ。物事をあと回しにして、自分に甘くなってしまう傾向が……。

CHECK LIST

- ☐ 空になったペットボトルが部屋に散乱している
- ☐ 小銭が部屋のいろんなところに置いてある
- ☐ ダイエットは明日からと言って一向に始まらない
- ☐ そのときが来ればヤセられると思っている
- ☐ 職場で頂いたお菓子はすぐにその場で食べてしまう
- ☐ 昨日食べたものをまったく思い出せない

計　　　コ

この人の特徴
惰性で重ね食いしてしまう

汚い部屋はズボラの象徴。動かなくてもいいよう、必要なものは自分のそばに確保しているから片づかないんです。「もったいないから」、「限定だから」と思って食べても食べなくてもいいものをつまんだ挙げ句、「明日運動するし」とカロリーを前借りするのが常。

どうしてもできないとき EICOさんはこうしてました

部屋の片づけができないとき

❶ 週に一度は友だちを家に呼ぶ

「定期的に友だちを家に呼ぶよう心がけると、部屋を掃除しないといけない状況に追い込まれます(笑)。友だちが来て楽しいうえ、自動的に片づけをする仕組みを作れていいことずくめ♪」

❷ 1つ買ったら1つ捨てる

「持ち物は自分の管理できる量だけにしました。少しヤセるたびに洋服を1着買って1着手放す、を繰り返したので、太めで入る服が手元になく、リバウンドを防ぐことができました！」

つまり…↓
片づけないために汚さないようにする

家の中が整とんされた状態をキープできる仕組みを作りましょう。習慣づけが肝心！

ダイエットを諦めそうなとき

❶ 忙しいときは無理だと知る

「部屋が汚いのは多忙も原因。忙しい時期、心身の不調など、ダイエットに適さないタイミングはあります。『生活が落ち着いて心に少し余裕ができたらやろう』と割り切ることが大切」

❷ 「またあきらめるの？」とアラームに入れる

「朝の軽いウォーキングさえもあきらめそうになったら、自分に喝を入れるメッセージをスマホの目覚ましアラームにセットして、自分から続けられる環境を作っていました」

つまり…↓
自分を客観的に理解すること

ダイエットは自分を見つめ直すいい機会。自分の弱さを知って方策を見つけましょう。

このタイプはこうすれば大丈夫

できること 1 食事手帳をつけて食生活を把握する

「自分は何をどのくらい食べたかの傾向を知ることが優先。カロリー計算ではなく、炭水化物が多いとか、タンパク質が少ないとか、食事の傾向や弱点を知ることで、食生活を見直すことができます。手帳が難しい人はスマホのメモ機能を利用してもいいでしょう！」

できること 2 おいしいと思って食べているか確認

「生活空間が乱れているのは、自分が動いていない証拠‼ 自分のいつもの定位置の周りに必要なものを置いて、部屋をコックピット化させていませんか？ 部屋やバッグの中身を整理することが、おデブ習慣の根源となる"横着する性格"を改善する第一歩です！」

できること 3 ヤセたときの目標を思い描く

「『ショートパンツで表参道を歩く』『ハワイで水着を着る』など、楽しい目標を掲げ、その未来を想像しましょう！ 3カ月、半年後など、短期、中期、長期にわたって段階的に目標を設定するのがポイント。イメージが具体的であればあるほど、成功への近道になりますよ」

できること 4 食べること以外の解消法を見つける

「『ダイエットに成功したら服を買おう！』と思う人がいますが、着たい洋服はあとで買うのではなく、ヤセる前に買って！ ダイエット中は毎週着てみて、『ここまで入った』と自分の体を現状把握しておくと、プレッシャーを与えつつ目標に近づいていることを実感できます」

TYPE C がんばりやさんのマジメ女子

キチンと努力したからこそ、結果を急いで白黒ハッキリしたがるタイプ。

CHECK LIST

- □ 食べるのを我慢してドカ食いすることがよくある方だ
- □ 運動するなら消費カロリーの多いものを選ぶ
- □ 時間をかけるのを待っていられず結果をすぐに求める
- □ ファッションもダイエットも流行に敏感な方だ
- □ ダイエットスイーツをよく口にする
- □ 自分はそんなにがんばっている気がしない

計　　コ

この人の特徴
物事を0か100かで考える

完璧主義な性格ゆえ、勉強熱心。綿密に計画を立てるのですが、志の高さゆえ、達成できないような高いハードルを設定してしまい、1つでもうまくいかないとすべて投げやりになってやめにしてしまいます。盲点ですが、真面目な人ほど実はダイエットに失敗しがちなんです。

どうしてもできないとき EICOさんはこうしてました

運動なんてもともと嫌いなら

❶ 家電量販店の中を歩いてみる

「特別な運動はしたくなかったし、トレーニングウエアでがんばっている姿を人に見られるのが嫌だったから、洋服のまま家電量販店やショッピングモールを歩き回りました」

❷ マンホールの数をゲーム感覚で数える

「ウオーキングの最中、マンホールを数え、そこに『下水』の文字があれば歩数を増やし、なければ歩くのを終わりにしていたことも。運動も"ゲーム感覚"なら楽しみになり、続きます」

つまり…↓
無理なくできて楽しめる方法を考える

やらなきゃ、と負担に思うから挫折する。ちょっとした遊びと考えて、軽い気持ちなら続く!

お菓子を食べたくてしょうがないとき

❶ キルフェボンのタルトは解禁!

「キルフェボンの秋限定のさつまいもタルトは、毎年発売を楽しみにしている大好物なので我慢しません。そのぶん、他のお菓子は控えるなど、食べ物の取捨選択や優先順位を考えました」

❷ 食べたいものは一晩寝かせてみる

「夜、甘いものを食べたくても、せめて次の朝にしてみようと一度我慢していました。食べても朝ならカロリー消費もしやすいし、食欲が収まっている可能性も意外とありますよ」

つまり…↓
お菓子がNGではなく食べ方を考える

ダイエットは我慢ばかりじゃなく、楽しく続けるべき。食べたいときは工夫をしてみて!

このタイプはこうすれば大丈夫

できること 1 「絶対〜しない」はやめましょう

「『お菓子は禁止、女子会へ行くのは禁止』など、ストイックすぎる決め事は、つらくなって挫折しがち。楽しみをすべて奪ってまで我慢するのはよくありません。まずは『絶対〜しない』をやめてみるだけでも自分に厳しくしていた負荷が減り、続くようになります」

できること 2 守れる範囲の約束にする

「このタイプの人は『毎朝早起きしてランニング!』など、普段の生活から離れたレベルの高い課題を設定しがち。『今日は5分だけ散歩してみよう』、『3分だけ腹筋してみよう』など、簡単な課題から始めると、意外ともっと実行できたりして、自己肯定感を得やすいです」

できること 3 ごはんはちゃんと食べていいんです

「食べたことに罪悪感を持ちやすいタイプですが、1回の食事量を減らすと、結局、間食を増やしてしまう失敗パターンに。また体が危機に備えて脂肪をため込むようになり、『ヤセにくい体質』になる可能性も大!! ごはん(特に白米)に対する抵抗感を捨てましょう」

できること 4 「ゆるく・長く」で成功すると知る

「高カロリーな好物を食べてしまうのは誰にでもよくあること。節制が完璧にできるなら、初めから太っていません。もし食べてしまっても、そのあと数日はウオーキングを2000歩増やすとか、長期的に調節すればOK! ダイエットは"趣味"と思ってゆるく考えて」

「脱・おデブ」を成功させる、書き込み式セルフコーチング

自分では気づいていなかったおデブ習慣を見つけるために、記録することをオススメしているEICOさん。ここではEICOさんが実際にコーチングに使っているシートをご紹介。早速実践して、おデブ習慣を終わりにしよう！

WORK 1　毎日どんな生活を送っているのかを振り返る

記録することで、自分の食生活、生活習慣が可視化でき、食べ物や行動のムダを特定できます。

- 体調　良い・普通・悪い
- 体重　kg
- 入浴　シャワー・湯船
- 便通　有・無　●尿　回
- 体脂肪　％
- 睡眠時間　時間（満足・普通・不足）
- 生理中　日目

食事手帳
　　月　　日（　）

食事

	時間	内容	飲み物
朝	： ～ ：		計＿＿＿ml
昼	： ～ ：		計＿＿＿ml
夜	： ～ ：		計＿＿＿ml

間食

運動

ストレッチ	分
筋トレ	分
ウオーキング	歩
その他	分

感想

 使い方　毎日の食事メニューだけでなく、栄養素のバランスを見るため、食材まで書きましょう。水分量、体重、便通、睡眠時間、入浴、運動も記入。自分が太っているのが運動不足なのか、いつ太りやすいのかなど、原因や傾向がわかります。

WORK 3　自分の食べ方の特性を知る

毎日記録した「WORK1」をもとに、1週間分の傾向をこのシートに書き込むだけで、習慣の問題点が見えてきます。

5日以上やるべきこと（目標達成日数）

ウオーキング	／7日

（目標　女性／10,000歩　男性／12,000歩）
※10分1,000歩目安

睡眠6時間以上	／7日
トレーニング	／7日
入浴	／7日（シャワーではなく湯船）
1日米2食	／7日
青菜（ほうれん草・小松菜など）	／7日
海藻（わかめ・もずくなど）	／7日
きのこ	／7日
水分（　ℓ）	／7日（※1日に人が必要な水分は体重×30ml）

3日以下に抑えるべきこと

お菓子	／7日
（食べた場合は具体的に記入　　　　　　　　）	
お酒	／7日
パン	／7日
麺	／7日
揚げ物	／7日

使い方　1週間の理想の運動、食生活などが掲げてあるので、自分のライフスタイルを分析し、対策を立てるために使いましょう。毎週、これに書き込んで振り返ることで、ダイエットが効果的にできているかを客観視できます。

WORK 2　「ヤセたらどうしたい」を具体的にする

目標と起きた変化を定期的に書き込むことで、成功体験を味わい、さらなるダイエットの意欲につなげましょう。

■ ダイエットをする決意（3カ月後の目標）

■ 変化してきたこと（1カ月後）

■ やせたらできるようになったこと（3カ月後～半年後）

使い方　まずダイエットを始めるとき、「25インチのデニムをはく！」など具体的な目標を設定。次に1カ月後、体重だけでなくシルエットの変化など、細かいことでも書き込んで。3カ月～半年後も変化を記し、定期的に振り返りをしましょう。

たきゃ、今すぐ「腸活」！ "おブス"!!

「腸活」。興味津々だけど、何をすればいいのかわからない。
リストと腸活成功者が、㊙腸汚ブスの方法を指南します!!

土橋彩梨紗［p.96〜97］、長江裕子［p.98〜99］　●掲載商品の問い合わせ先はp.127にあります。

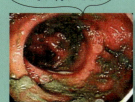
腸おブスな人の腸は こんなに汚れてる！

腸美人な人の腸の中は お花畑のようにキレイ！

すべてを知ったら、「腸活」のモチベーション、めっちゃアガります！「美腸」になれば、ちょ〜美人になれます！

腸内フローラを整えて「美腸」になれば、美容と健康にいいこと目白押し！「美腸」になることのメリットと、そのプロセスについて解説します!!

メリット1　代謝がよくなって脂肪燃焼パワーアップ
太りにくい体質になれる！

腸は食べ物から栄養をとり込み、血液の質を決める器官でもあります。腸がキレイになると、栄養素がサラサラで質のよい血液にのって、全身の細胞に効率よく運ばれるようになります。こうして栄養の受け渡し（＝代謝）がうまくいくと、脂肪を燃焼する力が高まって、太りにくくなるんです。

SLIM　下腹もスーッキリ♪

メリット2　便秘が改善されて毒素ストップ！
美肌になれる！

便秘により便が腸内に長くとどまると、腐敗発酵が起こって毒素が発生します。この毒素が腸壁から血液に吸収されて全身を巡り、吹き出物などの肌アレを引き起こすことに。逆に、便秘が解消されて美腸になれば、栄養素が血液にのって全身に行き渡り、トラブル知らずの美肌になれるのです。

お肌ツルツル〜♡　善玉菌いーっぱい

「腸活」のカギをにぎるのは 美しく咲く"腸内フローラ"！

腸のスペシャリスト
小林弘幸先生に聞きました
順天堂大学医学部教授。自律神経研究の第一人者。日本ではじめて便秘外来を開設し、現在、初診は7年半待ち。タレント・松本明子さんの40年来の便秘を改善に導いたことでも話題に。

「腸活」が話題に挙がると、決まって耳にするのが"腸内フローラ"という言葉。「腸活」とこの"腸内フローラ"の関係について、順天堂大学の小林弘幸先生に聞きました。
「私たちの腸の中には、100兆個以上の腸内細菌がつくる花畑があります。腸内細菌の種類は数百以上。花壇に同じ種類の花ごとに固まって咲いているように、腸内でも菌それぞれの生態系がつくられており、その分布図を"腸内フローラ"と呼んでいます。『腸活』で腸内環境を整えると、この"腸内フローラ"が理想的なバランスに保たれるのです」

ならば、"腸内フローラ"が整うと、どんないいことがあるのでしょうか？
「まずは便秘が解消されます。さらに、肌トラブル、アレルギー、むくみ、冷え、不眠が改善。そして、ダイエットにも効果があります。しっかり食べても、太りにくい体質になるんです。また、メンタル面も安定しストレスを感じにくくなり、プチ不調も改善されます」
つまり、腸内フローラを整えると、悪循環が良循環へと好転するんです！

要するに"腸内フローラ"が整うことで 体の不調が改善して、キレイにもなれるんです！

悪玉菌 10%
善玉菌 20%
日和見菌 70%

"腸内フローラ"の理想的なバランスって？
理想的なバランスは、善玉菌は2割、悪玉菌は1割、日和見菌は7割と言われています。日和見菌は、その名のとおり、善玉菌と悪玉菌の優勢な方の味方につく性質があります。

↓

悪玉菌が優位になると……	**善玉菌**が優位になると……
腸内腐敗 細菌毒素の産生 発がん物質の産生	免疫力アップ 整腸作用 消化・吸収の促進
・肌アレやアトピー ・花粉症・無気力＆疲労 ・老化促進 ・病気になりやすいなど	・美肌 ・アレルギー改善 ・アンチエイジング ・やる気アップなど

腸汚ブスはちょ〜

見た目も性格も美人になり

「便秘が治った！」「肌がキレイになった♪」「太りにくくなった！」とちまたで話題の お腹ぽっこりで"おブス"ボディになってるアラサー女子のために、腸のスペシャ

撮影／志田裕也、横川誠[静物]　イラスト／村澤綾香　レシピ考案／ぬまたあづみ　取材・文／石塚覚子[p.92〜95]、

今すぐ腸内環境をチェックしてみよう

- □ 1日の運動量が30分以下だ
- □ タバコを1日10本以上、吸う
- □ 顔色が悪く、老けて見られる
- □ 肌アレや吹き出物に悩んでいる
- □ 水分をあまりとらない
- □ 寝つきが悪く、寝不足気味
- □ ストレスを感じやすい
- □ 朝食をとらないことが多い
- □ 朝はせかせかしていて余裕がない
- □ 食事時間が不規則
- □ 野菜をあまり食べない
- □ 大好物は肉だ
- □ 発酵食品が苦手
- □ 週に4回以上、外食をする
- □ アルコールを毎日たくさん飲む
- □ お通じの時間が不規則
- □ イキまないと便が出ないことが多い
- □ お通じのあともお腹がスッキリしない
- □ 便が硬くてコロコロしている
- □ 3日以上お通じがない
- □ 下痢をしやすい
- □ 便の色が黒っぽい
- □ 便器の水に便が沈むことが多い
- □ おなら、便が臭いと思う

✓が5〜9個
危険度レベル1
腸年齢＝実年齢＋10歳

実は、日頃より健康に気を配っているという人に多いのが、このレベル。ショックを受けてる人も多いかもしれませんが、生活を改善するだけで十分若返りを図れますよ。

✓が4個以下
問題なし
腸年齢≦実年齢

腸年齢は実年齢以下で、腸内環境は良好です。腸が原因の病気や不調は起こりにくい状態ですが、油断は禁物！　これからも腸内環境をよくする生活を心がけましょう。

✓が15個以上
危険度レベル3
腸年齢＝実年齢＋30歳

腸はすでに老人と同じ状態です。悪玉菌が優位になっていて、腸内環境がかなり悪くなっています。重篤な病気を予防するためにも、今すぐ食生活の改善を始めて！

✓が10〜14個
危険度レベル2
腸年齢＝実年齢＋20歳

便秘がちな人や不摂生な生活を続けている人、まさにアラサー世代に多いレベル。一見、健康に見えても、実は不調のオンパレードという状態です。早急に生活改善を。

メリット3　刺激物質から体を守る免疫機能を強化
脱アレルギー体質になれる！

腸には悪いものから体を守る機能「免疫システム」があって、体内に入ってきたものを吸収すべきか異物として排除すべきか判断します。花粉症などのアレルギーも、バランスをくずした腸内環境を整えて「免疫システム」をうまく働かせるようにすれば、つらい症状を緩和したり、予防したりすることが可能に！

メリット4　乱れた自律神経のバランスを回復！
プチ不調が改善する！

腸内環境が悪くなると、交感神経が優位の状態が長く続いて血行が悪くなるため、むくみや冷え、肩凝りに。同時に、血液を通じて毒素が全身に巡るので、頭痛やめまいを起こすことも。こんなプチ不調も、腸内環境がよくなると自律神経のバランスが整い、改善します。

メリット5　幸せホルモン"セロトニン"を増産！
ポジティブ思考になれる！

第2の脳とも呼ばれる腸には脳と同じ神経細胞があり、幸せを感じるホルモン"セロトニン"の90％以上が腸管で作られています。腸内環境が乱れると、セロトニンの量が減って怒りっぽくなったり、やる気がなくなったりと精神的に不安定な状態に。腸内環境をよくすれば、セロトニンが増えてポジティブ思考になれます。

年期の入った便秘も、ほんのちょっとの努力で改善!!人生がバラ色に♥

元⑱汚ブスタレント・松本明子さんの人生を変えた「美腸」LIFEのすべて

40年も頑固な便秘に悩まされてきた松本明子さん。順天堂大学 便秘外来の小林先生の指導のもと始めた便秘解消生活で、便秘だけでなく、あらゆる不調が改善。人生まで変えた"松本流「腸活」"の内容を一挙公開しちゃいます!

After 今
便秘が治って美腸になった現在

「便秘はもちろん、あらゆる体の不調が改善。何より性格が前向きに! 引きこもりがちだった休日も観劇など外で過ごすことが増え、さらに太ることを心配せず食事できるように♪」(松本さん)

Before 15年前
腸汚ブス時代の便秘MAX期

「さまざまな民間療法を試してみたけど改善されず、排便は1カ月にたった3回。冷え症、肩凝り、花粉症、肌アレ、不眠症、ネガティブ思考……、常に不調のオンパレードで本当につらすぎる毎日でした」(松本さん)

10万部突破!

腸をキレイにしたらたった3週間で体の不調がみるみる改善されて40年来の便秘にサヨナラできました!

テレビで話題沸騰!
腸活本!!
「簡単に実践できる」と"腸活ブーム"の火つけ役に

『腸をキレイにしたらたった3週間で体の不調がみるみる改善されて、40年来の便秘にサヨナラできました!』¥1,300(アスコム刊)

ズボラで面倒くさがりな松本さんの「腸活」ルールは このたった6つだけ!!

小林先生に教えてもらって実践した「腸活」ルールは、たった6つ。お金をかけるのが嫌で、面倒くさがりな松本さんが続けたのは、本当にコレだけ!

1 腸の動きを活発にさせて便意を促す！
毎朝、コップ1杯の水を一気飲み

「朝、水を飲むことが便秘解消にいいことは誰でも知っていると思いますが、飲み方にポイントが。ちびちび飲まず、一気飲みするのが重要！ 水の重みでほとんど動いていない腸が刺激されて、活動を開始するんです」

2 歩くときの振動を利用して腸を刺激！
30分のウオーキング

「便秘解消のためのウオーキングは、がんばって大股でせかせか歩くのではなく、お散歩感覚でのんびりと。心地よいと感じる速度で歩けばOK！ 歩くことで、その振動が腸へ伝わり、便意を促す刺激になるんです」

3 排便のリズムが整っているかチェック！
便日記をつける

「便秘解消生活を始めてから1カ月は、毎日お風呂上がりに『うんち日記』をつけていました。どんな便でも出たらシールを貼る、これだけ！ 当時は、排便の間隔が縮まってくるのに感動して、やる気がアップしました」

4 腸内環境をよくする善玉菌を増やす
ヨーグルト、キムチ、納豆を毎日食べる

「善玉菌のエサとなる乳酸菌を多く含む発酵食品は、ヨーグルト、キムチ、納豆を冷蔵庫に常備。小林先生からは3食のうちどこでとっていいと言われたのですが、私は朝ご飯のときにとっています」

忙しい朝もしっかり発酵食品食べてます
「朝食はパンにキムチと納豆、スライスチーズをのせたスペシャルトースト！ チーズも発酵食品なので腸にいいんですよ」

ヨーグルトメーカーで毎日、大量製造！
「ヨーグルトはいっぱい食べるので手作り。サラダのドレッシング代わりにヨーグルトとオリーブオイルをかけてもおいしいですよ」

地方ロケのときは手軽な飲むヨーグルト
「環境が変わると便秘になりやすくなるので、ロケ先では手軽なヨーグルトドリンクをいつも携帯しています。とくにR-1がお気に入り♪」

5 リラックスしてスムーズに眠りに入る♪
寝る前30分間はボーッとして過ごします

「お風呂でリラックスしたあと、テレビやスマホを見ずに30分間ボーッとすごし、眠りにつく。これだけで睡眠の質がグッとアップ。寝ている間に腸の活動が活発になり、翌朝、空腹感で目覚められるんです」

6 ストレッチで腸を刺激して腸の動きを促進！
"ながらストレッチ"で腸を刺激する

「腸を刺激するストレッチは、どれも簡単で仕事の合間や気が向いたときに"ながら"でできるのでオススメ。きっちりやらなくちゃというプレッシャー&ストレスは『美腸』の大敵です」

考える人

1 トイレに入ったらふんばる前に考える人
基本姿勢
便座に座ったら、彫刻ロダンの「考える人」のポーズに。右ひじを左のひざの上にのせるだけ。このときお腹を引っ込めるのがポイント！

POINT お腹を引っ込める

手を入れ替える

2 手を入れかえて逆「考える人」
今度は手をかえて、左ひじを右のひざの上にのせる。お腹をキュッと引っ込めながら、深い呼吸を意識して繰り返しましょう。

慣れてきたら
ひじの位置を、ちょっとずつ外側にずらして、上半身の角度を変えてみて！ これだけで、腸のいろんな部分を刺激できちゃう。

腰回し

1 左手は肋骨のすぐ下 右手は腰骨の上をギュ
基本姿勢
左手は肋骨のすぐ下、右手は腰骨のすぐ上を思い切りギュッとつかむ。こうすると、腸の詰まりやすいポイントに刺激を与えることに。

右回し / 左回し / ギュッ!

2 基本姿勢のまま腰を左右に大きく回す
肛門をキュッと締めながら、右回りに腰を大きくゆっくり回す。左回りにも同じように回す。これを1回に5〜10セット行って終了。

体側伸ばし

左に倒す / 右に倒す / 吐く

2 基本姿勢のまま体を左右に倒して伸ばす
基本姿勢をキープしたまま、息を吐きながら体を左右に倒すだけ。自然に呼吸をして、しっかり体が伸びたら、体をもとの位置に戻す。

3 基本姿勢のままゆっくり体を前に倒す
吐く / 前に倒す
基本姿勢をキープし、お腹に力を入れて、息を吐きながら体をゆっくり前に倒す。倒したら、息を吸いながらゆっくり体を起こす。

1 手を交差させて上げひじをしっかり伸ばす
基本姿勢
足は肩幅に開き、手を交差させ、息を吸いながら手を上げてひじをしっかり伸ばす。肩甲骨を寄せるようにしたら、肩を少し落とす。

「美腸」をキープし続けるためのポイントはたった3つ

〝できることだけやる〟ゆる〜いスタンスでOK♥

「腸活」すると美肌＆ヤセ効果はもちろん、性格まで美人になれちゃう。そんな腸のキレイを保つ秘訣は自律神経と食物繊維＆プロバイオティクスにあり！毎日続けられる簡単な方法で〝腸美人〟を目指しましょ♪

STEP 1 まず自律神経を整えること！

ストレスや不規則な生活などで乱れがちな自律神経のバランスを整えることが、実は腸内環境をよくする一番の近道。自律神経を整える入浴法や食事、呼吸、生活習慣を大公開！

（図：ストレス → 善玉菌が減る → 腸内環境悪化 の悪循環）

腸は自律神経のバランスを整える要となる大事な器官

自律神経は、私たちの生命を維持するために内臓や血管をコントロールする神経で、活動モードの交感神経とリラックスモードの副交感神経があり、それぞれがシーソーのようにバランスをとりながら働いています。「心身が最もいい状態になるのは、交感神経と副交感神経のバランスが安定しているとき。自律神経のバランスを整えるカギとなるのが腸です。まず、自律神経のバランスを整え、腸内環境をよくする

ストレスがかかると、自律神経のバランスが乱れ、交感神経が高ぶり、副交感神経は低下。善玉菌の増減を左右するぜん動運動は、副交感神経がつかさどるため、副交感神経が低下すると、腸内環境も悪化してしまいます。「副交感神経を高めれば、ぜん動運動が活発になり、腸内環境がよくなって、さらに副交感神経が高まる、といった好循環が起こります」

副交感神経を高めれば腸内環境はよくなる！

ことが大切」（小林先生）

対策1 【すぐできる度 ★★★】
湯船にきちんとつかる

眠る前に38〜40度のぬるめのお湯に15分ほどつかると血行がよくなり、緊張がとれて副交感神経が高まります。心身がリラックスし睡眠中の腸の動きも活発に。逆に熱いお風呂やシャワーは交感神経を高めるので避けて。

> スムーズに眠りに入っていけるリラックス系がオススメ！

湯上がり後に心地よく入眠できる♥
ユーカリやラベンダーなど緊張をときほぐす4種の香り。バブ ピースフルハーブ やすらぎのひととき 12錠 ¥420（編集部調べ）／花王

洗練された香りのバスオイルで心を落ち着かせる
南国のお花＆グリーンリーフを使用。ボーテ デュ サエ ナチュラル パフュームド ボディバスオイル（ジャスミンリーフ）230ml ¥4,900／KOZUCHI

対策2 【すぐできる度 ★★★★★】
深い呼吸で緊張を解きほぐす

深い呼吸をくり返すと心と体の緊張がほぐれて、副交感神経を高めることができます。息を吐くことが大切なので、吸うときの倍の長さで息を吐き出す「1対2の深呼吸」を心がけましょう。

小林先生's Advice
仕事中の気分転換は1対2の深呼吸を！
仕事などに集中しているときは、息を止めたり呼吸が浅くなって、全身の血行が悪くなりがちに。仕事の合間や、リフレッシュしたいときに、意識的に「1対2の深呼吸」を取り入れてください。

丹田

口をすぼめて8秒かけて息を吐く
8秒かけて、口からゆっくりと息を吐きます。このとき、お腹と背中をくっつけて、お腹の空気を出しきるイメージで10回くり返す。

丹田に空気を送りこむ感覚で鼻から息を吸う
丹田に空気を送りこむイメージで、4秒かけて鼻からゆっくり息を吸って。息を吸う時間と、吐く時間は、1対2にするのがポイント。

おへその下のツボ・丹田を意識しよう
両足を肩幅に広げ、背筋を伸ばし、胸を張って立つ。両手で三角形をつくり、三角形の頂点がへそ下のツボ・丹田にあたるように。

対策4 【すぐできる度 ★★★】
「〜ねばならない」をやめる

ストレスは、自律神経のバランスを狂わせる大敵。「〜ねばならない」と、ガマンしてがんばることはやめて。自分の中であきらめることとあきらめないことを決めておけば、ストレスから解放されます。

対策3 【すぐできる度 ★★】
夕食は寝る3時間前までにすませておく

食事中は交感神経が高まるため、食後すぐに寝てしまうと交感神経が高いまま眠るはめに。すると、副交感神経によって行われる消化・吸収が不十分になり、便秘の原因に。夕食は眠る3時間前と心得て。

| 対策 7 | 【すぐできる度 ★★★】
朝食を抜かない

朝食をとると、腸の働きが活発になり、体内時計のズレをリセットできます。ふだん朝食を食べない人は何でもいいので、食べ物を口にすることから始めてみて。早めに起きて、ゆっくり食べることも自律神経の調整には◎。

小林先生's Advice
朝食には食物繊維や発酵食品を摂取して
とにかく朝食べることが大切なので、バナナ1本でもOK。朝食をとる習慣が身についたら、腸内の善玉菌を増やしてくれる食物繊維や発酵食品が豊富な食材をとり入れるようにしましょう。

| 対策 8 | 【すぐできる度 ★★★】
ストレスを感じたら香りでリラックス

腸はストレスの影響を受けやすい臓器。ストレスを感じたら副交感神経を高めるため、心が落ち着く植物や果実の香りをかいで。心地よい香りの効果で副交感神経が高まり緊張がほぐれると腸の働きもアップ。

植物の香りで頭皮も体もマッサージ
3ラベンダーやベルガモットなど花や植物エッセンスを配合。頭から足先まで全身に使える。ビューティファイング コンポジション 50ml ¥3,800／アヴェダ

眠る前の数滴で睡眠の質がアップ!
2100%オーガニックエッセンシャルオイル。眠る前に深呼吸しながらかぐと神経が穏やかに。SHIGETA スウィートドリーム 15ml ¥5,000／SHIGETA Japan

ストレスをリセット! ナイト用コロン
3アロマティックハーブと東洋的な香りをブレンド。アユーラ ナイトハーモネーション(ナチュラルスプレー) 20ml ¥3,200／アユーラ ラボラトリーズ

ロールオンタイプで手軽にリフレッシュ
2日中イライラしたときに手首や首元にON。やさしい使い心地でほのかに香ります。アロマパルス ナイトタイム 9ml ¥1,600／ニールズヤード レメディーズ

みずみずしいローズの香りを髪にまとって
3エッセンシャルオイルを配合した洗い流さないトリートメント。ラ・カスタ ホワイトローズ ヘアエマルジョン 50ml ¥3,000／アルペンローゼ

ルームスプレーにも髪にもマルチ使いOK!
2シュッとひと吹きでラベンダー、ローズ、ネロリのやさしい香りが広がる。エルバビーバ RE R&ボディスプレー(リラックス)100ml ¥3,180／スタイラ

| 対策 9 | 【すぐできる度 ★★★★★】
朝起きたら太陽を浴びる

人間の細胞には、時間を管理する体内時計の時計遺伝子が存在します。朝日を浴びるだけで、脳の中枢にある時計遺伝子のズレがリセットされるので、自律神経のバランスも自然と整います。

| 対策 5 | 【すぐできる度 ★★★】
寝る前はとにかくリラックスする

夜、湯船につかると副交感神経が高まり、体は眠り、腸は働く準備を始めます。ところがテレビやスマホを見ていると交感神経が高まり、腸の働きが低下していく一方。好きな香りをかぐ、音楽を聴く、などでゆったり過ごすことが腸のために必要です。

ベッドの中で"お腹押し"もオススメ

あお向けに寝てひざを立てたら、おへそから指3本分横の場所を親指でプッシュ。イタ気持ちいいくらいの力でOK。反対側も同様に。

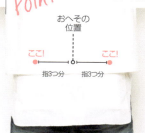

Point
おへその位置
ここ! ここ!
指3つ分 指3つ分

寝ながらおへその横をプッシュするだけ
おへそから指3本分横に、腸を刺激するツボがあります。このツボを寝る前に刺激すると、睡眠時に腸の働きがよくなり、翌朝のお通じがスムーズに。

寝る前にこれはNG!!
・スマホ
・パソコン
・テレビ
・アルコール

寝る前にスマホやパソコン、テレビの強い光を見たり、お酒を飲んだりするのはNG。交感神経が活性化し、スムーズな入眠が困難に。

| 対策 6 | 【すぐできる度 ★★★★】
腸のゴールデンタイム"0時"には寝る

腸のゴールデンタイムは、副交感神経がピークを迎える0時頃。副交感神経が高まると、当然腸の活動も活発になります。腸の働きを高めるには、朝型の生活に切り替え、0時には眠っているのがベスト。

| 対策 10 | 【すぐできる度 ★★】
体を温める食材を積極的にとる

体が冷えると温めようとして自律神経が全速力で働いた状態に。副交感神経を高めるために、季節を問わず温かい飲み物や体を温める効果がある食べ物を摂取すれば自律神経が整います。また、冷たすぎるものと熱すぎるものは逆に交感神経が活発になるので避けて。

しょうがやにら、にんにくはもちろん、にんじんや大根、ねぎなど土の下で育つ野菜も体を温める効果が。体がポカポカすると副交感神経が高まり、腸内環境も良好に♥

シナモン / にんじん / ねぎ / にんにく / にら / かぼちゃ / 大根 / しょうが / 味噌

STEP 2 食物繊維をしっかりとる

"快便＝食物繊維。"ってよく聞くワード。なんとなく知ってるつもりかもしれないけれど、腸内環境を改善させ、腸内フローラのバランスを整えてくれるスゴい役割をお勉強♪

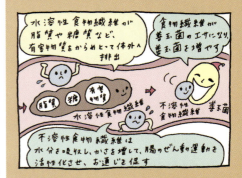

これがないと便が出ない 特に水溶性を摂取すべき

大腸に届いて便の材料になる食物繊維を含む食材にはだいたいどちらも含まれているけれど、不溶性食物繊維の比重の方が多いので注意が必要。不溶性ばかりとると腸内にたまった便の水分が失われて硬くなり、排出されにくくなって逆効果です」（小林先生）

「便秘を解消して腸内環境を整えるには前者の水溶性食物繊維を多くとるべき。なぜなら腸内の有害物質などを絡め取って排出するからです。ただし、食べる量が少なく腸内に老廃物がないと、腸は排出する気にならず、ぜん動運動が起こりません。それを起こさせるのが"かさ増し"役の不溶性食物繊維。食物繊維を含む食材にはだいたいどちらも含まれているので、日々の生活で積極的に摂取しましょう」（小林先生）

食物繊維は善玉菌のエサ 善玉菌増加効果も！

また、食物繊維には善玉菌を増やす能力もあるのではじめとする善玉菌をはじめとする善玉菌を...

水溶性食物繊維	不溶性食物繊維
水に溶ける食物繊維で、脂質や糖質などの有害物質を吸着させて体外に排出してくれます。この排泄促進効果によって、有害物質の体内滞在時間が短くなるため、腸内環境の悪化を防げる。	水に溶けない食物繊維。水分を吸収することで便のかさを増やし、ぜん動運動を促進してくれます。よく噛まなければならない食品が多く、消化に時間もかかるため満腹感を得やすい。
・バナナ ・しいたけ	・いんげん豆 ・じゃがいも
・キウイ ・エリンギ	・大豆 ・ごぼう
・いちご ・にんにく	・玄米 ・かぼちゃ
・わかめ ・キャベツ	・ライ麦 など
・ひじき など	・さつまいも

対策2 【すぐできる度 ★★★】
食物繊維たっぷりの朝食を

みそは日本が誇るプロバイオティクス（p.163参照）調味料だし、旬の野菜にはビタミンやミネラルも豊富でスムーズな消化吸収を促進する力が。腸が汚れやすくなる肉などの動物性タンパク質は避け、植物性タンパク質を積極的に摂取して。

忙しいときはコレで十分

Wでとると善玉菌が活性するから
- フルーツ＋ヨーグルト
- バナナ＋水（バナナが水で胃腸が目覚めるから！）

対策1 【すぐできる度 ★★★★】
白米→玄米にシフトする

白米に含まれる食物繊維は、100g中0.5g。対して玄米は100g中3gと約6倍！水分を吸収してかさを増やし、腸を刺激する不溶性食物繊維が豊富だから、水溶性の食材と一緒にとり入れるとバランスが整います。

対策4 【すぐできる度 ★★★】
ネバネバ食材を積極的に食べる

ネバネバした食材は食物繊維が豊富で善玉菌を増殖させ、免疫機能まで高める「腸活」のためのスペシャリスト。ネバネバの正体は糖を含んだタンパク質。多糖体と呼ばれる成分が腸粘膜を丈夫にし腸内環境を整えてくれます。

ネバネバ食材って？
- オクラ
- 山芋
- 納豆
- なめこ
- めかぶ

百花オリジナルレシピ
食物繊維が豊富な食材が複数とれる主役ご飯と、混ぜるだけの簡単おかずをご紹介。3分以内でチャチャッと作れて美腸効果がアップ。

オクラと塩昆布の玄米チャーハン

〈材料〉1人分
- オクラ…2本
- ねぎ…5cm
- 卵…1個
- 塩昆布…大さじ1
- 玄米ご飯…1膳分
- サラダ油…小さじ2
- 塩、こしょう、しょうゆ…適量

〈作り方〉
1. オクラは小口切りにし、ねぎはみじん切りにする。塩昆布は粗く刻む。
2. フライパンにサラダ油を熱して溶きほぐした卵を流し入れ、半熟になったら①とご飯を加えて炒め合わせる。
3. ご飯がパラパラになったら塩、こしょう、しょうゆで味を調えて完成。

めかぶと山芋、ツナのあえサラダ

〈材料〉1人分
- めかぶ…1パック
- 山芋…5cm
- ツナ缶(小)…1/2缶
- 塩、こしょう、レモン汁…適量

〈作り方〉
1. 山芋は千切りにする。ツナは軽く油をきる。
2. ボウルにめかぶと①を入れてさっくりと混ぜ合わせ、塩、こしょう、レモン汁で味を調えて完成。

対策3 【すぐできる度 ★★★★】
野菜を摂取できないときはサプリに頼る！

日本人女性の食物繊維目標摂取量は1日あたり18g以上。これを野菜でとり入れようと思うと、ごぼうなら400gも必要！ 不足を補うひとつの方法としてサプリメントを活用するのは現代女子の正攻法です。

小林先生's Advice
不溶性と水溶性のバランスが理想的!!
普段の生活で食物繊維をたくさんとるのは難しいので、サプリを併用しましょう。『ファイバープロ』は私自身も5年愛飲しており、便秘外来の治療にも使用しています。頑固な便秘の患者さんもすっきり改善！

1本にレタス約22個分の食物繊維を配合
1日1回の摂取で不足しがちな食物繊維が補えるうえ、さまざまなビタミンもまとめてとれる。スーパー酵素330 710ml 6,000／ドクターシーラボ

水溶性食物繊維が豊富で驚くほど腸が変わる！
原料は天然のグアー豆。ビフィズス菌の増殖能力が高く、善玉菌が発育しやすい環境をつくる。ファイバープロ5g×30包 ¥3,000／ドクターズデザインプラス

STEP 3 プロバイオティクスで善玉菌を増やす

「腸内環境を改善する善玉菌を増やすにはどうしたら？」という問いの答えが『プロバイオティクス』。ヨーグルトでよく見かけるこの単語こそ、「美腸」の重要キーワードです。

善玉菌は定着しないからとり続けることが大切

プロバイオティクスとは、"腸内フローラ"のバランスを改善し、体によい作用をもたらす微生物やそれらを含む食品のこと。代表的なものに乳酸菌やビフィズス菌などの善玉菌を多く含んだヨーグルトや発酵食品があります。

「そのプロバイオティクスは、善玉菌を活性化して『美腸』のための増殖や有害物質の産生を抑制する悪玉菌の優れもの。最近では、プロバイオティクスに含まれる菌が生きたまま腸に届かなくても（死んだ菌でも）効果があると研究で認められているので、サプリなどで補うことも可能です。しかし、大きな難点は、腸内に定着できないということ。摂取すると、"腸内フローラ"のバランスを調整しながら、どんどん腸を通り抜けていって排出されるので、プロバイオティクスは毎日とり続けることが重要なんです。「プロバイオティクスは単体でとるよりも、食物繊維やオリゴ糖とセットでとるとパワーアップ。さらに整いやすくなりますよ」（小林先生）

対策 1 【すぐできる度 ★★★★】
ヨーグルトは「美腸」のために欠かせない！

善玉菌である乳酸菌とビフィズス菌がたっぷり含まれたヨーグルトは、プロバイオティクスの王様。効率よく「美腸」を育成するには、善玉菌のエサとなるプレバイオティクス食品（食物繊維やオリゴ糖）と一緒に摂取するのがオススメです。

小林先生's Advice
便秘外来では1日200gの摂取を指導！
善玉菌を増やして腸内環境を整える、腸活に欠かせないヨーグルトですが、自分に合う菌は人それぞれ違います。2週間ほど試して調子がよかったものを食べるといいでしょう。

食物繊維が豊富なグラノーラは×ヨーグルトで素敵な朝食に♡
グラノーラには食物繊維がたっぷり含まれているのでヨーグルトと好相性。食べ応えがあり、小腹が減ったときの間食にもピッタリ。低脂肪の穀物とフルーツで脂質を抑えてヘルシー。
ケロッグ フルーツグラノラ ハーフ200g 参考小売価格 ¥340／日本ケロッグ

カロリーは砂糖の半分！ヘルシーに腸内が整う
便利なシロップタイプなので、コーヒーから料理にまで幅広く使える。ヨーグルトにかけて食べると美腸効果もアップ。
オリゴのおかげ 300g ¥500／塩水港精

食物繊維やオリゴ糖と一緒にとると美腸効果アップ！
ビフィズス菌の大好物"オリゴ糖"は、消化液や消化酵素に強いのが特徴。大腸までちゃんと届いてビフィズス菌のエサとなり、腸内環境を良好な状態にしてくれます。

このマーク！ [トクホマーク]

Q. どのヨーグルトを選べばいいの!?
A. 迷ったらトクホマークつきを選んで！
国によって一定の健康効果が認められた食品につけられるのがこのトクホマーク。医学的にプロバイオティクスの効果が保証されているので、選ぶときの参考にしてみて！

Q. 食べるタイミングはいつがいいの？
A. 空腹時を避けて、食中or食後がベスト！
胃酸が強くなっている空腹時だと、乳酸菌やビフィズス菌が腸に到達する前に死んでしまう可能性が！ 元気な菌を腸内に届けるためには、胃酸の弱まった食中か食後がオススメ。

糖質をブロックしながら腸内環境も整える
食べる前の3粒で摂取した糖を善玉菌の大好物である"オリゴ糖"の状態で腸に届け、腸内をキレイにキープ。
飲む食べる私のサプリ 90粒 ¥1,350／富士フイルム

オリゴ糖はこんな食材にも入っています！
玉ねぎやごぼうに含まれるのはフラクトオリゴ糖、りんごにはアラビノオリゴ糖。種類は違っても、どれもビフィズス菌のエサになる！

ごぼう／玉ねぎ／りんご にも！

対策 2 【すぐできる度 ★★★】
発酵食品を食べる

納豆やみそ、しょうゆなどは、日本独自のプロバイオティクス。納豆菌には悪玉菌を抑制する力があり、みそやしょうゆに含まれる麹菌には善玉菌を増殖させる働きが。ぬか漬けは乳酸菌と食物繊維がWで豊富！

納豆	しょうゆ
みそ汁	ぬか漬け
キムチ	ピクルス
甘酒	塩麹

など

対策 3 【すぐできる度 ★★★★】
生きた菌と同じ効果のある死んだ菌＝サプリで効率よく！

善玉菌にはいろいろな種類があり、どの菌が自分に合うかは摂取してみないとわからないもの。仕事や家事、子育てで忙しくて「選んでいられない！」なんてときは、1度に複数の善玉菌がとれるサプリで「腸活」を賢くサポート。

1カ月でなんと10兆個の乳酸菌を摂取
1粒にヨーグルト340個分＝3,400億個の乳酸菌を整え、便秘知らずに。
10兆個の乳酸菌 30粒 ¥2,800／ドクターシーラボ

整腸作用だけでなく免疫機能もアップ
5つの特許をもつ「フェカリス菌」配合。1カプセルにヨーグルト60ℓ相当の乳酸菌が。アヴェ乳酸 90カプセル ¥9,000／アヴェニュー六本木クリニック

100％植物由来の乳酸菌サプリメント
日本の食文化＝発酵食品に含まれる植物性乳酸菌にこだわり、152種類の酵母や20種類のアミノ酸を配合。
フローラバランス グランプロ 30包 ¥8,000／エステプロ・ラボ

日本人が多く保有する善玉菌を約1000個配合
日本人の体質にフィットする14種類の善玉菌と食物繊維を配合。生きて腸まで届くから早い段階で美肌効果も期待大。菌活習慣 31包 ¥3,324／新日本製薬

プロバイオティクスの効果はこの3つ！
- 腸内バランスを整える
- 悪玉菌の増殖を抑制
- ビフィズス菌を活性化

いま一度おさらい！ そもそも「デトックス」って何!?

体に不要な成分を体外に排出しキレイな体と肌をキープする作用です

デトックスを日本語でいうと〝解毒〟。体内に滞留した不要な成分を、汗、尿、呼吸、便などで体外に排出することを指します。体本来が持つ解毒機能は生活習慣が理由で低下することが多々あり、太りやすい、肌荒れ、慢性疲労などの原因に……。

で、デトックスするとどうなるの???

サラサラの血液にのって新鮮な栄養素が体の隅々に行きわたり、代謝がUP。余分な水分が抜けてむくみや冷えも緩和し、体が引き締まるうえ、体の巡りがよくなることで、ヤセ体質、美肌、元気さなど、キレイ効果が期待できるんです♥

アラサー女子はみんなデトックスしたがってます!!

よくやっているデトックスは!?

1位	ホットヨガ 岩盤浴ヨガ	
2位	岩盤浴 ゲルマニウム温浴	
3位	スムージー	
4位	酵素	
5位	プチ断食	
5位	カッサ	

比較的、無理なく継続しやすいものでのデトックスを実行中！ ダントツで多かった汗とともに老廃物を流し出す方法は、爽快感が得られ、達成感がわかりやすいのが人気の理由。

岩盤浴やスパでたっぷり汗をかくデトックスはよくやります。簡単で楽チンなのがいい♪
百貨店勤務 磯 早織さん

夕飯だけ酵素ドリンクに置き換える「プチ断食」ダイエットは、かなり効果がありました。
IT関連会社勤務 川瀬絵里菜さん

いろんな健康法を試したけど、岩盤浴とグリーンスムージーは、私のデトックスの定番。
広告代理店勤務 濱口真彩子さん

今やりたいデトックスは!?

断食類 31%
食べ物や食べ方 29%
エステなど 12%
腸内洗浄 10%
その他

3日食べないと腸内環境が正常化されるという「断食デトックス」。ぜひ、やってみたい！
メーカー勤務 藤岡彩加さん

腸内洗浄は昔から興味津々。デトックスできる食事があるならたくさん知りた～い！
ベビーマッサージセラピスト 宮森者朝さん

デトックスによる目に見える大きな変化を狙っていることもあり、ほとんどの人が短期間＆短時間での集中デトックスに興味津々♥ 食事で毒素がたまると認識している様子。

DETOX TREND 01
毒素を溶かして出す「オイル飲み」がヘルシー美女たちのインナー美容の定番!!

美にこだわる人の間で最もアツいインナービューティーアイテム、それはウエルネスオイル！「燃焼、代謝、排出をサポートする潤滑油を飲むことで、それぞれの脂肪酸が体内で化学反応を起こし、効率よくデトックスを行うことができる」とオイルと美容の関係に詳しいYUKIEさん。オリーブオイルは便秘解消、アルガンオイルはむくみ改善、ココナッツオイルは肥満解消を促すということで人気だとか。

一般社団法人 日本オイル美容協会 代表理事
YUKIEさん
美容オイルコンシェルジュ＆オイル美容クリエーター。食と美容に欠かせない「オイル美容」を提案。また、日本初のオイルテイスティングバーも展開。10種類以上の厳選オイルが楽しめ、その場で購入も可能。

YUKIE's SHOP

DATA
【ne&de 青山ショップ】Ⓐ東京都渋谷区南青山5の4の30 南青山NKビル3F ☎03・6427・7901 営11:30～20:00 休月曜、日曜、祝日 ※営業日は変動あり。http://www.neandde.com/にて確認を。

DETOX TREND 02
琥珀×カッサで心身ともにデトックス♪

デトックスや血液＆リンパの流れを促進するとうたっているパワーストーン・琥珀。古代から薬としても使われており、今でも解毒する内臓・肝臓や腎臓を活発にするための漢方薬として使われている。ロシアでは琥珀が持つ遠赤外線効果を利用した温感マッサージに多く活用されているとか。そんな琥珀と読者も大好きなカッサを組み合わせたら、最強のデトックスになること間違いない。

琥珀の粉末を配合したボディマッサージ用ジェルも発売中！ 琥珀パウダーの他、温感、引き締め、角質除去、保湿の4役を担える美容成分も配合。右から、カッサージ ボディ カッサージプレート（琥珀ではなく樹脂製）¥2,500、同 ボディマッサージジェル ¥2,500／ともに素数

最終版

「もうちょっとだけシュッと！」「すっぴん美肌になれたら!!」「もっと疲れにくい体に！」……そんな百花読者にオススメなのがデトックス!! セレブたちが鬼ハマリの方法から、1週間で結果が出る注目のデト法まで、ここにギッシリひとまとめ♥

撮影／須藤明子、森崎一寿美(PPI) 料理制作・フードスタイリング・モデルスタイリング／久保奈緒美 モデル／笹口直子(読者) イラスト／菜々子 取材・文／三輪順子、長島恭子、秋葉樹代子 構成／秋葉樹代子 ●掲載商品の問い合わせ先はp.127にあります。

DETOX TREND 04
「スーパー乳酸菌」のチカラでデトックス力UP!! 今注目すべきは「ANP7-1株」

数ある乳酸菌の中で、最も機能性に優れていることが解明された「ANP7-1株」。20～40代の男女に行った臨床試験で、腸内環境の改善は4週間後には約2倍に向上したという結果が。さらには免疫機能、造血作用、生理痛や冷え性なども改善するというからすごい!! 即ゲットしなきゃ。

➡良質の契約栽培米を、植物性乳酸菌と麹で醗酵させたヨーグルト風味飲料。おいしく続けられ、栄養素も豊富なので毎日の健康習慣に最適。ANP71 150ml ¥324／福光屋

DETOX TREND 03
ドロドロ血の老廃物を排除してサラサラ血に変え、巡り力を上げる「血液クレンジング」は欧米セレブの常識!!

ドロドロ血を採血し、それをオゾンガスと反応させサラサラ血に変えて再び体内に戻すと、体のすみずみまで酸素が行き渡って細胞が活性化。体内毒素を排出しやすくなるとか！

クレンジング後

クレンジング前

DATA
【ロイ点滴クリニック】Ⓐ東京都渋谷区神宮前5の6の5 Path OMOTESANDO B1F ☎03・6805・1688 営11:00～22:00、土曜、日曜、祝日11:00～21:00 休火曜 ￥血液クレンジング（オゾン療法）¥19,000（要予約） http://www.roy-clinic.com

DETOX TREND 06
世界中のお金持ちがこぞって受けている細胞レベルで体内を浄化するという〝キレーション〟とは!?

合成アミノ酸の一種である薬剤を用いて、人体に不要な有害金属を体外に排出させることで、細胞の代謝が上がり、ひいては体全体の代謝機能も回復するという血液浄化治療。医療現場でもデトカが高い治療と評判です。

DATA
受けるならココで。【シロノクリニック 恵比寿】⊕東京都渋谷区広尾1の1の40 恵比寿プライムスクエアプラザ2F ☎0800・222・1403 ⊕10:00～19:00 ⊕年末年始、祝日 ¥10,000～(要予約) http://www.shirono.net

血液採取のうえ不要物質を検出。個々の含有量に合う薬剤を医師がチョイスして投与。

DETOX TREND 05
「腸もみ」の効果は便秘解消だけじゃない!! 内臓刺激で血行を促進したまった老廃物も排出～

腸セラピスト・養腸家 真野わかさん
腸セラピーサロン『マーノ・リブレ』主宰。テレビや雑誌、講演活動などを通じて、腸マッサージの普及、腸セラピストの教育に努める。著書に『腸もみで腸そうじ』(大和書店)他多数。

「腸の動きが悪いと、老廃物がスムーズに排出できず、腸の内壁にこびりつきやすくなります。すると、必要な栄養素を吸収できないうえ、本来、便と一緒に出したい汚れまで吸収され、ますます溜めこみやすい体に!」と真野さん。腸の動きを高め、内壁からキレイにすることが解毒力アップの第一歩。腸はリラックスするとよく動く臓器なので、外からの心地よい刺激でぜん動運動をサポートするのがポイント。入浴中や仰向け状態など、リラックスしたときに行うと◎。1日何回行ってもOK! ※妊娠中の方は行わないこと。

STEP2: 大腸を刺激する
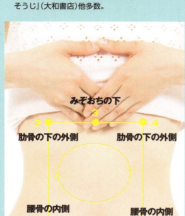
最後は指の腹で強めに圧をかけて

大腸を刺激してぜん動運動を促して便と毒素を排出!
老廃物を含む便がたまらないよう、大腸を正常に動かすマッサージを。親指以外の4本の指で写真の5カ所を順番に息を吐きつつ押す。5カ所めは少し強め&広めに。

力はこのくらい

○ ×

腸もみは、心地イイ～イタ気持ちイイまでの強さで圧を広めにかけるのが正解! 指先で強く押しこむのはダメ。

STEP1: 小腸を動かす

おへそまわりを押して優しく刺激!小腸が動いて代謝促進→デトカアップ
おへそを囲むように両手を重ねてお腹に置く。手でさするのではなく、親指→手と手首の境目→小指の外側、と時計回りに円を描くように押さえる。1周3～5秒で計5～10周。

ヤセるしキレイになる!
デトックス百花
毒素排出で代謝がよくなる
ぽっちゃり、むくみ、冷え、くすみ……おブスのモトはすっきり排出♡

DETOX TREND 09
汗とともに毒素を排出する楽しいエクササイズが世界中でバカウケ～♪

運動による汗かきがデトックスにいいとわかっていても「つらいのはちょっと……」と思っていた人、注目～♪ 海外で爆発的なブームとなっているエクササイズが日本にも上陸。特に、楽しく汗だくになれると話題なのはこの2つ!!

踊りまくるだけでカーヴィーボディに変身

POMBA (ポンバ)
ブラジルの「カポエイラ」と「サンバ」のエッセンスをとり入れた、新感覚体型改善エクササイズ。お尻のピンポイント引き締めによって確実にヒップラインがアップ。もちろん全体の代謝も活性化させるため、デトックス効果大!

DATA
⊕神奈川県横浜市港北区新横浜2の2の3 7F(POMBA事務局) ☎03・6300・5793(カスタマーセンター) ※全国のフィットネススタジオなどで展開中。詳細はhttp://www.pomba.jp/lesson.htmlを参照。

FEELCYCLE (フィールサイクル)
大音量と重低音が鳴り響くクラブ風のフロアで、インストラクターの楽しいリードとリズムにのせて45分ノンストップでフィットネスバイクを漕ぎ続ける、新感覚の有酸素エクササイズ。すでに会員になっている有名人も多数。

DATA
⊕東京都港区六本木6の4の1 六本木ヒルズ ハリウッドプラザ3F ☎0570・055・319 ⊕7:00～23:00 ⊕金曜 ※現在、六本木の他、表参道など計22店舗展開中。詳しくはhttps://www.feelcycle.comを参照。

クラブのようなノリが楽しすぎると話題沸騰

DETOX TREND 07
美容家や医師が大注目! 夏木マリさんプロデュースの〝米ぬか酵素浴〟って!?

DATA
【Bonjour de こんにちは(ボンジュールでこんにちは)】⊕東京都港区六本木3の14の12 六本木3丁目ビル3F ☎03・3478・0666 ⊕10:00～22:00 ⊕無休 ⊕初回体験プラン(60分コース)¥4,800など ※詳しくはhttp://komenukakousoyoku.com/を参照。

米ぬかの中に体を沈めることで、肌から直接酵素成分が浸透し、代謝アップはもちろん体内環境を整える働きが。15分程度の入浴でマラソン15km分の発汗作用が得られる楽チン感が魅力!

DETOX TREND 08
めちゃくちゃ気になる腸洗浄 1回でどれくらいデトできる!?

精密にコントロールされた大量の殺菌温水を腸の奥まで送り、マッサージを施しながら汚れを除去。たった1回でも、腹部の張りやガスの溜まり感、不快感もすっきり解消!

凸腹もたった1回でここまで凹腹に!! 継続することで腸内環境が整い、体質改善も。

DATA
【コロンハイドロセンター】⊕東京都中央区銀座2の6の5 銀座トレシャスビル7F ☎03・6228・6532 ⊕10:00～13:00、14:00～18:30 年中無休 ⊕コロンハイドロセラピー(1回)¥19,400

DETOX TREND 10

話題の「月ヨガ」！ ホルモンバランスを整える3種のヨガを16日間行えば、身も心もデトックス!!

「月ヨガ」提唱者
島本麻衣子さん

月ヨガ創始者、インド政府認定・ヨガアーチャリヤ、モデルとして活動後、ヨガインストラクターに転身。全国の講演やテレビ・雑誌などで月ヨガを広める。著書に『美・月ヨガ』(ワニブックス)など。

月の満ち欠けに合わせてポーズを行うことで、心と体を整える、という「月ヨガ」。月が満月から新月に向かって欠けていく時期、人間の体は排出力や解毒力が高まるのだとか！ 「月ヨガ」提唱者・島本さんがアラサー女子のために選んでくれたのは、解毒に作用する内臓を刺激するポーズと、上半身&下半身の巡りを促すポーズ。よりデトックス効果を狙うなら、月、体、心の流れに逆らわずにゆだねることと、体が解毒モードになるタイミングを狙って行うことが重要なのだそう。

毎日：深い呼吸で代謝を促し、巡りのいい体をつくる

吸う

腹式呼吸の方法
仰向けで行うと全身に余計な力が入らず、やりやすい。最初にお腹から息を絞り出すように鼻から息を吐き出す。次にお腹のふくらみを感じながら息を吸う。朝晩、各1分間。

吐く

吐くときはお腹をギューッと凹ませて息をすべて絞り出す。吸うときは空気をお腹までに送りこむイメージで。「キチンとできていれば、お腹が5cm以上、上下するはずです」。

「デトックス期」は満月から新月までの間!!

「デトックス期」にデトックスに効果的なヨガを取り入れ、それ以外のときはちょっとお休み♥ 短期間集中だからこそ欠かさず継続できそう。月の満ち欠けは調べておこう。

満月 → 新月		デトックスヨガ+腹式呼吸
新月 の翌日 → 満月 の前日		腹式呼吸のみ
満月 → 新月		デトックスヨガ+腹式呼吸
新月 の翌日 → 満月 の前日		腹式呼吸のみ

デトックス期のみ：簡単に覚えられる"デトヨガ"3種

脂肪をためこみやすい太もも・お尻を活性化
戦士のポーズ

❶
両足を大きく開いて立つ。骨盤は正面を向くこと。体の中心がまっすぐになるよう意識して。

❷
骨盤は正面向きのまま右のつま先を体の右側に向け、両腕を肩の高さで左右に大きく広げる。肩の力は抜いて。

❸
右ひざを直角に曲げてかかとの真上にくるように体重をかけていく。目線は右手の先にして3〜6呼吸キープ。逆も同様に。

前傾姿勢はNG
上半身を真下に沈める意識で ✕

胃腸の働きを活性化しお腹の水分を絞り切る
ねじりのポーズ

❶
正座から、左脚はお尻の横、右足はお尻の下にくるように両足を崩す。

❷
左足は右の太ももをまたぎ、右ひじの外側に置く。息を吸いながら右腕は半円を描くように天井に向けて伸ばす。

❸
胸の前で合掌したら、息を吐きながら上体を左にねじり、右ひじを左太ももの外側に引っかける。背すじを伸ばし3〜6呼吸キープ。逆も同様に。

脚のむくみを取り背面を引き締める
逆転のポーズ

❶
仰向けになり、両足をそろえてひざを立てる。両腕は体に沿わせて楽に伸ばし、手のひらを床につける。

❷

❸
腰を手で支えつつ、お腹に力を入れながら両足を持ち上げ、頭の向こうへと伸ばす。両足を頭の先で床につけて、両手は背中の下で指を組み3〜6呼吸キープ。必ず視線は真上に。

つらかったら手を腰にあて脚を曲げてもOK

DETOX TREND 11
凝り固まった筋肉のヨレを戻す「美ツイストストレッチ」で流れやすい体質に改善!

筋肉や内臓など体を構成する組織はすべて編み目状のコラーゲン線維に包まれているのですが、体がゆがむと、ひきつれやほつれを起こしたセーターの編み目のような状態に……。「体のあちこちがそういう状態になると、老廃物が流れず詰まってしまいます」と言うのはShiecaさん。老廃物を排出するというデトックスが目的なら、一方向に引っ張る従来のストレッチではなく、ひねりを加えたストレッチ「美ツイスト」で、コラーゲン線維に負担をかけずにほぐして整えていくのが新常識! 今回ここで紹介しているのは、美人百花読者のためにShiecaさんが考案してくれたたった2つの新ストレッチ。簡単なので覚えやすく、今日からすぐにできるはず♪ 最初の1週間は2種を毎日、2〜4週目は2日に1回で十分。1カ月後には体内のヨレがずいぶんと改善し、老廃物が血液にのってスムーズに排出され、すっきり&軽やかなボディを実感できるはず♥

「美ツイスト・ストレッチ」提唱者
Shiecaさん

フィットネスライフコーディネイター、Reebok One Ambasadar。鍛え上げた体を競うフィギュアコンテストにて、全日本大会準優勝、東アジア選手権代表の経歴を持つ。著書に『キレイとかがやきをつくる美ツイストストレッチ』(高橋書店)がある。

準備運動:
「脇腹つぶし」で解毒のキモ・内臓を刺激

❶ 床に座って体のうしろに両手をついてリラックス。左脚は伸ばし、右脚はひざを立てる。

❷ 息を吐きながら、右ひざを左脚の外側に倒しながら腰をひねる。目線は正面に固定。3呼吸キープ後、逆側も同様に行って。

美ツイストSpecial 1
骨盤&股関節を刺激し老廃物を押し流す
ツイストマーメイド

❶ 両脚を体の右側に崩してお尻を床につけて座り、背すじを伸ばす。

❷ 息を吸いながら右手を左ひざに当てて、息を吐きながら上体を左にひねる。ここで一度、息を吸ったら……。

❸ 息を吐きながら胸を軽く張ってさらに上体を深くひねる。視線は胸と同じ方向に向けて3呼吸キープ。逆側も同様に。

美ツイストSpecial 2
背面から胸&ワキをゆるめて流れを促す
二の腕伸ばし+バストオープン

❶ あぐらで座り、上体を右斜め前に傾け、右腕のひじから手の甲を床につける。

❷ 右手のひらに左手を重ねる。

❸ 息を吸いながら左手を天井に向かって伸ばし、より胸を開く意識でゆっくりとツイスト。そのまま3呼吸キープ。逆も同様に。

❹ 左肘を曲げて耳の後ろに添え、息を吐きながら目線を天井に向け、脇を開く。そのまま3呼吸キープ。

1週間デトックス」

「パリでもっとも予約の取れないセラピスト」といわれるCHICOさんが、自身も実践する1週間デトックスプログラムをレクチャー。むくみが解消されてスッキリボディになれるだけでなく、肌もピカピカ。美人度もアップ♥

デトックスのプロ FILE：01

CHICO SHIGETAさん

オーガニックコスメ「SHIGETA」主宰。ソフィア・コッポラをはじめ、多くのセレブリティーたちがこぞって指名するパリで人気のセラピスト。指圧、自然療法、アロマテラピーなどの知識＆経験をもとにオリジナルメソッドを開発。パリを拠点に、世界中で活躍中！

1 Deep Breathing
意識した深い呼吸

呼吸と体に意識を集中させながら、お腹と横隔膜をゆるめたり膨らませたり……。「CHICO式」の深い呼吸は、内臓が動かされるので、デトックス効果をグッと高めます。呼吸が浅いと感じる人は、息をしっかり吐き切ることを意識すると、反動で自然と深く息を吸い込めます。呼吸の前に胸や肺まわりのこわばりをゆるめておくと効果大。

呼吸の前に
まず胸周りをほぐして空気を吸い込みやすく

鎖骨の上に親指と人指し指、下に他の3本をあて、内側から外側に向かって、鎖骨をなぞるようにする。左右ともに各5往復×3セット。胸が開きやすくなる。

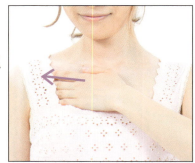

両足を肩幅に開いて立ち、両腕を肩と同じ高さで真横に開く。息を吸いながら両腕をゆっくり上げて、両手のひらを頭上で合わせる。息を吐きながら両手を呼吸のポジションにもっていく。

呼吸のしかた
呼吸が内蔵を動かし血行促進＆消化力をアップさせる

リラックスしてあおむけに寝た状態か、両足を肩幅に開いて立った状態で行うのがベスト。最初は右手を胸の上、左手を下腹部にあてると、正しい呼吸ができているか確認しやすい。まずは下腹部→胸の順番でへこませるようにして息をしっかりと吐ききる。次に下腹部→胸の順番でふくらませるようにして鼻から息を吸う。空気が滝のように流れるイメージで吸う→吐くを繰り返して呼吸グセを。朝起きたときと夜の寝る前の2回、行うこと。

「CHICO式」でいう デトックスとは……

体の中に滞留した余分な水分に、毒素は混じっています。だから水分を出せば毒素も自然に排出される。徹底的に絞り出すなら、**1.マッサージ、2.植物の力、3.呼吸、4.ローフード**が効果的。血液の巡りもよくなり内臓が活性化。代謝力がアップして毒素のたまらない体に。

体内の水分を絞り出し本来の代謝を取り戻す

「むくんだり太ったり吹き出ものが出たり、何となく体が重い、パッとしないと感じるのは、代謝が落ちて毒素がたまっている証拠です。体をクリーニングすれば、内臓も活性化。本来の代謝力が戻ってきます」と話すCHICOさん。

毒素の正体は体の中に滞留した余分な水分。それを徹底的に絞り出すのが「CHICO式」です。

「代謝の落ちた体は"出す力"が弱っています。目指すのは"水はけのいい体"。水分の滞りをなくせば、血液の流れもよくなり、脂肪が燃焼。むくみも軽減し、明らかに引き締まります。1週間で体重は1〜2kg減るだけでなく、肌もキレイになりますよ‼︎」

デトックスの方法は、マッサージ、植物の力、呼吸、ローフードの4つ。マッサージと呼吸法だけでも十分効果が表れるが、その他も合わせて行えば、より相乗効果が得られるそう。

「セルフマッサージでも、なりたい体を明確にイメージしながら正しくやっていけば、体は粘土のようにかようにも形を変えていきますよ！」

CHICO's Detox Life

パリでのデトックス生活をお見せします♥

毒素をため込まない体を目指して、植物の恵みをふんだんに取り入れた食事をデイリーに取り入れていますが、それでも「体がダル重い」と思うことがたびたびあります。そんなときは4つのデトックス方法を1週間続け集中的に毒素排出！

野菜料理の定番はサラダ。カルパッチョのように海鮮ものをのせたり、チキンをのせたりすることも。

マルシェには色とりどりのフルーツがたくさん。赤いものは肌にも体にもいいので、積極的にいただきます！

朝は野菜とフルーツで作ったグリーンスムージーをいただくのが日課。オリジナルレシピもたくさん‼︎

▶ 短期間で集中的に水分を排出したいなら オイルリンパマッサージと呼吸法＋野菜たっぷり生活！ 「SHIGETA主宰 CHICO式

2 植物の力 Power of Plants

昔から人々に重宝され、愛されてきた植物の持つ薬効や美容効果。特にエッセンシャルオイルは植物の持つ力をギュッと凝縮した魔法のエッセンス！マッサージのときに使用すれば体にグングン浸透し、リンパの流れにのって全身を巡ります。とくにデトックスパワーを発揮するオイルをご紹介♥　香りは心のデトックスにも◎です。

こんな方法でも植物の恵みを受けられます♥

マッサージだけでなく、生活のさまざまなシーンにも植物の力を活用しましょう。鼻や口からとりこんで、徹底的にデトックスするのもオススメ。

バスソルト

バスソルトライトアップ。285g ¥2,500／SHIGETA Japan（エッセンシャルオイルを無香のバスソルトに加えて手作りしても◎！）

ハーブティー

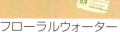

夜は快眠を促すノンカフェインのものを。翌日、体がスムーズに解毒モードに。(写真のハーブティーは販売終了)

フローラルウォーター

植物から抽出したフローラルウォーター。毒素排出ならコレを飲むべし。ジュニパーウォーター 300ml×3本 ¥5,800／SHIGETA Japan

上半身にはコレ

脂肪が溜まりやすく、むくみやすいお腹や二の腕には、水分排出力が強くてデトックスの臓器の働きを高めるレモン、ジュニパー、グレープフルーツなどのブレンドを。イノセントピュリティー 15ml ¥6,000／SHIGETA Japan

他にコレもOK！

● **ゼラニウム**
肝機能を活性化して毒素を排出。むくみを改善し過剰な食欲を抑える。

● **サンダルウッド**
血液の循環を促し免疫力をアップ。肌を柔らかく整え、シミ対策にもよい。

● **ヘリクリサム**
細胞を活性化してデトックスを促す作用あり。エイジングケア効果も。

※エッセンシャルオイルは大さじ1杯のベースオイルに対し6〜7滴混ぜて希釈して使用すること。SHIGETAのオイルは希釈しなくても使えますが、ベースオイルと混ぜると更に効果UP。1部位につき、手のひらをくぼめた中がいっぱいになるぐらいが目安です。

／目安はこのくらい＼

上のマッサージのときにはこのエッセンシャルオイルを使うとより効果的！

下半身にはコレ

サイプレスやローズマリーが血液をサラサラにして血流をアップ。体内の巡りがよくなるから、マッサージするほど引き締まる。ペパーミントのスッキリ感も心地よい。リバーオブライフ 15ml ¥6,000／SHIGETA Japan

他にコレもOK！

● **グレープフルーツ**
体にためこんだ水分を排出。香りにもダイエット効果があるといわれる。

● **レモン**
解毒の臓器・肝臓の働きを高めて、体内に滞留する余分な水分を排出。

● **ジュニパー**
肝機能のバランスを整えデトックス力をアップ。利尿＆発汗作用を高める。

● **ゼラニウム**
体液の循環を促して毒素の排出をサポート。頑固なむくみもスッキリ♪

CHICO's Rule of Food

朝食はスムージーが基本！起きぬけはまずお水を1杯
起きたら常温の水を1杯。レモン果汁やフローラルウオーター入りならなお良し。1週間の朝食は毎日、野菜と好きなフルーツを3種程度使ったフレッシュスムージーを手作り♪

百貨店のお惣菜売り場やマルシェでサラダを購入
葉物や根菜、きのこなど、なるべく多種類の野菜をとるようにし、鶏肉、アボカド、豆腐、豆、玄米などをトッピング。牛肉、豚肉、乳製品と白砂糖が使われたものは極力避けて。

たっぷり野菜をメインに肉や魚介などをプラス！
新鮮な野菜のサラダをたっぷり。エビ、イカ、タコ、マリネした魚、卵やチキンのグリルなどボリューム感のある一品をトッピング。ミキサーで作る常温の野菜のスープでも◎。

飽きずに続けられるコツ5

1 満腹感を感じるまでたっぷり食べる

2 手作りドレッシングで味の変化を楽しむ

3 魚や鶏肉、卵を野菜にトッピングして満足感

4 ハーブをプラスしてお洒落感をアップ♥

5 間食はドライフルーツやナッツ＆果物もOK

3 できたらコレも！ ローフード Raw Food

「CHICO式」でもっとも大切にしている成分が酵素。生野菜やフルーツ、生の肉や魚から消化に必要な酵素をとることで、デトックスのスイッチをON！　味つけや調理方法はマリネやグリルなど極力シンプルに。複雑な調理よりも消化がスムーズで、毒素をためません。

ローフードとは…

火を通していない食材。生の野菜やフルーツに含まれるたくさんの酵素は48℃以上で死んでしまうため、火を通さずに食べることで、酵素の力を最大限、消化に取り入れられる食事法として近年注目されている。素材は、フルーツ、生野菜、発芽野菜、発酵野菜、乾燥野菜が中心。

4 Detox Massage デトックスマッサージ

1日数分間のマッサージで理想のボディラインに。気になるところを集中的に
やって、数カ所ずつローテーションしてもOK。いずれも3回ずつ繰り返して。

二の腕

3 つけ根までさすったら、左手の人さし指、中指、薬指の3本をそろえて、息を吐きながら右のワキの下を強めに押す。ココまでを3回繰り返す。左腕も同様に。

2 左手の親指と人さし指の間に右腕のひじをはさみ、強めの力を加えて、ひじから腕のつけ根までさすり上げる。息を止めず、ゆっくりと吐きながら行うこと。

1 腕は水分がたまってむくみやすいパーツのひとつ。右腕を水平に上げ、左手の親指以外の指先を右腕の裏側のつけ根にあて、息を吐きながら強めにプッシュ。

お尻

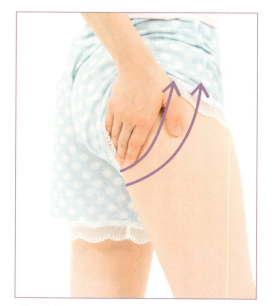

脚のつけ根とお尻の境目に手のひらをピッタリとあて、息を吐きながら、手のひらで肉を腰骨に向けて斜め上に引っ張り上げるようさする。両手で交互にできたらベスト。左右各10回ずつ繰り返す。

ひざ

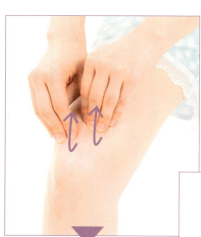

1 左右の手の人さし指、中指、薬指の腹を使って、交互にひざ上の肉を掘りおこす感じで。掘り起こす場所を外側から内側に少しずつ移動させていくのが正解。

2 ひざの内側は特に念入りに引き上げて。内側を掘り起こしたら、またひざの皿の外側から内側に向けて同様に繰り返す。同様に引き上げる。これを3回繰り返す。左脚も同様に。

お腹

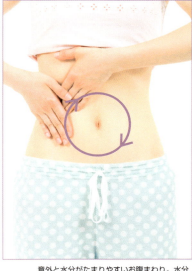

1 意外と水分がたまりやすいお腹まわり。水分も老廃物もコレで排出！ おへそを中心に手のひらで円を描くように時計回りでさする。マッサージ前にオイルを両手のひらになじませるのを忘れずに。

2 親指以外の4本の指をそろえ、逆手でウエストをつかむようにして手のひらをお尻の上部にあてる。親指は腰骨の上に添えて。息を吐きながらやや力を加えて4本の指を前にすべらせる。これを左右の横腹、各10回ずつ行う。

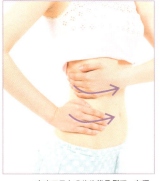

2 右ウエストのやや後ろ側で、左手を上、右手を下にして、それぞれ手のひらを密着させる。息を吐きながら、左右の手を交互に後ろから前へ、肉をしぼる感覚で押し流す。左のウエストも同様に。

3 右手のつけ根を右の腰骨の上に押しあて、左手を重ねて添える。息を吐きながら、右手を丹田（へそ下約5cm）に向かって少しずつ押し流す。左の腰骨からも同様に行う。

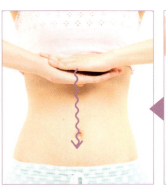

4 左右の手を手のひらを下にして重ね合わせる。やや反らせぎみにして指をそろえ、親指側をみぞおちにあてる。親指をグッと体に押しつけ、おへその下約3cmまで少しずつ圧をかけながら押し下げる。息を吐きながら行って。

太もも

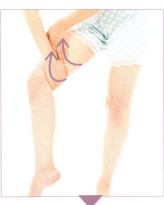

1 両手のひらを内側からひざの裏側にあて、息を吐きながら、太ももの前に向かって絞るように押しさすり、絞り上げる。ひざ裏から脚のつけ根まで、少しずつ位置をずらしながら繰り返す。逆脚も。

3 両手を右脚の外側からひざの裏側にあて、太ももの前に向かって、手のひら全体で絞り上げる。両手で交互に、ひざ上からつけ根まで少しずつ位置をずらしながら、引き上げる。逆脚も同様に。

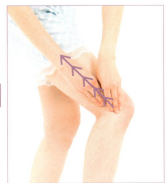

2 左右の指先で交互に肉を少しずつ掘り起こすようにして、ひざの皿の上からもものつけ根まで引き上げる。これを内側から少しずつ外側に場所を変えて行う。目安はパンツの外側の縫い目あたりまで。逆脚も同様に。

足首・ふくらはぎ

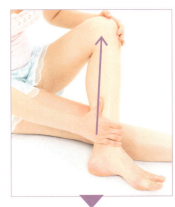

1 床に座り、左外くるぶしを右ひざの上にのせ、ひざ下にオイルをなじませる。右手の親指の腹を、ふくらはぎの太い骨の手前側に沿ってひざ下まで押し上げるようにする。

3 むくみ解消のツボを押すのも効果的。片脚だけひざを立てて座り、両手でふくらはぎを握るようにして、親指をヒラメ筋の下にあてる。息を吐きながら親指で数秒間、グッと押しこむ。逆脚も同様に。

2 続けて左脚を外側に曲げ、1と同様にふくらはぎの太い骨の手前側に沿って、くるぶしからひざ下までを左手の親指の腹か手のひらで押し上げるようにする。逆脚も同様。

ダ式デトックス」

1 アーマを排出する最も簡単な方法
内臓を洗う〝白湯（さゆ）〟を飲む

アーユルヴェーダ流の白湯は、アグニのパワーを上げて、体を浄化&解毒する魔法の飲み物。飲むだけで消化力と排泄力を上げ、内臓にたまっていたアーマも流してくれるとか!! 「白湯を飲むとアグニが上がり、代謝もアップ。便秘が解消され、体全体がスッキリとしてきます。1カ月で2〜3kgヤセる人もいますよ」と蓮村先生。白湯をおいしく感じない人は、かなりアーマがたまっている証拠とか。まずは1カ月間トライして体の変化を実感して！

蓮村's advice
外食する場合、さすがにレストランで、白湯を入れた水筒を出すのは気が引けます。そんなときは水の代わりにお湯をもらえばOK。また、アーマになりやすい冷たいお酒やワインを飲むときも、お湯をすすりながら飲むと、たまりにくくなりますよ。

作りかた
キレイな水をやかんに注ぎ、強火にかける。沸騰したらフタをとり、10〜15分間ブクブクと沸かし続ける。無理なく飲める温度に冷ましてから飲む。冷めすぎたものを再沸騰させるのはNGです。

飲みかた
朝の起きぬけに150ml程度を5〜10分かけてすするように飲む。残りは水筒に入れ、昼食、夕食の間に、食事をしながら150ml程度、すするように飲む。飲みすぎると腸の栄養が流れてしまうので、1日700〜800mlまでにする。1ℓ以上は飲まないで。

白湯って何???
沸騰させたお湯を冷ましたもの。沸騰させることで不純物が飛び、飲み口も柔らかに。アーユルヴェーダでは、内臓を掃除し、アグニを上げるバランスのよい飲み物です。

デトックスのプロ FILE：02

蓮村 誠さん
医学博士。オランダマハリシ・アーユルヴェーダ大学、マハリシ・アーユルヴェーダ認定医。院長を務めるマハリシ南青山プライムクリニックで治療にあたる傍ら、マハリシ・ヴェーダ医療の普及や医師養成に精力的に努める。日本有数のアーユルヴェーダの権威として著書多数。

「アーユルヴェーダ式」でいうデトックスとは……

食べたものが未消化のまま体に滞留したものが毒（アーユルヴェーダでは〝アーマ〟という）。日常の食事をアーマになりにくい食物にし、消化力（同〝アグニ〟）を高めれば、アーマがたまりにくい体に。**体内に残ったアーマを簡単に排出する方法は〝白湯飲み〟です。**

ところで、アーユルヴェーダって何!?
サンスクリット語で生命・寿命を意味する「アーユス」と科学を意味する「ヴェーダ」に語源があるアーユルヴェーダは、古代インドで発祥した伝統医学。単に病気を治すためではなく、食事法やヨガ、瞑想などの健康法によって心身のバランスを整え、正しい食欲と正常な排泄、意識と心と五感が幸福にあふれた「完全な健康」を目指す予防医学。WHO（世界保健機構）でも予防医学として正式に推奨されています。

体内にアーマ（毒素）ができるメカニズム

食事からとった栄養は胃腸で消化され、小腸から血液中に流れ、肝臓に集まる。ここでさらに分解されて体中に流れていき、血液（血漿）、赤血球、筋肉、脂肪、骨、骨髄や神経、生殖器が作られ、最後にオージャス（活力素）になる。消化力が足りない人はこの途中で未消化物となり、オージャスにはならずにアーマ（毒素）として体に滞留してしまう。

オージャスに（活力素）
消化されると元気の源になるが……。

アーマに（毒素の一種）
未消化物はアーマとなり体内に残存。

アグニ（消化力）
アグニが強くて消化されると
アグニが弱くて消化しきれないと
胃腸に送りこまれた食べ物はさまざまな臓器を通過していくが……。

食べ物
日々の食事は栄養だけでなく、アーマのモトを送りこむ可能性が。

アーマ蓄積度チェック
思い当たる項目の数が多ければ多いほど、アーマが蓄積されているということ。白湯はもちろん、P.169の2と3といった食習慣をとりいれていけば、当てはまる項目が減っていくでしょう。

- ☑ 1 肉体的、または精神的に疲労感がある
- ☑ 2 昼食後に眠くなる
- ☑ 3 体や心が重く感じる
- ☑ 4 気力が落ちていると感じる
- ☑ 5 体力が落ちていると感じる
- ☑ 6 毎朝、排便があるとは限らない
- ☑ 7 よくないとわかっていることを止められない
- ☑ 8 食欲があまりない
- ☑ 9 昼に食べたものが夕方になっても消化されていない
- ☑ 10 やるべきことをついあと回しにしてしまう
- ☑ 11 肌のかゆみ、関節の痛みやはれが数日〜1週間ぐらいで別の部位に移動することがある
- ☑ 12 くり返しつばを吐くことがある
- ☑ 13 くしゃみ、鼻水が止まらなくなることがある
- ☑ 14 幾日も下痢が続くことがある
- ☑ 15 1日に5回以上、排便をすることがある

体の消化力を上げることがデトックスの基本です！

アーユルヴェーダでいう毒素とは、体内に滞留する未消化物。「食べたものは体のなかで完全に消化されると、血液や筋肉、エネルギーになります。このエネルギーを〝オージャス〟と呼び、オージャスで満ちた体は、若々しく健康的で、肌や目も輝いています。そして、残りカスは老廃物として汗や尿、便で排出されますが、消化が不完全だと、老廃物にもならず、未消化物として体内に残ってしまう。これがアーマと呼ばれる〝毒素〟なんです」と蓮村先生。

アーマは粘り気が強く、体内のあちこちにたまると、体を冷やし、血管やリンパ管も詰まることに。結果、代謝が下がり、太りやすい、疲れやすい、冷えるなど、さまざまな症状が現れます。「アーマがたまった体は便を見ても一目瞭然！ 老廃物だけの便は沈まず、においもなく、色も薄い。でもアーマを含むと色が濃く、沈みます」。デトックスの基本は、消化力（アグニ）を高めること。消化力はいわゆる〝火の力〟で、強ければ食べたものを燃やしきることができます。また、アーマになりやすいものを選んで食べないのも、アーマをためないコツ。

108

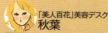

「マリハシ アーユルヴェー

▶ 毒を排出しながら無理なく生活改善したいなら

白湯を飲んで毒を出しきり溜めない食生活に少しずつ切り替える！

白湯ライフ、私たちもやってます！

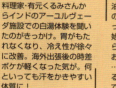

メイクアップアーティスト 早坂和子さん
料理家・有元くるみさんからインドのアーユルヴェーダ施設での白湯体験を聞いたのがきっかけ。胃がもたれなくなり、冷え性が徐々に改善。海外出張後の時差ボケが軽くなった気が。何といっても汗をかきやすい体質に！

秘書 丹澤章子さん
油っぽいものをよく食べるので、キレイな人がよくやっている白湯を私も始めました。毎朝、起きたらすぐに飲んでいますが、お通じがよくなったような……。簡単なので続けられる、オススメのキレイ習慣です。

「美人百花」美容デスク 秋葉
蓮村先生に取材をした日から白湯＆スパイス料理生活に。3日後には起床時の体のだるさがなくなり、便がスッと出るように！ 夜のぐったり感が軽減したうえ、なんとなく口にしていた間食も激減。結果、2週間で凸腹が解消。

3 できたらコレも！ 合わせて心がけると◎ アーマをためない食材の選びかた＆食べかた

毒がたまりにくい食生活にシフトするのも、体に毒をためこまない近道。選ぶべきは消化力をサポートする食材と食べ方。「旬の食材を新鮮なうちに食べる」のがアーユルヴェーダの基本です！

消化力(アグニ)UP
胃腸のアグニパワーを上げてアーマに負けない体を作る
デトックス成功へのカギは「消化力を上げること」。そのためにはアーマになりにくい食材や食べ方を取り入れ、消化の元締め・胃腸の働きを活発にするのが正解。消化力が上がれば、滞留したアーマを燃やすだけでなく、アーマになりやすい食材を食べても自らデトックスできる体に。

オススメ食材
アーマになりにくい食材を選択 添加物が多い＆加工食品はNG
食材はアーマになりにくくオージャスを多く含むものが◎。また、出来たての食事がもっともよく、逆に時間が経過したコンビニの弁当や、古い材料や添加物を含むもの、加工食品はアーマになりやすいので避けて。

食材	食べかた・選びかた	食材	食べかた・選びかた
肉	鶏肉は消化に時間がかからずアーマになりにくいのでオススメ。脂質を多く含む牛肉、豚肉、卵は負担が重いので食べるなら昼に少量。	魚	シシャモやシラスがオススメ。脂ののった大型魚、イカ、タコ、貝類は避けて。食べたいときは生の刺身より煮魚、または白身の魚を。
野菜	新鮮な旬の野菜と葉野菜、ブロッコリーやアスパラガスなどの花野菜はアグニをサポート。食べかたは冷たいサラダではなく温野菜に。ただし、レンジで温めず鍋で蒸しましょう。オクラやアボカドなど粘り気があるものや、いも類、れんこん、ごぼうはアーマになりやすいので控えて。		
乳製品	無農薬の牧草を食べ、ホルモン注射や抗生剤が使われていない牛の牛乳は、飲んでから30分でオージャスになります。ただし、空腹時に少し温めて単独で飲むのがコツ。他の食べ物や酸っぱい果物と一緒になると逆効果です。ヨーグルトは1：水5の割合で混ぜてラッシーにしても。		
豆類	おすすめはイエロームング豆、赤レンズ豆。ヘルシーなイメージが強い豆腐、豆乳、厚揚げといった大豆製品は、実は消化に時間がかかりアーマになりやすい。特に納豆は避けて。	はちみつ	加熱処理なしの生の純粋なはちみつを、毎日、空腹時にスプーン2～3杯なめるとアーマを浄化。ただし40℃以上に加熱したものは×(市販では製造過程で加熱しているものが多数)。
果物	果物は木で甘く完熟したものがベスト。ただし店頭で入れられるのは難しいので、せめて家で追熟させましょう。控えたいのは、メロン、バナナ、桃、杏。ドライフルーツならOK。オージャスが多いドライフルーツはデーツ。毎日1～2個食べると◎。火を通した果物とドライフルーツ以外は、食事と一緒に食べるとアーマがたまりやすくなるので、夕方に単独で食べて。		
穀類	もちもちとした日本のお米は消化にエネルギーを使うので、消化力のある昼間に、麦や雑穀を混ぜた炊きたてを食べるのがオススメ。ベストは胚芽米、インディカ米。そばも◎。パンはイースト菌で発酵させたものではなく全粒粉の無発酵のパン・チャパティが最適。		

蓮村's advice
白湯以外に飲むなら温かいものを。ノンカフェインのハーブティーなどがいいですね。せっかく温かくよいものを食べても、食後にアイスコーヒーを飲んでしまえば台無しです！

アーマをためないための心がけ

1 朝1：昼3：夜2
これは1日の消化力のサイクルに応じたボリューム比率。外食や買ってきたお惣菜など、アーマになりやすい食事は、消化力のあるランチが◎。夜は新鮮な野菜などを軽めに。

2 デザートは16時まで！アイス＆ケーキは控えて
ケーキやアイスなどはアーマになりやすい食べ物。消化力の高いランチに少しだけ食べる程度に。おやつは完熟した果物かヨーグルトを単独で16時までに食べるのがベストです。

2 できたらコレも！ うっかり毒がたまったら スペシャルスパイスでアーマを燃やせばOK!!

消化力(アグニ)が足りないときやアーマがたまりやすい食事が続いたときは、3種混合スパイスの力を借りてデトックス!! アグニの乱れを整えつつ、体内のアーマを燃やして消滅させてくれるスペシャルスパイスです。

スペシャルスパイスって!?
消化を促してくれる蓮村先生直伝のオリジナルスパイス。**クミン、コリアンダー、ジンジャー**の粉末を同量で混ぜ合わせれば完成(胃が弱い人はジンジャーの量を少し減らして)。

スペシャルスパイスの力で消化力を上げるデトックスレシピ
アーユルヴェーダ風カレー味が楽しめるスペシャルスパイスは、野菜との相性が最高♥ この時期オススメのデトックスレシピを伝授。

蓮村's advice
調理の味つけに使えるのはもちろん、持ち歩いて外出先での食事に振りかけるのもオススメ。スプーン1杯をカップ1杯の白湯に溶かしたスパイスティーを食後に飲んでも◎です！

旬野菜のスパイス炒め
〈作り方：3～4人分〉
❶アスパラガス1束はかたい根元をのぞき、5cmの長さに切る。きぬさや100gはすじをとっておく。油揚げ1/2枚は熱湯をかけて油抜きをする。よく絞って水気をとり、半分に切り分けて5mm幅に切る。❷フライパンにヒマワリ油大さじ1を熱し、①を炒める。野菜に火が通ったらスペシャルスパイス大さじ3と塩小さじ1を加え、スパイスが全体になじむまで炒める。

旬野菜のスパイス・スープ
〈作り方：3～4人分〉
❶セロリ1本は5mm幅、アスパラガス1/2本はかたい根元をのぞいて1cm幅に切る。にんじん1/4本は縦半分に切り、5mm幅の半月切りにする。油揚げ1/2枚は熱湯をかけて油抜きをする。よく絞って水気をとり、半分に切り分けて5mm幅に切る。レタスの葉大2枚は一口大にちぎる。❷鍋にヒマワリ油大さじ1を熱し、①の材料とスペシャルスパイス大さじ3を加えて炒める。野菜に少し火がとおったら昆布だし汁700mlを加え、10分沸騰させる。塩小さじ1と1/2で味を調える。

3種スパイス・焼きビーフン
〈作り方：3～4人分〉
❶ゴーヤーを2mm幅の半月切りにし軽く塩もみをして5分おいたら、サッと水にさらし水気をきる。セロリ1/2本は2mm幅にきざみ、赤ピーマン1/2個は細切りにする。油揚げ1/2枚は熱湯をかけて油抜きをしたらよく水気をとり、半分に切り分けて5mm幅にカット。❷ビーフン200gをオリーブオイル大さじ1を加えた熱湯で1分ほどゆでてザルにあげ、水気をきる。❸鍋にオリーブオイル大さじ1を熱し、①とスペシャルスパイス大さじ3を加えて炒める。野菜に少し火が通ったら昆布だし汁200mlを加え強火で1分煮る。❹スープが少し残っている状態でビーフンを加え混ぜ、しょうゆ大さじ1＆オリーブオイル大さじ1を加え、少し焦げ目がつくまで炒める。

読者やスタッフにも浸透中！

数年前は「それって究極の方法でしょ!?」って思われていた「ファスティング」も、健康ブームとともにじわじわと認知度を高め、もはや一般的な美容＆健康法に!!　こんなにも、今、愛好者が!

読者100人にアンケート！

Q ファスティングをやったことがある？

ある 29%
ない 71%

Q 興味は？

ある!!! 100%

「ファスティング」未経験者、全員が「ぜひやってみたい!!」と回答。でも、不安が先立ち、未体験。

Q じゃあ、なんでやらないの？

No.1 きっと挫折しちゃう……
「仕事中に空腹にならないか心配」（五十嵐さん）「集中力がなくなりそう」（松川さん）「食べないことに耐えられる？」（中込さん）「平日が乗り切れるか不安」（中尾さん）

No.2 やり方がいまいちわからない
「何を使ってやるか、どうやるか、いまいちわかってない」（那須さん、原田さん、五十嵐さん、竹内さん）「特に回復食についての知識がない」（井上さん）

No.3 リバウンドで逆に太りそう
「反動で食べてしまいそう」（那須さん）「太らないのかな？」（原田さん、竹内さん）「復食で太らないか心配」（西さん）「ストレス食いしちゃいそう！」（大田さん）

その他「ストレスが大きそう」（関口さん）「体に悪くない？」（遠藤さん、五十嵐さん）「素人の知識でやるのは危険じゃない？」（井上さん）「お金がかかる」（西さん、遠藤さん）

Q 試してみたいファスティングの方法は？

No.1 コールドプレスジュース
「ファスティングといえばコレ！」（五十嵐さん、吉澤さん、遠藤さん、中尾さん、竹内さん、井上さん）「週末だけコールドプレスジュースでやってみたい」（松川さん）

No.2 週末だけや1～2日間の短期
「週末だけならできそうな気がする……」（楠さん、藤沼さん）「週末だけを月1回できたらいいな」（大田さん）「週末だけっていうのは仕事に支障なさそう」（田口さん）

No.3 酵素ドリンク
「手軽だし効果がありそう」（吉澤さん、小口さん、西さん、中尾さん、中込さん、五十嵐さん）「酵素ドリンクの置き換えなら続けられそう」（松阪さん、飯塚さん）

その他「合宿」（原田さん、井上さん、那須さん）「半日だけからスタートしたい」（松阪さん、中込さん、関口さん）「セレブ御用達レモネード」（那須さん、遠藤さん、小口さん）

CASE:03　エディター・ライター　長江裕子さん
食べていなくても活力十分!!　むしろ絶好調♪

「『断食なんて絶対にイヤ！』と思っていたけれど、細胞レベルでキレイになれると知り、酵素ドリンクでの3日断食にトライ。案ずるより易し！　体の軽さに超～感動」

コレで！ 水を一切使わず野菜とフルーツを3年間漬け込んだ発酵飲料。ダイエットに効果的な酵母ペプチドDNF-10が含まれているのもうれしい。花見酵素720ml ¥20,000／グローカル・ルーブ

CASE:01　不動産会社勤務　久本実雅子さん
手作りスムージーですっきりヤセて肌もキレイに♥

「年末の飲み会などで暴飲暴食が続いたとき、胃腸を休めたくて、手作りの豆乳スムージーで3日間過ごしました。体重が減っただけでなく、お通じがよくなり、吹き出物も減りました」

HOW TO MAKE　豆乳スムージーの作り方は、バナナ1本、豆乳150mlくらい、好みでアボカド3分の1個とサラダ菜など1～2枚をなめらかになるまでミキサーにかけるだけ！

ファスティングの秘密

The Secret Of The Fasting

イラスト／ヤマキミドリ
取材・文／三輪順子［鶴見先生分］
構成・取材・文／秋葉樹代子
●掲載商品の問い合わせ先はp.127にあります。

CASE:04　「美人百花」デスク・美容担当　秋葉樹代子
起きるたびデカ目に感動　むくみのない自分に初対面

「初ファスティングは酵素ドリンクで3日間＋復食2日間。朝、鏡の中の自分の目のぱっちりさにも、夜でも脚がむくんでいないことにも感動♥　週末を利用した3日間を月1回、平日の忙しい日を利用してジュースやレモネードでの1～2日間を週1回のペースで実施中です」

「スーパーモデルやハリウッド女優御用達の断食『マスタークレンズ』なら安上がり。レモンを搾った水に、カイエンペッパーとメイプルシロップを少量入れるだけ！」

コレで！「初回は、無料でファスティングのやり方を教えていただけるサロンでカウンセリングを受け、知識をつけたうえで実施。店舗で購入したハーブザイム®113（3種 各500ml ¥9,400）を水で割って飲むだけを3日。その後の回復食はチンするだけのリゾット、ファストプロミール（10食分 ¥7,300）と手作り粥を2日間」
【エステプロ・ラボ 青山】　東京都渋谷区神宮前3の1の28 BELLTOWN青山1F　03・6447・0604

CASE:02　IT業界勤務　安藤千紗さん
月1回の1日クレンズで毎回1～1.5kg減！

「クラシックバレエを本格的に続けているので、男性にリフトされることを考え、ジュースでのファスティングを定期的におこなってストイックに減量。前夜は炭水化物を抜いて、朝は果物のみ。昼から翌日の昼までをジュースに。顔や脚のむくみがとにかく軽減するんです」

「クレンズ1日分（500ml×6本 ¥10,600～）で実施。甘めに、野菜味強く、など味の微妙なオーダーや、トッピングなどのアレンジも聞いてくれるのが◎」
【Sky High juice bar AOYAMA】　東京都渋谷区渋谷2の3の4 青山TNビル　03・6427・2717

「日本初のコールドプレスジュース専門店のクレンズプログラム1day（400ml×6本 ¥6,000）で、大ブレイクする前からこっそりジュースクレンズを実施。予約なしで買えて便利」
【Sunshine Juice 恵比寿】　東京都渋谷区恵比寿1の5の8　03・6277・3122

「時間がない日の食事替わりに1～2本（¥1,200～）や、月1回で3day cleanse（¥20,400要予約）を購入」
【Cosme Kitchen JUICERY 代官山本店】　東京都渋谷区代官山町19の4 代官山駅ビル1F（コスメキッチン代官山店併設）　03・5428・2733

「朝、インナークレンジングジュースキット（6本 ¥6,000・要予約）をピックアップし、翌朝までのファスティングを実践！」
【THREE REVIVE KITCHEN】　東京都港区北青山3の12の13 1F　03・6419・7513

「ドクター監修で安心。ジュースプログラム（1～3日用 ¥5,800～）はおいしさも効果も◎」
【ELLE Café】　東京都港区六本木6の10の1 六本木ヒルズ森タワーヒルサイド2F　03・3408・1188

海外セレブから始まり、日本の有名人たちにも広まった ファスティングは『美人百花』

CASE:08 化粧品メーカー勤務 佐々木仁美さん
たった1日でも十分効果があるからリピート！

「気が向いたときに、朝起きてから翌日の朝までの24時間ファスティングを実践。むくみがかなり解消してすっきりするし、胃腸の調子も肌の調子も◎」

CASE:06 事務 吉田奈央さん
朝断食で、頭が冴えて動くのが楽しくなった♥

「朝は抜いて、昼にグレープフルーツとサラダ、夜はグレープフルーツと豆腐＆納豆の生活を5日間。食後にランニング1時間と半身浴20分をしていましたが、食べない生活の方が動くのが楽しい感じに。2～3回やっているけどダイエットという意味でも即効性が！」

コレで！ コレで！ コレで！

CASE:05 美容ライター 三輪順子さん
生理前のむくみが改善されすっきり脚に♥

「きっかけは外食生活ばかりの毎日を改善するため。飲み続けるようになったら、ふくらはぎがむくまないように。お通じもよくなるので便秘のときにも効果◎」
生産県まで指定した、国産の酵素原液113種類を98%高配合。ダイエット中の栄養補給にも◎。ハーブザイム® 113グランプロ プレーン 500ml ¥9,400／エステプロ・ラボ
 コレで！

CASE:09 会社受付 池谷優美さん
肌の調子がよくお通じもばっちり。体が軽快に♥

「3カ月に1度、週末に丸2日間ファスティングを実践。体が軽く感じるのは体重が減ったせいだけじゃないかも。酵素ドリンクだけなのに、意外につらくありません！」
高品質な野草酵素を原料にしているにもかかわらず、抜群のコストパフォーマンスを実現。百花読者の中にも愛用者が多数!! お嬢様酵素 720ml ¥5,130／リバランド
 コレで！

CASE:07 流通会社 広報 上原ひとみさん
短期間で確実にヤセられるし週2なら楽勝!!

「1週間のうち2日、ファスティングしつつ軽く運動。翌日は野菜中心の食事。その方法で即ダイエット成功!! でも好転反応かな……口臭が！（笑）」

EXILEのATSUSHIさんも実践済み!? 女性芸能人はもちろん、男性にも浸透中
この人たちもファスティングやってるって 噂！
ローラさんがコールドプレスジュースでのクレンズダイエットをしたというのは周知の事実。小倉優子さんも2日間のファスティングを月2回、半年間続けたそう。高橋メアリージュンさんは、月に1回、酵素ドリンクと水だけで3日間すごしていて、3日間で2～3kgという実績が！ 紗栄子さんや田丸麻紀さん、道端カレンさんも実践!!

ヤセるだけじゃない！／9割の不調が消える！／キレイになれる!!
知れば知るほどやりたくなる

The Secret Of The Fasting

読者アンケートの「やってみたいダイエット」や「気になるデトックス法」で、近年ダントツの1位に挙がる「ファスティング」。「食べないからヤセるの当たり前じゃん!!」って思っているならもったいない！ 美ボディになれて、いいことばっかり起きる、すごい健康法なんです♥

30年以上前から提唱しています！
鶴見クリニック院長 **鶴見隆史**先生に聞きました。

Profile：鶴見クリニック院長。西洋医学と東洋医学を融合させた医療を実践。酵素栄養学とファスティング、水素などをミックスさせた代替医療を開発した第一人者。

What's ファスティング？

ファスティングとは細胞を効果的にリセットする断食法のこと！

「ファスティング」は「断食」を意味します。ファスティングの語源は「ブレックファスト＝朝食」からきており、就寝後数時間の断食（ファスト）を破る（ブレイク）という意味が含まれています。毎日の生活で食べない時間帯を作ることはとても重要。そして、より体内環境を整えるためには、ある一定期間の食事を控えることで体の中をクレンジングし、細胞をリセットすることが有効的と言えます。「ファスティング」はダイエット効果はもちろん、肌や髪にツヤを取り戻させ、活性酸素を減少させ、若返りホルモンと言われるDHEA濃度が増加してシワやシミが減る、というウレシい効果も。また、意外と思うでしょうが、「ファスティング」後の体は便通がよくなります。だから便秘による肌荒れ、ぽっこりお腹、むくみ体質も解消！ 月に1～2回断食をするだけで、太りにくく病気になりにくい体を作ることができるのです。

先生の指導でファスティングした人たちにもこんな変化が!!
- リバウンドせず今も理想の体型をキープ中!!
- 吹き出物がなくなって、シミも薄くなりました♥
- 生理痛が重くて薬に頼っていた生活から解放！
- 2日に1回しかなかった便通が1日2回に♥
- たった3日で体重が減って体が軽くなった！

CASE:10 「美人百花」副編集長 宮越花枝
半日なら気軽＆頻繁にできるから体調管理の1つに

「休みの前日の午後にジュースを3本購入し、半日ファスティングを。買えなかったときは、韓国で買った黒米・黒ごま・黒豆を粉末にした「生食」を豆乳や牛乳で割ったもので代用。半日でも胃のスッキリ感がスゴい!!」

サンシャインジュース

「コールドプレスジュース（各200ml ¥1,000）で半日すごしたあとは、味覚が敏感になるせいか、めっきり薄味志向に。暴飲暴食も激減」
[ジョンマスターオーガニック トーキョー／Inner Beauty Bar]
⊕東京都渋谷区神宮前5の1の6 イルパラッツィーノ表参道1F
☎03-6433-5298

← 食べないだけでなんでそんな変化が起こるのか？ その秘密は次のページに!!

「ファスティング」が私たちの体にいい理由!

「ちゃんと食べないとダメ!」と言われてきたのに、今「食べないこと」がよしとされている……その理論ともたらす効果を、超〜わかりやすく解説します!!

WHAT'S 酵素?

「酵素」は大きく2つに分けられます

潜在酵素
人間の体内に存在(別名:体内酵素)

消化酵素
消化管内に24種類もの酵素が存在。食べたものを分解し、消化管から消化・吸収されやすい形に変化させる。

代謝酵素
細胞・組織・血管内に存在。代謝や排泄などの生理現象に関わる働きをする。細胞再生、遺伝子修復、免疫の働きアップ、解毒、エネルギー再生などをおこなう。

代謝酵素がきちんと働くと細胞がリセットされ正常化!

細胞内部がドロドロの細胞は便秘状態
体に悪い脂肪酸をよくとる人の細胞膜は硬く、よい脂肪酸が不足しているともろくなる。内部は中性脂肪などで汚れた状態で、それが酸化すると細胞が崩壊。

常に修復&掃除が行き届いた細胞
代謝酵素が十分に機能している状態なら、細胞の中の遺伝子まで常に修復され、細胞の生まれ変わりもスムーズに。細胞内の余計なものも排出されるから、美しく健康な細胞に。

体外酵素
消化酵素のサポートにもなる

腸内細菌の酵素
腸内に存在する約1.5kgの腸内細菌が、食物繊維と三大栄養素の残留物などの分解をするときに分泌する酵素。

食物酵素
生の野菜やフルーツ、魚、肉、発酵食品に含まれる酵素。特に多いのが、黒くなったバナナ、パイナップル、キウイ、大根おろし。

- 消化酵素の消耗を減らし、将来のために貯蓄
- 体外酵素をローフードや食物繊維で補填
- 腸内細菌の酵素&食物酵素
- 代謝酵素は無駄遣いされず正常に機能!

でも…
潜在酵素の量は年齢とともに減るから日々の使用量を減らして温存しなきゃ
食物酵素や腸内細菌が発生する体外酵素は、もともと体内にある潜在酵素のサポート役として、代謝酵素の量はそのままに、消化酵素の使用を減らすことができる強い味方。

そもそも現代に生きる私たちは食べすぎているんです!

実は人間の体って、昼に得た栄養を消化し、夜にそれらが代謝され、不要になったものを朝排泄する、というシステム。それなのに、現代人は「1日3食!」の概念で排出タイムや代謝タイムにも食事をし、その消化に追われて代謝や排泄という機能を十分に使えない状態になっているんです。しかも、高脂肪や高たんぱく食品の食べすぎや食品添加物や残留農薬などの有害物質によって、消化器官はかなり疲労。疲労がたまったら病気になるかも!?

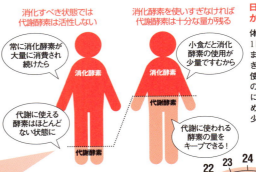

消化すべき状態では代謝酵素は活性しない
常に消化酵素が大量に消費され続けたら / 代謝に使える酵素はほとんどない状態に

消化酵素を使いすぎなければ代謝酵素は十分な量が残る
小食だと消化酵素の使用が少量ですむから / 代謝に使われる酵素の量をキープできる!

日々の生活で消化酵素が大量に使われている
体内にある「潜在酵素」は、1日(一生)に使える量が決まっています。もし食べすぎて「消化酵素」をたくさん使わなくてはならない状態のときは、生命維持のために必要な、修復や代謝のための酵素「代謝酵素」の量は少なくしか使えません。

消化酵素が働くのは12時から20時まで!!
私たちの体は時間帯によって働きを変えていて、8時間ごとの3つの生理リズムを繰り返しています。これを踏まえれば、朝食や夜食は消化の時間帯ではないことが一発明解!朝食をしっかり食べることこそ消化不良を招く原因であり、夜食こそが吸収されやすく太る原因である、ということがわかるでしょう。

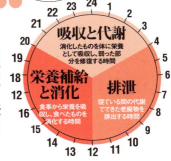

1日の生理リズムは3つに分けられます
- 吸収と代謝:消化したものを体に栄養として吸収し、弱った部分を修復する時間
- 栄養補給と消化:食事から栄養を吸収し、食べたものを消化する時間
- 排泄:寝ている間の代謝でできた老廃物を排出する時間

つまり、食事をとらず胃腸を休め消化酵素を温存することが大事!

だから、酵素を取り入れつつの「酵素ファスティング」が私たちに必要!

酵素をとりながら固形物を口にしないことで、体内ではいろんなことが起こりはじめます。大きな変化は右に挙げた4つ!それらの変化にともない、今まで感じていたさまざまな不調が多々改善され、もっともっと健康&キレイになれちゃう♥ 実は断食って「メスのいらない手術」といわれるほどの治療法。楽しい変化を期待して、ぜひトライ!!

☑ **"活性酸素"の生成が抑制される**
過食や食品添加物などの有害物質の摂取でも生成される活性酸素。老化や病気のもとであるそれが生成されなければ、健康&美しさにも磨きが。

☑ **サラサラ血液が全身を巡るように**
ドロドロ血液がキレイになって微小循環(血液循環の器官)がよくなる。体内をくまなく網羅する毛細血管まで血液が行きわたるように!

☑ **体内の毒素排出 腸内も超キレイに**
生の野菜や果物の酵素効果&食物繊維効果で、消化だけでなく排泄力もアップ。だから腸内環境も整うし、毒素排出力も高まるし、素晴らしい。

☑ **代謝が上がり体が正常化!!**
臓器を正常に動かし、食べ物を消化吸収、細胞の入れ替え、古い&いらなくなったりしたものを修復・排泄する、などの機能がスムーズに!

すると、アラサー女子にうれしいことがこんなにも♥(これはほんの一部!!)

水だけとか完全絶食ではなく、酵素をとりつつのファスティングというのがpoint

= 効果1 = ヤセる
細胞便秘の解消でミトコンドリアが活性化し、代謝が上がって脂肪も燃焼しやすい体に。体脂肪もダウンすると同時に、むくみ太りも便秘太りも解消します。

= 効果2 = 代謝アップ
細胞が健康になることで代謝の能力がアップ。脂肪燃焼の他、毒素などの不要物の処理能力も高まるので、健康で美しい体質へと生まれ変わります。

= 効果3 = 美肌
細胞の入れ替わりがスムーズになり、肌環境もよくなるので、シミ、シワ、黄ぐすみ、血行不良によるくすみ、乾燥など、美肌に関する悩みもほとんど解消!

= 効果4 = 集中力アップ
脂肪燃焼によってケトン体が体内に増え、脳内のα波が比例的に増加。α波が多く出ていると体がほどよくリラックスし、よく集中できる状態でいられるのです♪

= 効果5 = 腸内環境良好
ファスティングが成功すると、大量で臭くて黒っぽい便(宿便)が出ます。酵素や食物繊維をとりながらだとよりスムーズに。腸内の環境が整い、便秘が解消し美腸に。

= 効果6 = アンチエイジング
活性酸素の生成抑制効果だけでなく、長寿遺伝子が壊されるのを防ぐので、健康で長生きできる。体の内側はもちろん、見た目の若々しさも向上♥

= 効果7 = 免疫力アップ
腸内環境が整うことで、自律神経のバランスも整うので、ストレスや病気に負けない体に。血液中の白血球が活性化することで、ウイルスなどの病気にもなりにくい。

= 効果8 = 感覚が敏感に
人によってまちまちですが、感覚が鋭くなるという実体験が多数。特に多いのが嗅覚と味覚。味覚が研ぎ澄まされば、おのずと薄味になって健康的な食事にシフト。

= 効果9 = 冷え改善
血液がサラサラになるので、体中に張り巡らされた毛細血管にまで血液が届き、血行もよくなる。だから、末端の冷えだけでなく、むくみ悩みも改善!

= 効果10 = 女性ホルモンが整う
ホルモンバランスが正常になり、生理不順、生理痛、PMS(月経前症候群)などが解消。アラサーのうちに整えておいた方が、将来の心配もかなり軽減!

= などなど =
高血圧や認知症予防、肺や呼吸器官の浄化、アレルギーの改善、肩こりや腰痛の改善、片頭痛の解消など……とにかく体に多くのメリットをもたらすのです!

鶴見先生教えて！
「ファスティング」のあれこれ Q&A

Q 低速（コールドプレス）ジューサーがないから酵素ジュースが作れません……。

A 理想的なのはおろし器。高速回転のミキサーでは摩擦熱が酵素や栄養素を壊してしまいますが、果物や野菜の細胞壁は硬くて噛み砕くことができず、胃に負担をかけてしまう要素も含まれるため、ミキサーを使うことは決して悪いことではありません。栄養素をとるという観点では、ミキサーでも十分です。

Q 好転反応が出たときは、どんな対処をすればいい？

A 暴飲暴食や寝不足、生活リズムの崩れている人は、ファスティングをすると吐き気などの体調不良が強く出てしまいがち。これは体内の悪いものを早く押し流そうとしている結果なので、横になって時が過ぎるのを待つのが一番。自己判断でサプリや市販薬を飲むのは絶対にやめましょう。寒気を落ち着かせたい人は、背中にカイロを貼って1日を過ごすのもよいでしょう。

Q 断食中も復食中も、全くお通じが出ません。どうしましょう？

A 毒素のかたまりとも言える便を長時間腸の中に蓄積させておくのは絶対にダメ。ファスティングをしても便秘が改善されない人は、腸内を潤滑にさせるよい油をスプーンでじかに飲んでみて。もしくは食物繊維入りのサプリを取り入れるのもありですよ。

不溶性ファイバーと水溶性ファイバーに加え善玉菌の栄養素となるオリゴ糖配合。Bは食物繊維が多め。右から、鶴見式ファイバーAタイプ 180粒 ¥9,558、Bタイプ 180粒 ¥9,720／ともにイムノカーサ

Q 空腹が我慢できない場合はどうすればいいの？

A 本来はひたすら我慢が一番。それが耐えられないときは、梅干しを1個食べるとか生きた麹の生みそをスプーン1さじ口にするとか。無駄なカロリーを摂取することなく、しかも空腹も解消されて酵素を補えるから、一石三鳥。水分で満たすのもありだけど、カフェインの摂取は血液を収縮させるので、緑茶やコーヒーは絶対に避けて！

Q ファスティング後におこなう復食ってどんな食事なの？

A いきなり元の食生活に戻すと、体調を崩す原因になりかねません。ファスティング後から1週間の食事は特に気をつけ、添加物の多い食べ物や肉、乳製品は避けましょう。少量ずつゆっくりよく噛むことも大切です。また、酢の物は拡張効果があり、やわらかな便を出すのでオススメ。海藻の食物繊維と一緒にとれば、排便もさらにスムーズになります。

Q ジュースは冷たいからお腹が冷えちゃう……。

A 冷たいものや強い酵素に過敏に反応しがちな人は、ほんの少し温めてから口にして。ただし、酵素は50℃以上の加熱で細胞が死んでしまうので要注意。例えばみそ汁を作る場合は、水の状態で具材を入れてゆっくり温め、ぬるま湯程度になったところで火を止めてからみそを溶くのがベスト。こうすると生きた酵素のまま温かい食事をとることができます。しょうが紅茶や黒酢入りのお茶なども、体を温める効果が。しょうがは1〜2日天日干ししたものを粉末にしてお湯を注いだものが◎。

「何も食べずに数日過ごす」に不安がいっぱいなら
まず、「朝食抜き」から始めましょう！

≪チャレンジ度別≫
鶴見先生オススメ ファスティングプラン

「ファスティング」に興味はあるけど、仕事もあるし、外出することも多いからちょっと無理……。そんなアラサー女子にもぴったりハマる、ライフスタイル別のファスティングプランを、ハードルの高さ順でご紹介しましょう！

朝だけファスティング
★☆☆☆☆ チャレンジ度

毎朝、果物&生野菜をジューサーで搾ったジュースを摂取

朝食を食べないと頭が働かないと言われていますが、実はこれが大きな間違い。朝は排泄の時間なので、無理な栄養吸収は肥満の原因に。旬の果実を中心に、生野菜とブレンドした酵素ジュースをとれば十分。ジュースを作るなら、酵素を熱で壊さない低温ジューサーがオススメ。

参考書 朝食抜き健康法をレクチャー。『朝だけ断食で、9割の不調が消える！』¥1,300（学研刊）

朝と夜だけファスティング
★★☆☆☆ チャレンジ度

昼食は好きなものをたっぷりとって朝と夜は酵素のみ！

脳も体もしっかり動かす日中は、エネルギー消費量が最も高いので、好きなものをたくさん摂取しても問題なし。ただし、朝は酵素ジュース、夜は生野菜のみの食生活に。生野菜は、小松菜、サニーレタス、クレソンなどの"アブラナ科"の野菜がオススメです。

昼食だけは自由に食事を楽しめるから、空腹や食欲でのストレスはほぼなし。人との食事はランチで済ませればOK。

週末だけ"プチ"ファスティング
★★★☆☆ チャレンジ度

毎日継続がつらい&不安な人は週末限定ファスティングを

朝晩断食の空腹がどうしても耐えられない人は、土日限定のファスティング法を。朝は酵素ジュース、夜は生野菜の食生活を2日間継続させます。昼の食事はいつもより抑える。もし難しい場合はそばなどに置き換えて。1日の食事量が6〜7割になるイメージ。

参考書 週末の2日を利用した食べる断食。『新発見！週末だけ酵素プチ断食』¥1,200（メディアファクトリー刊）

週末ファスティング
★★★★☆ チャレンジ度

定期的にジュースと水を摂取し、体はとにかく冷やさない2日間

よりストイックな週末ファスティング。2日間で口にするのは朝と夜の酵素ジュースのみ。昼食は梅干しや白湯だけで過ごします。このときに注意したいのが、水を最低10杯は飲むこと。常に水をそばに置いておき、気がついたら飲むようにして代謝を促しましょう。

2泊3日ファスティング合宿
★★★★☆ チャレンジ度

本格的な酵素ファスティングで爽快感のある体にシフト♪"同志"がいるからがんばれる!!

本格的にやりたいなら医師やファスティングのプロの指導が受けられる合宿に参加するのもアリ！ 参加者同士で励まし合えるので、心が弱くて続けられる自信がないタイプでも挫折の心配が軽減。心体ともにリフレッシュする内容が組み込まれていることが多い。

鶴見先生の断食道場はただいま準備中！
鶴見先生の指導と鶴見式酵素ファスティングの理論を余すところなく体感できるという2泊3日の断食道場は、過去の参加者の多くが感動の変化を遂げたというほど評判。再開についての情報は、鶴見クリニックのHPをマメにチェック！
http://www.tsurumiclinic.com/

3日間ファスティング
★★★★★ チャレンジ度

とにかく食べることをガマンして、体内を完全デトックス！

口にしてもいいのは水、もしくは白湯と、コールドプレスジュースのみ。日頃の生活が不規則な人はすぐに好転反応が出て二日酔いのような吐き気や寒気が生じますが、これに耐えることで毒素の固まりが便になって出てきます。それでも便が出ない人は、アマニ油を口にしてみて。

妊娠している人や病気で通院している人、薬を飲んでいる人は、医師に相談してから実施すること。
また、3日以上、全く食を口にしないファスティングは危険な場合があるので、医師や専門の人の下でおこなうこと。自己流は厳禁！

インナービューティープランナー
木下あおいさんが百花読者のために考案！

木下あおいさん

インナービューティープランナー、管理栄養士。(社)日本インナービューティーダイエット協会理事長。東京のみならず関西でも展開するインナービューティーダイエット専門クッキングサロンを主宰。著書も多数。近著に『食べるほど「美肌」になる食事法』(大和書房刊)。

食べるほどキレイになれますよ♥

旬の野菜をいただいておいしく楽しく体メンテナンス！

季節に合った食材を、腸をキレイにする調理法でおいしく食べれば、ダイエットや美肌作りに確実につながります！　じつは私もかつては無理なダイエットを繰り返して、肌荒れや便秘に悩まされていたことが。そんなときに出合った、内側からキレイを作るインナービューティーダイエットのおかげで、今ではノーファンデでもOKの肌に♥　毎日毎食続けるのは大変でも、比較的自炊しやすい夕食で、体をメンテナンスする気持ちで作ってみて。外食で食べすぎても翌日の食事でリセットできるから大丈夫！　まずはできるときから始めてみましょう♪

美肌　アンチエイジング　ダイエット
疲労回復　代謝UP　デトックス　が叶う♥

美人夕食
ビューティー ディナー

14 DAYS

「食事によりスタイルUPしたり、美肌になったり……と、内側から美人は作れるんですよ♥」と語る木下あおいさんが、2週間の夕食メニューを紹介！　忙しい毎日の中でも、手軽に作れるメニューばかりです♪

調理／木下あおい　撮影／柳詰有香
スタイリング／竹中紘子
構成・取材・文／鹿志村杏子　協力／UTSUWA
●掲載商品の問い合わせ先はp.127にあります。

木下さん発・美人夕食(ビューティーディナー)を作るための5つのアイデア

IDEA 4　乾物を常備すると、メニューの幅が広がります

長期保存でき、いつもの料理に加えると味に深みを出してくれる乾物類は、簡単調理の味方！　包丁を使わずに調理できるのもGOOD

のり

「パリパリとした食感や磯の風味で味わい豊かに。良質なタンパク質を含むので、肌や髪、爪の健康を保つ効果があります」

乾燥わかめ

「料理に加えると、海藻の風味や食感でランクUP。ミネラルやカリウムの働きで、むくみ防止効果や脂肪燃焼効果も！」

切り干し大根

「太陽の光を浴びながら乾燥する中で、甘みが増し、滋味深い味に！　食物繊維やカルシウムが豊富で、ダイエットにも効果あり」

乾燥しいたけ

「乾燥させたことで、栄養成分が凝縮されて栄養価も高くなります。スライスされたものは戻し時間がかからず時短調理に◎」

IDEA 5　発酵調味料で、おいしくて、美しくなる味つけに！

キレイな血液を作って美肌へ導くには、腸の健康が大切。腸内の善玉菌を増やす効果が期待できて、とってもおいしい厳選調味料を紹介！

＼木下さんおすすめ調味料はコレ♥／

黒酢
「有機玄米を主な原料にして、壺で3年以上発酵・熟成させ、丹精込めて作られた黒酢。角のとれたまろやかな味わいや芳醇な香り、アミノ酸の深いコクと旨みが楽しめます」
桷志田 有機 三年熟成 720ml ¥4,000／福山黒酢

みそ
「国産の大豆、米、塩、1年以上熟成・発酵させた天然酵母を合わせ、さらに発酵。半世紀受け継がれる、酵母入りの生みそです。自然本来の深みある味を味わってみて」
コーボンみそ 750g ¥930／第一酵母

塩麹
「国産の有機玄米を使用した玄米麹に、塩と水を加えて発酵させた調味料。素材の味を引き出すことができるので、だしを使わなくても甘みと深みが出ます！」
オーサワの有機玄米塩こうじ 200g ¥570／オーサワジャパン

しょうゆ麹
「木桶で1年以上発酵、熟成させたしょうゆに国産の米麹を合わせて発酵させた調味料。大豆のうまみがとても強くて甘みがあり、さまざまな料理で活躍してくれます」
弓削多 醤油こうじ 180g ¥477／弓削多醤油

しょうゆ
「こだわり抜いた国産有機大豆と小麦、海塩以外に余計なものが入っておらず、加熱処理をしていない、風味豊かな生しょうゆ。お料理の味を引き締めたいときに！」
オーサワ有機生醤油 500ml ¥875／オーサワジャパン

IDEA 1　〝今週のお野菜〟を余すことなく味わって

旬のお野菜はフレッシュでおいしいのはもちろん、栄養価が高いので美容効果も抜群！　毎日のお買い物は大変という人のために、4つの野菜で、1週間飽きることなくいただけるレシピを考えました

IDEA 2　炭水化物を控えて、〝スープ＋1おかず〟がオススメ

活動量が少なく、体を睡眠へと導く時間帯の食事では、思い切って炭水化物をカットしてみましょう。手軽に調理できて、体が温まり満足感のあるスープと1品おかずのセットがバランスよし！

IDEA 3　かさまし・ローカロリー食材を活用

ダイエット中でも安心して食べられる、女性にうれしい栄養を含んだ便利食材を使って、ヘルシーにボリュームUP！　お肉や小麦製品の代用にもなりますよ

豆腐
「畑の肉といわれる大豆が原料。たんぱく質やミネラル、ビタミン、女性ホルモンと似た働きのイソフラボンが豊富です」

しらたき
「1パック200gあたりのカロリーが約12kcal。食物繊維が豊富なので便秘解消に◎！　パスタやラーメンの代用に」

DAY 1

日差しの強い1日だったら紫外線対策に効く2品でケア

美肌 / 代謝UP / デトックス

具だくさん美腸スープ

4種の野菜でビタミン類を効果的に摂取♪ 食物繊維豊富で満足感あり！腸内環境を整えるみそ味のスープ。

材料(1人分)
- 新たまねぎ……1/4個
- キャベツ………葉1枚
- ミニトマト……2個
- 菜の花…………1株
- 乾燥わかめ……ふたつまみ
- 水………………大さじ2+1カップ
- 塩………………ひとつまみ
- みそ……………小さじ2

作り方
1 新たまねぎは薄切りに、キャベツと菜の花はざく切りにする。ミニトマトはヘタを取る。
2 鍋に大さじ2の水、新たまねぎ、キャベツ、ミニトマトを重ねて入れ、塩をふり、弱火で蒸し煮にする。
3 水1カップとわかめ、菜の花を加えて熱し、菜の花が青々としたら火を止める。溶いたみそを加え、味を調える。

美肌 / アンチエイジング / デトックス

菜の花の白あえ

ビタミンCたっぷりの菜の花で、美肌・美白対策はバッチリ！仕上げの亜麻仁油でコクと潤い効果をプラス。

材料(1人分)
- 木綿豆腐………1/3丁
- 菜の花…………2株
- 水………………大さじ2
- 塩麹……………小さじ1～
- 白すりごま……小さじ2
- 塩・こしょう(お好みで)…各少々
- 亜麻仁油………小さじ1～
- 粗びき黒こしょう…少々

作り方
1 豆腐は水切りする(急いでいるときはしなくてもOK)。菜の花は3cm長さに切る。
2 鍋に水と菜の花を入れ、青々とするまで弱火で蒸し煮にする。
3 ポリ袋に、木綿豆腐、菜の花、塩麹、すりごまを入れてもみあわせる。お好みで塩、こしょうで味を調える。
4 器に盛り、粗びき黒こしょう、亜麻仁油をかける。

1 WEEK [今週のお野菜]

マークの見方

美肌 肌にハリや潤いを与えたり、美白・血行促進効果が絶大。

アンチエイジング 抗酸化パワーが強く、若さを保つ作用が期待できる。

ダイエット カロリーを大幅カット。脂肪を燃焼させる働きあり。

疲労回復 疲労物質を分解したり、免疫力を高めたりと元気に！

代謝UP 血行をよくし新陳代謝を活発にする効果が期待できる。

デトックス 体にたまった不要な毒素を排出してくれる働きが！

キャベツ 便秘解消効果がある食物繊維や、美肌効果があるビタミンCが豊富。

新たまねぎ ポリフェノールの働きで、脂肪の吸収をオフ。血液がサラサラに！

菜の花 疲れをとるビタミン類やアンチエイジングの味方、カロテンも豊富。

ミニトマト 赤い色の元・リコピンで体のサビを一掃。美肌効果にも期待！

ちょっと便秘気味……!?なときはキャベツをたっぷりいただきます！

DAY 2

美肌 / アンチエイジング / 代謝UP

アンチエイジングカレースープ

発酵調味料とカレー粉で奥深いカレースープの完成。若返り効果のある豆乳で、マイルドな後味に♡

材料(1人分)
- キャベツ………葉1枚
- 菜の花…………1株
- ミニトマト……2個
- 水………………大さじ2+1/2カップ
- カレー粉………小さじ1
- みそ……………小さじ1
- しょうゆ麹……小さじ1
- 豆乳……………1/2カップ

作り方
1 キャベツはざく切りに、菜の花は3cm長さに切る。ミニトマトはヘタを取る。
2 鍋に大さじ2の水を入れ、キャベツ、菜の花、ミニトマトを重ねる。菜の花が青々とするまで弱火で蒸し煮にし、菜の花は取り出す。
3 水1/2カップを加え、2～3分加熱する。カレー粉、溶いたみそ、しょうゆ麹、豆乳を加えて味を調え、沸騰直前に火を止める。器に盛り、菜の花をのせる。

美肌 / アンチエイジング / デトックス

キャベツのしょうゆ麹あえ

あえるだけのお手軽メニューを、しょうゆ麹の甘みで格上げ！ 肌への栄養になるくるみの食感が楽しい♪

材料(1人分)
- キャベツ………葉1枚
- ミニトマト……2個
- しょうゆ麹……小さじ1
- くるみ…………2個

作り方
1 キャベツは千切りに、ミニトマトはヘタを取り半分に切る。くるみは手で粗く砕く。
2 ボウルにキャベツ、ミニトマト、しょうゆ麹を入れてあえる。
3 器に盛り、くるみを散らす。

DAY 3

仕事がハードだった夜は疲れを取ってくれるメニューに♪

ダイエット / 疲労回復 / 代謝UP

新たまねぎと菜の花の疲労回復スープ

海藻のミネラルと仕上げの黒酢で回復力UP♥ コクがあるのに後味さっぱりで、疲れた体に染み入る味！

材料(1人分)
- 新たまねぎ……1/4個
- 菜の花…………1株
- しょうが………1片
- 水………………300ml
- 乾燥しいたけ(カット)…ひとつまみ
- のり……………1枚
- しょうゆ………小さじ2～
- 黒酢……………小さじ1～

作り方
1 新たまねぎはくし形切りに、菜の花は3cm長さに切る。しょうがはすりおろす。
2 鍋に水と乾燥しいたけを入れ、しいたけが戻るまで弱火にかける。
3 新たまねぎ、しょうが、しょうゆ、ちぎったのり、菜の花を加え、菜の花が青々とするまで弱火にかける。火を止め、黒酢をまわしかけて、味を調える。

美肌 / アンチエイジング / 疲労回復

包丁いらずサラダ

納豆のネバネバ成分で免疫力を高めちゃお！ 包丁を使わずにササッと仕上げられる、簡単&時短レシピ。

材料(1人分)
- キャベツ………葉1枚
- ミニトマト……2個
- 納豆……………1パック
- 乾燥わかめ……ひとつまみ
- 亜麻仁油………小さじ2～
- しょうゆ………小さじ1～

作り方
1 キャベツをざく切りにする。ミニトマトのヘタを取る。乾燥わかめを湯(分量外)で戻す。
2 ボウルにキャベツ、ミニトマト、混ぜ合わせた納豆、水気を切ったわかめを入れ、しょうゆを加えてあえる。
3 器に盛り、亜麻仁油をかける。

疲労回復　代謝UP　デトックス

新たまねぎのステーキ

きのこソースがからんだ、新たまねぎがジューシー！
腸内環境を整える新たまねぎが、メインディッシュに。

材料(1人分)
- 新たまねぎ……1/2個
- 乾燥しいたけ(カット)…ひとつまみ
- 酒……………大さじ2
- 塩……………ひとつまみ
- あんかけソース
  - **A** 水………大さじ2
  - 葛粉(片栗粉でも可)…小さじ2
  - しょうゆ……小さじ2
  - みりん………小さじ2
  - 酒……………大さじ2

作り方
1. 乾燥しいたけを湯(分量外)で戻す。新たまねぎを横に約2cm幅の3等分の輪切りにする。
2. 鍋に大さじ2の酒、新たまねぎ、しいたけを入れ、塩をふる。新たまねぎはとろりとするまで弱火で蒸し煮にし、取り出す。
3. 鍋の火をいったん止め、溶け合わせたAを加えて弱火にかけ、とろみがつくまで混ぜて、あんかけソースを作る。
4. 器に新たまねぎを盛り、3をかける。

美肌　アンチエイジング　疲労回復　代謝UP　デトックス

新たまねぎの濃厚シチュー

トロトロの新たまねぎが甘〜い♥　乳製品を使ってないのにホワイトソースのよう。コク出しのみそが隠し味。

材料(1人分)
- 新たまねぎ………1/4個
- 菜の花……………1株
- 豆乳………………1カップ
- 葛粉(片栗粉でも可)…小さじ2
- 酒粕(あれば)……小さじ2
- みそ………………小さじ2
- 塩…………………ひとつまみ

作り方
1. 新たまねぎは薄切りにする。菜の花は3cm長さに切る。
2. 鍋に大さじ2の水(分量外)、たまねぎ、菜の花を入れ、塩をふり、たまねぎが甘くなるまで弱火で蒸し煮にする。菜の花は青々としたら取り出す。
3. 豆乳を加えて温める。溶いた葛粉、溶いたみそ、同量の湯で溶いた酒粕を加え、とろみがつくまで混ぜる。
4. 器に盛り、菜の花をちらす。

ストレスがたまってきちゃった……デトックスメニューで毒出し！

DAY 5

ガッツリ食べたい気分の日はボリュームおかず&シチューで！

DAY 4

アンチエイジング　ダイエット　代謝UP　疲労回復　デトックス

菜の花と黒酢のデトックススープ

菜の花と乾物類の食物繊維、黒酢のアミノ酸で老廃物を体の外へ。
黒酢のコクまろ味に菜の花の甘みがマッチ。

材料(1人分)
- 菜の花……………2株
- 水…………………300ml
- 乾燥わかめ………ふたつまみ
- 乾燥しいたけ(カット)…ひとつまみ
- 切り干し大根……15g
- しょうゆ…………小さじ2
- 黒酢………………小さじ1

作り方
1. 菜の花を3cm長さに切る。
2. 鍋に水、乾燥わかめ、乾燥しいたけ、切り干し大根を入れて、ひと煮立ちさせる。
3. しょうゆを加えて全体を混ぜ、菜の花をのせる。菜の花が青々とするまで弱火で煮る。
4. 黒酢を加えて、味を調える。

美人POINT
コクと甘みがある黒酢は
最後に加えて香り良く

疲労回復・代謝UP効果が期待できる黒酢。独特の香りや酸味をほどよく残したいので、仕上げに加えましょう。

美肌　アンチエイジング　ダイエット

そのままキャベツのミルフィーユ

ゴロンとしたキャベツの中に豆腐やミニトマトがぎっしり！
酒粕からじんわり旨みが出るのでぜひ入れてみて。

材料(1人分)
- キャベツ………1/8個
- ミニトマト………2個
- 木綿豆腐…………1/4丁
- 酒粕(あればでOK)…15g
- 塩・こしょう……各少々
- ソース
  - **A** 亜麻仁油……小さじ2
  - しょうゆ麹……小さじ1
  - 酢………………小さじ1/2
- ドライパセリ(あればでOK)…少々

作り方
1. ミニトマトのヘタを取り、3等分に切る。豆腐は1cm幅に切る。キャベツの葉の間に豆腐、ミニトマト、酒粕を適当にはさんでいく。
2. 鍋に大さじ3の水と1のキャベツを入れ、塩をふり、キャベツがしんなりするまで弱火で蒸し煮にする。
3. 器に2を盛り、混ぜ合わせたAをかける。塩、こしょう、ドライパセリを好みでふる。

美人POINT
豆腐をお肉感覚で使って
ヘルシーに満足度UP

キャベツの葉に豆腐をはさんで蒸し煮に。ボリュームが出て、野菜や酒粕の旨みが豆腐に移り、濃厚な味に。

多めに作ってこんなアレンジも……

レシピでは1人分で紹介していますが、倍量で作っておけば、翌日の朝食やお弁当などにアレンジがききます。朝の時短調理に◎!

"スープにごはんやしらたきをプラス。ボリュームUPさせて朝食に！"

Day6のスープに溶いた酒粕を加えて塩で調味、ご飯を加えてピンクペッパーをトッピングしたリゾット風に。Day5のスープはしょうゆ麹で味を調えて、しらたきヌードルに！

Day5のスープで
しらたきヌードルに

Day6のスープで
リゾット風に

朝食アレンジ

朝のSTEP
1. 多めに作っておいたスープを温める
2. 味を調える
3. ご飯やしらたきを加える

5分で完成！

肉なしロールキャベツ

`アンチエイジング` `ダイエット` `代謝UP`

にんにくしょうがでパンチを効かせた豆腐を包んだロールキャベツは、お肉なしでもボリューム満点♪

材料（1人分）
- キャベツ……葉1枚
- 新たまねぎ……1/8個
- 乾燥しいたけ（カット）……ひとつまみ
- にんにく……1片
- しょうが……1片
- 木綿豆腐……1/5丁
- 塩・こしょう……各少々
- ドライパセリ……適量

豆乳ソース
- A 豆乳……大さじ2
- 塩麹……小さじ1
- 酢……小さじ1
- トマトピューレ……1/4カップ
- みそ……小さじ1
- 粗びき黒こしょう……適量

作り方
1. 新たまねぎをみじん切りにする。にんにく、しょうがをすりおろす。乾燥しいたけを湯（分量外）で戻し、みじん切りにする。
2. 鍋に大さじ2の水（分量外）、新たまねぎ、キャベツを入れ、弱火でやわらかくなるまで蒸し煮にする。キャベツを取り出す。トマトピューレを加え、たまねぎが甘くなるまで弱火で煮込み、溶いたみそを加える。
3. ボウルに豆腐、しいたけ、にんにく、しょうがを入れ、塩・こしょうで下味をつける。
4. 2のキャベツを広げ、芯の部分をそぎ取る。中央に3をのせ、両端を内側に折り、手前からくるくると丸める。
5. 2の鍋に4を加え、豆腐に火が通るまで弱火で煮込む。器に盛り、混ぜ合わせたAをかけ、ドライパセリ、こしょうをふる。

キャベツと豆乳のヘルシースープ

`美肌` `アンチエイジング` `ダイエット` `代謝UP` `デトックス`

コレステロール0の豆乳スープに、代謝促進が期待できるココナッツオイルをひとさじ。甘い風味がおいしい♪

材料（1人分）
- キャベツ……葉1枚
- 水……大さじ2
- 塩麹……小さじ1
- 豆乳……1カップ
- 乾燥しいたけ（カット）……ひとつまみ
- みそ……小さじ1
- ココナッツオイル……小さじ1
- こしょう（お好みで）……適量

作り方
1. キャベツは千切りにする。
2. 鍋に大さじ2の水、キャベツ、塩麹を入れ、キャベツがしんなりするまで弱火で蒸し煮にする。
3. 豆乳、乾燥しいたけを加えて温め、沸騰直前に火を止める。溶いたみそを加え、味を調える。
4. 器に盛り、ココナッツオイル、お好みでこしょうをかける。

DAY 6 — ダイエットに本腰を入れるときは蒸し煮料理でカロリーオフ

DAY 7 — ごちそう感あるロールキャベツでちょっとおしゃれにキメちゃう♥

ココナッツ風味の美肌サラダ

`美肌` `代謝UP` `デトックス`

キャベツと菜の花のビタミンCをトマトと一緒にとることで、美肌効果がUP。甘い南国風の香りの塩麹味！

材料（1人分）
- キャベツ……葉1枚
- 菜の花……2株
- ミニトマト……2個
- 塩麹……小さじ1～
- ココナッツオイル……適量

作り方
1. キャベツは千切りに、菜の花は3cm長さに、ミニトマトはヘタを取って4等分に切る。鍋に少量の水（分量外）と菜の花を入れて火にかけ、青々としたら取り出す。
2. ボウルにキャベツ、菜の花、ミニトマト、塩麹を入れて、混ぜ合わせる。
3. 器に盛り、ココナッツオイルをかける。

美人POINT 効果が生きるようオイルは仕上げに！
冷え性予防、脂肪燃焼効果のあるココナッツオイルは、最後にかけることで酸化を防止！ 香りよい仕上がりに。

ダイエット強化のウオータースチーム

`アンチエイジング` `ダイエット` `疲労回復` `代謝UP`

代謝を上げるにんにくとしょうがを加えた蒸し料理は、ローカロリーなのに食べ応えあり。のりの香りがマッチ！

材料（1人分）
- 新たまねぎ……1/4個
- キャベツ……葉1枚
- 菜の花……2株
- にんにく……1片
- しょうが……1片
- 木綿豆腐……1/3丁
- 塩……ひとつまみ
- しょうゆ……小さじ1～
- のり……適量

作り方
1. 新たまねぎはくし形切り、キャベツはざく切りにする。菜の花は3cm長さに切る。にんにく、しょうがはすりおろす。
2. 鍋に大さじ2の水（分量外）、新たまねぎ、キャベツ、にんにく、しょうがを入れ、塩をふる。キャベツがしんなりするまで弱火で蒸し煮にする。
3. 豆腐を加えて、しょうゆをまわしかけ、全体をひと混ぜする。菜の花をのせ、青々とするまで1～2分弱火で蒸し煮にする。
4. 器に盛り、刻んだのりを散らす。

美人POINT ノンオイルで甘くおいしいウオータースチーム
野菜と少量の水を入れ、弱火で蒸し煮。低温調理で、肌の老化物質の発生をオフ！素材の甘みを引き出します。

お弁当アレンジ

"汁気のないおかずは"朝詰めるだけ弁当"に！"

作ってから時間がたつと少し水分が出ていることもあるので、よく汁気を切ってからお弁当箱の中へ。ご飯と一緒に詰めるだけで、あっという間にお弁当が完成しちゃいますよ♥

Day7のロールキャベツとサラダをIN

朝のSTEP （3分で完成！）
1. お弁当箱にご飯を詰める
2. 多めに作っておいたおかずを詰める
3. 彩り野菜などをすき間に詰める

明日は社内プレゼンだから肌の調子を整えて英気を養おう♪

DAY 8

2 WEEK
[今週のお野菜]

セロリ
便秘解消に効果的な食物繊維、むくみを解消するカリウムが豊富！

パプリカ
ビタミン類、ルテイン、カロテンが疲労回復、美肌作りをサポート。

アボカド
美肌効果のあるビタミン類や、代謝を高めるオレイン酸がたっぷり。

オクラ
ネバネバのもととなるペクチンとムチンがスタミナと免疫力をUP。

[美肌] [ダイエット] [疲労回復] [代謝UP]

セロリの美白スープ

美白・むくみ防止・リラックス効果が高いセロリがたっぷり。しょうがを効かせてHOTに。代謝UPを狙います！

材料（1人分）
- セロリ……… 10cm長さ
- しょうが……… 1片
- 水……… 300ml
- 乾燥しいたけ(カット)…5g
- しょうゆ……… 小さじ2

作り方
1. セロリは繊維を断つよう薄切りにする。しょうがはすりおろす。
2. 鍋に水、乾燥しいたけ、しょうがを入れ、乾燥しいたけがやわらかくなるまで弱火で煮る。
3. セロリを加え、しょうゆをまわし入れて1分程度弱火で煮る。

[美肌] [アンチエイジング] [デトックス]

カリッとナッツの潤いサラダ

アボカドとアーモンドの良質な脂質で、みずみずしいお肌に！ 切り干し大根とパプリカの食感も楽しいサラダ♪

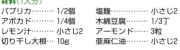

材料（1人分）
- パプリカ……… 1/2個
- アボカド……… 1/4個
- レモン汁……… 小さじ2
- 切り干し大根… 10g
- 塩麹……… 小さじ2
- 木綿豆腐……… 1/3丁
- アーモンド……… 3粒
- 亜麻仁油……… 小さじ2

作り方
1. パプリカは細切りにする。アボカドは一口大に切り、レモン汁をかける。アーモンドを粗く刻む。切り干し大根はさっと洗う。
2. ボウルに、パプリカ、アボカド、切り干し大根、塩麹を入れて混ぜ合わせる。
3. ちぎった豆腐を加え、さっくりとあえる。器に盛り、亜麻仁油をまわしかけ、アーモンドをちらす。

[美肌] [アンチエイジング] [ダイエット]

しらたきのダイエット濃厚パスタ

しょうゆ麹とこっくりした亜麻仁油、濃厚なアボカドの食欲そそる味がGOOD。しらたきでカロリー大幅カット！

材料（1人分）
- しらたき……… 200g
- オクラ……… 1本
- セロリ……… 5cm長さ
- パプリカ……… 1/4個
- アボカド……… 1/4個
- レモン汁……… 小さじ1
- 塩……… 少々
- しょうゆ麹…… 小さじ2
- セロリの葉…… 適量
- 亜麻仁油……… 大さじ1

作り方
1. 鍋に湯（分量外）を沸騰させ、しらたきを湯通しし、食べやすい長さに切る。オクラは小口切りに、セロリは薄切りに、パプリカは千切りにする。アボカドは5mm厚さに切り、レモン汁をまぶす。
2. ボウルにオクラ、セロリを入れて、塩を加えて軽くもみこむ。水気をしっかり切ったしらたき、パプリカ、しょうゆ麹を加え、全体をさっとあえる。
3. 器に2とアボカドを一緒に盛り、セロリの葉をトッピング。亜麻仁油をかける。

[ダイエット] [疲労回復]

カラフルしょうゆ麹あえ

パプリカの赤とオクラの緑で彩りよく。2種の麹のコクで、シャキシャキ野菜の甘みが引き立つシンプルあえもの。

ランチを食べすぎちゃったらその分、夕食でカロリーオフ！

材料（1人分）
- セロリ……… 15cm長さ
- パプリカ……… 1/2個
- オクラ……… 2本
- 塩麹……… 小さじ1
- しょうゆ麹…… 小さじ1〜

作り方
1. セロリは繊維を断つよう薄切り、パプリカは一口大に、オクラは小口切りにする。セロリに塩麹をもみこむ。
2. ボウルに、セロリ、パプリカ、オクラを入れ、しょうゆ麹を加えて全体をざっくりとあえて、味を調える。

DAY 9

[アンチエイジング] [ダイエット] [疲労回復] [デトックス]

オクラのヘルシーおみそ汁

オクラのネバネバで自然なとろみが！ 乾燥しいたけがあれば、だしいらずでおいしいおみそ汁ができちゃいます。

材料（1人分）
- オクラ……… 1本
- 水……… 300ml
- 乾燥しいたけ(カット)…3g
- 乾燥わかめ…… ひとつまみ
- みそ……… 小さじ2

作り方
1. オクラは小口切りにする。
2. 鍋に水、乾燥しいたけ、乾燥わかめを入れ、ひと煮立ちするまで弱火にかける。
3. オクラを加えてさっと煮、溶いたみそを加える。

[アンチエイジング] [ダイエット] [疲労回復] [代謝UP] [デトックス]

パプリカの代謝UPスープ

みそ×黒酢で味にメリハリが！ 抗酸化作用が高いビタミンCたっぷりのパプリカは、食感を残して仕上げて。

材料（1人分）
- パプリカ……… 1/4個
- 乾燥わかめ…… 5g
- 水……… 300ml
- 黒酢……… 小さじ1
- みそ……… 小さじ2

作り方
1. パプリカを千切りにする。
2. 鍋に乾燥わかめ、水を入れ、ひと煮立ちさせる。
3. 溶いたみそ、パプリカを加え、1分程度弱火にかける。黒酢を加えて味を調える。

DAY 10

ダイエット中でもパスタが恋しい♥ ヘルシーアレンジで乗り切ります

118

DAY 11

ちょっとイライラしちゃった日は
お腹の掃除をしておきましょ♪

`美肌` `アンチエイジング` `疲労回復` `デトックス`

わかめたっぷりアボカドのトリートメントしょうゆ麹スープ

ねっとりしたアボカドと食物繊維豊富なわかめでお腹いっぱいに！ にんにくを効かせて風邪予防しましょう。

材料（1人分）
- アボカド……1/4個
- にんにく……1片
- 水……200ml
- 乾燥わかめ……ふたつまみ
- 酒……小さじ2
- しょうゆ麹……小さじ2
- しょうゆ……小さじ1/2〜

作り方
1 アボカドを一口サイズに切る。にんにくをすりおろす。
2 鍋に水、乾燥わかめ、にんにくを入れてひと煮立ちさせる。
3 酒、しょうゆ麹、しょうゆ、アボカドを加えて1〜2分火にかけ温める。

`美肌` `アンチエイジング` `代謝UP` `デトックス`

納豆とパプリカの腸美人あえ

セロリの爽やかな香りとココナッツ風味で食べる納豆が新鮮♪ 腸内環境を整えてくれる洋風あえもの。

材料（1人分）
- 納豆……1パック
- パプリカ……1/2個
- セロリの葉……適量
- ココナッツオイル……小さじ1
- しょうゆ……小さじ1〜

作り方
1 パプリカは一口大に、セロリの葉は千切りにする。
2 ボウルに納豆、パプリカを入れ、しょうゆ、ココナッツオイルを加えてあえる。
3 器に盛り、セロリの葉をちらす。

`ダイエット` `疲労回復` `デトックス`

オクラとパプリカのすっきり豆腐ステーキ

蒸し焼きにした豆腐に、野菜やしいたけをサンド。オリーブオイルが香るしょうゆソースでいただきます！

材料（1人分）
- オクラ……1本
- パプリカ……1/4個
- 木綿豆腐……1/2丁
- 乾燥しいたけ（カット）……5g
- オリーブオイル……小さじ2
- 塩……ひとつまみ
- しょうゆ……小さじ1
- A オリーブオイル……小さじ1
- しょうゆ……小さじ1

作り方
1 豆腐の厚みを2等分に切り、水切りする。オクラは縦半分に切る。パプリカは縦半分に切り、トッピング用に少量を角切りにする。乾燥しいたけを湯（分量外）で戻す。
2 鍋にクッキングシートを敷き、オリーブオイルをひく。豆腐、しいたけをのせ、塩をふり、さらにオクラをのせて蒸し焼きにする。オクラは青々としたら取り出す。
3 豆腐の片面に火が通ったら、裏返す。しょうゆをまわしかけてフタをし、1分程度弱火で蒸し焼きにする。
4 器に豆腐、しいたけ、パプリカ、オクラを2段に重ねて盛り、乾燥しいたけとトッピング用のパプリカをちらす。混ぜ合わせたAのソースをかける。

`アンチエイジング` `疲労回復` `デトックス`

パプリカと切り干し大根の塩麹デトックススープ

切り干し大根の戻し汁までいただける栄養たっぷりスープ。血流が良くなるパプリカで、体のサビをオフ！

材料（1人分）
- パプリカ……1/4個
- にんにく……1片
- 切り干し大根……10g
- 水……300ml
- 乾燥わかめ……ひとつまみ
- 塩麹……小さじ2
- しょうゆ……小さじ1/2

作り方
1 パプリカは細切りに、にんにくはすりおろす。切り干し大根はほぐしてさっと洗う。
2 鍋に、水、乾燥わかめ、切り干し大根、にんにくを入れ、ひと煮立ちさせる。
3 塩麹、しょうゆ、パプリカを加え、1分程度弱火にかける。

体重が減ってきたみたい!!
ヘルシーステーキでラストスパート

DAY 12

DAY 13

冷房で体が冷えた日は
ポカポカメニューで温まろっ❤

`美肌` `アンチエイジング` `代謝UP`

パプリカとアボカドの免疫力アップあんかけ

代謝をよくして、体を芯から温めてくれるしょうが風味のあんかけで、風邪をひきにくい体づくり！

材料（1人分）
- パプリカ……1/3個
- アボカド……1/4個
- 水……大さじ2
- A
- 乾燥しいたけ（カット）……5g
- しょうが……1片
- 葛粉（片栗粉でも可）……小さじ2
- しょうゆ……小さじ2
- みりん……小さじ2

作り方
1 パプリカを1cm角に切り、しょうがをすりおろす。湯（分量外）で乾燥しいたけを戻す。アボカドを一口サイズに切る。
2 鍋に水、アボカド、パプリカを入れ、全体に火が通るまで、弱火で蒸し煮にする。
3 Aを加え、とろみがつくまで熱する。

`美肌` `アンチエイジング` `疲労回復` `代謝UP` `デトックス`

しょうがたっぷりキメ肌納豆スープ

セロリのほのかな香りと食感がアクセント。肌トラブルを改善してくれる納豆の保水効果で、キメ細かな肌に♪

材料（1人分）
- セロリ……5cm長さ
- 納豆……1パック
- しょうが……2片
- 水……300ml
- 乾燥しいたけ（カット）……5g
- 乾燥わかめ……ふたつまみ
- しょうゆ……小さじ2

作り方
1 セロリは薄切りにし、しょうがはすりおろす。
2 鍋に水、乾燥しいたけ、乾燥わかめ、しょうがを入れ、しいたけとわかめが戻るまで弱火にかける。
3 混ぜ合わせた納豆、セロリ、しょうゆを加えて温める。

`美肌` `アンチエイジング` `デトックス`

パプリカ×甘酒×酒粕のつや肌ポタージュ

発酵調味料の強力タッグで、腸内から肌を整える魔法のスープ！ 砂糖を使ってないのにこっくり甘くて美味❤

材料（1人分）
- パプリカ……1/3個
- 酒粕……大さじ1
- 豆乳……1カップ
- 甘酒……大さじ1
- 塩麹……小さじ1〜

作り方
1 パプリカはみじん切りにする。酒粕は同量の湯（分量外）で溶く。
2 鍋に豆乳、甘酒、酒粕、塩麹、1の酒粕を入れ、混ぜ合わせながら沸騰直前まで弱火にかける。
3 パプリカを加えて、1〜2分弱火にかける。

`美肌` `アンチエイジング` `疲労回復`

セロリとオクラの美白あえ

野菜に含まれるビタミン類の効果で、メラニン生成の抑制や代謝UP、肌荒れの修復が期待できちゃいます♪

材料（1人分）
- セロリ……10cm長さ
- オクラ……2本
- 木綿豆腐……1/3丁
- 塩麹……小さじ2
- 白すりごま……大さじ1
- 塩・こしょう……各少々

作り方
1 セロリは繊維を断つよう千切りに、オクラは小口切りにする。豆腐は水切りする（時間がなければ水切りしなくてもOK）。
2 ボウルに豆腐、塩麹、すりごまを入れて混ぜる。
3 セロリ、オクラを加えてあえる。塩、こしょうで味を調える。

外出続きで紫外線を浴びたから
美肌効果のあるメニューに！

DAY 14

豆腐でかさ増し 美味チャーハン

絶対にダイエット料理とは思われないほど、男性も大好きなしっかり味で、
ボリュームも十分。ヤセやすい体に導くミネラルなどの栄養素が豊富で、
血糖値を急上昇させにくい雑穀ご飯と豆腐のそぼろを使えば、
自然とバラバラに仕上がるので、美ボディと料理上手の称号を同時にゲット！

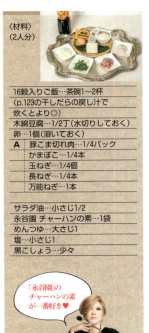

〈材料〉（2人分）

- 16穀入りご飯…茶碗1〜2杯
  (p.123の干しだらの戻し汁で炊くとより◎)
- 木綿豆腐…1/2丁（水切りしておく）
- 卵…1個（溶いておく）
- A
  - 豚こま切れ肉…1/4パック
  - かまぼこ…1/4本
  - 玉ねぎ…1/4個
  - 長ねぎ…1/4本
  - 万能ねぎ…1本
- サラダ油…小さじ1/2
- 永谷園 チャーハンの素…1袋
- めんつゆ…大さじ1
- 塩…小さじ1
- 黒こしょう…少々

「永谷園」のチャーハンの素が一番好き♥

こう作るのがIKKO流

POINT 1
木綿豆腐をボウルに入れて泡立て器で混ぜて細かくする。サラダ油大さじ1/3を入れて熱したフライパンにそれを投入し、焼き色がつくまで炒めたら、一度取り出しておく。

POINT 2
同じフライパンにサラダ油大さじ2/3を入れて熱し、16穀入りご飯を炒め、POINT1で炒めたものを加えてさらに軽く炒める。溶いた卵を回し入れ、コーティングするように混ぜながら軽く炒め、これも取り出しておく。Aの材料をすべて強火で炒め、そこに取り出しておいたものを戻し、チャーハンの素を振り入れて混ぜ合わせる。味を見ながらめんつゆと塩、黒こしょうで味を調えて完成。

こう作るのがIKKO流

POINT 1
（皮の作り方）ボウルにAを入れてよく練り、全体にごま油を塗ってラップをし、冷蔵庫で1時間程度寝かせる。10等分に分け、台に打ち粉をし、麺棒で10cm程度の円形にのばす。厚みがありすぎると火の通りが悪くなるので注意。

POINT 2
Bの材料をある程度細かくカットしてフードプロセッサーに入れ、よく攪拌し、POINT1で作った皮に適量のせ、うまみ調味料を固めた寒天ゼリーを中央に入れ込み、好みの形に包む。

POINT 3
蒸し器に白菜を敷き、成形したマンドゥをのせ、10〜15分程度蒸す。豆皿にお好みでえごまの葉や蒸したときの白菜を敷き、蒸し上がったマンドゥをのせると可愛い。お好みでつけだれをつけて召し上がれ。

こう作るのが IKKO流

POINT 1
ボウルにAを入れて泡立て器でよく混ぜ、生地を作る。さらにBを投入し、軽く混ぜ合わせる。

POINT 2
フライパンにサラダ油をひいて熱し、POINT1の生地を広げ入れる。

POINT 3
焼き色がついたら裏返し、両面を焼く。ある程度焼けたところで、鍋肌にごま油を少量流し入れて香りを立たせて、火を止める。皿に盛りつけたら、好みで白いりごまをふってもOK。

〈材料〉（1人分）

A	木綿豆腐…1/2丁
	（水切りをしておく）
	小麦粉…1/2カップ
	卵…1個
	水…30～40ml
B	キムチ…80g
	万能ねぎ…1/4束
	（7～8cmに切っておく）
	にら…1/4束
	（7～8cmに切っておく）
	ダシダ…小さじ1
	めんつゆ…小さじ1～2
	サラダ油…大さじ1/2
	ごま油…大さじ1/3
	白いりごま…適宜

> ねぎやにらを大胆に入れるのが萬里洞風なの

ふわふわ＆低カロリー
萬里洞風（マンリードン）ねぎチヂミ

小麦粉の量を減らして豆腐でかさ増しした生地を、韓国の下町・萬里洞の屋台で出合った、素朴な見た目のねぎチヂミ風に。ふんわりしていて1枚で十分なほどお腹いっぱいになるのに、食後に胃がもたれないし、低カロリー！

122

うるぷる美肌♡ 干しだらのミネストローネ

韓国では〝美肌＆アンチエイジングスープ〟として人気の
干しだらのスープをベースに、女子好みの洋風にアレンジ！
「クラマト」といううまみたっぷりのトマトジュースを使うのがポイント。

〈材料〉（4人分）

干しだら	ひとつかみ（3～4cmに切って洗い、水につけて戻し、水けを切っておく）
オリーブ油	大さじ1
A 大根	120～150g（1cm角に切っておく）
にんじん	120～150g（1cm角に切っておく）
セロリ	120～150g（1cm角に切っておく）
玉ねぎ	120～150g（1cm角に切っておく）
クラマト	1000ml～
おろしにんにく	大さじ1/3
ブロッコリー	120～150g（小房に分け下ゆでしておく）
コンソメ（顆粒）	大さじ1/2
塩	少々
黒こしょう	少々
干しだらの戻し汁	適量
ライスペーパー	適量

クラマトは輸入食材店等で売ってるわよ

こう作るのがIKKO流

POINT 1
鍋にオリーブ油大さじ1/3をひいて熱し、干しだらを軽く炒め、取り出しておく。同じ鍋にオリーブ油大さじ2/3を加えて熱し、おろしにんにくを炒め、干しだらとAを加え、弱火でじっくりと煮込む。

POINT 2
ライスペーパーは細長くカットしてから水につけて柔らかくもどし、一口大になるようかた結びにしておく。

POINT 3
ブロッコリーを加え、コンソメと、塩、黒こしょう、干しだらの戻し汁で味を調える。味が決まったら、POINT2で結んだライスペーパーを数個器に入れた上からスープを注いで完成。

こう作るのが
IKKO流

POINT 1
解凍したこんにゃくはキッチンペーパーで水分をとり、ビニール袋に入れて片栗粉を加え、振ってまぶす。小麦粉の量が少なくてすむし、洗いものも減る。

POINT 2
フライパンにサラダ油をひいて熱したところに、POINT1のこんにゃくを入れて軽く焼き、焼き肉のたれをからませる。

POINT 3
どんぶりに炊いたAを半量よそってBをのせ、POINT2で焼いたこんにゃくを盛りつける。お好みで糸唐辛子やごまをあしらう。

焼き肉のたれは『叙々苑』のが私の定番なの

〈材料〉
〈2人分〉

こんにゃく	1枚(下ゆでして薄切りにし、冷凍しておく)
片栗粉	大さじ2〜3
サラダ油	大さじ1
焼き肉のたれ	大さじ2〜3
A 米	1合
マンナンヒカリ	1袋(75g)
※米とマンナンヒカリを合わせて炊いておく(水は分量外)	
B にんじん	1/3本程度(細切りにしてゆでておく)
もやし	約1/2袋(ゆでておく)
ほうれん草	2束(ゆでて4〜5cmに切っておく)
糸唐辛子	お好みで
白いりごま	お好みで

こんにゃくづくしの
なんちゃってカルビ丼

低カロリー&食物繊維でダイエットの強い味方の大代表・こんにゃくが、見た目も食感も味も完全に焼き肉カルビに！ マンナンライスにしつつキャベツでかさ増しすれば、大幅カロリー減&腸内スッキリ効果が高いダイエット食に。

昔なつかし ヘルシーハンバーグ

豆腐や食パンでかさ増ししてお肉を減らしたヘルシーなハンバーグ。母が作ってくれた昭和の洋食を再現！ お肉を減らしても肉汁のジューシーさが出るよう、コーヒーゼリーをIN。切ったときのじゅわ～っ&味わい深さが◎。

エルメスのお皿に盛りつけたらホテル風に♥

〈材料〉（4人分）

合いびき肉…200g	
A	玉ねぎ…1/4個
	にんじん…1/4本
	しめじ…1/4パック
	えのきだけ…1/4袋
B	食パン（耳は取る）…1枚
	牛乳…大さじ2
木綿豆腐…1/2丁	
コーヒーゼリー…1個	
サラダ油…大さじ1	
ソース…大さじ1	
卵黄…1個	
小麦粉…大さじ2	
塩、こしょう…各適量	

・つけ合わせ（参考）
ブロッコリー（ゆで）…お好みで
カリフラワー（ゆで）…お好みで
にんじん（ゆで）…お好みで

・ソース
ケチャップ…大さじ3
知人から分けてもらった秘伝のソース（お好み焼き用ソースで代用可）…大さじ5

こう作るのがIKKO流

POINT 1
Aの食パンは一口大にちぎって保存袋に入れ、牛乳にひたしておく。豆腐は水を切っておく。Aをフードプロセッサーにかけて細かくする。フープロがない人はがんばってすべてみじん切りに。

POINT 2
ボウルに、肉、豆腐、塩、こしょう、POINT1で細かくした野菜類、ソース（大さじ1）、卵黄、小麦粉を入れ、手でよくこねる。全体がまとまってねっとりするまで、が目安。

POINT 3
POINT2でこねたものを、4等分（1個約150g）に。コーヒーゼリーを1/4個ずつのせ、中央に包み込んで、小判形に成形する。このコーヒーゼリーこそが、味の深さと肉汁感upの裏ワザ。

POINT 4
フライパンにサラダ油を入れて熱してから、成形したものをIN。両面に焼き色がついたところで水を少々加えてふたをし、7分程度加熱して全体に火を通す。取り出してお皿にのせる。同じフライパンにソースの材料を加え、ひと煮立ちさせ、上からかければ完成。

10分で本格味♪ 時短カレー

レンチン×フープロで、時間も手間もかけて数日煮込んだような深い味わいに。野菜の味が濃縮したルーと千切りキャベツをはさんだかさ増しご飯で、罪悪感ゼロ。お肉少なめでも男性の胃袋をがっちりつかめる鉄板料理。

〈材料〉
(2人分)

| 豚ひき肉…100g |
| しめじ…1/2パック |
| なす(縦半分に切ったものを縦に薄切り)…1/2個 |
| サラダ油…大さじ1 |

A	じゃがいも(一口大にカット)…1/2個
	にんじん(一口大にカット)…1/2本
	玉ねぎ(みじん切り)…1/2個
	サラダ油…小さじ2

B	カレールー(ジャワカレー辛口)…2片
	カレールー(インドカレー、またはこくまろ中辛)…1片
	水…200ml
	ローリエ…1枚
	はちみつ…小さじ1または適宜

C	ケチャップ…大さじ3
	めんつゆ…大さじ2
	牛乳…100ml

サラダ油…小さじ1	ご飯…適量
ツナ缶…1缶	千切りキャベツ…適量
カシューナッツ…30g	

こう作るのがIKKO流

POINT 1
Aを耐熱容器に入れてラップをかけ、電子レンジ(500W)で5分加熱。中まで火を通す。レンジを並用すればPOINT2と同時に進められるから時短。しかも楽ちん。

POINT 2
フライパンにサラダ油大さじ1を入れて熱し、ひき肉、しめじ、なすを同時に炒める。具材を混ぜ合わせないで材料ごとに左右に分けて炒めるのが、形や色をキレイに仕上げるコツ。

POINT 3
カシューナッツとサラダ油小さじ1をフードプロセッサーに入れて細かくし、さらにPOINT1でチンした根菜類を加えて、再度撹拌する。これがコクを出す裏ワザ!!

POINT 4
POINT2のフライパンにBを入れて加熱。ルーが溶けたらCを混ぜ合わせたものを3回に分けて加える。分けて入れることで、味をなじませながら風味を残せる。最後、ツナ缶を汁ごと入れてルーは完成。皿にご飯と電子レンジ(500W)で30秒温めた千切りキャベツを層になるようによそい、ルーをかける。翌日のカレーっぽい深みが簡単に!

チャチャッとおいしいものを作れる女は最高

無水鍋で だし香る 野菜チゲ

最近話題の無水調理鍋は、塩分少なめでもおいしい料理を食べたい私の強い味方! 鍋で野菜の水分を濃縮させただしをとったチゲ鍋は、季節を問わず、自宅にお招きした人にふるまう定番のお料理。かにだしが最後にふわりと漂うのが評判です。

ちなみに私が愛用しているのはこのお鍋!

〈材料〉
(約4人分)

A	昆布…10cm
	いりこ…20g
	かに…1/4杯
	水…200ml

B	白菜(縦6等分にカット)…1/6個
	トマト(4等分のくし形にカット)…2個
	豚バラ薄切り肉(食べやすい大きさにカット)…200g
	えのきだけ(縦半分にカット)…1/2袋
	しいたけ(薄切り)…4枚
	にら(4等分にカット)…1/2束

| 春菊(縦3等分にカット)…1/2束 |
| にんじんジュース…100ml |
| キムチ…400g |
| みそ(赤みそ、麦みそ)…各30g |
| 糸唐辛子…お好みで |
| 白いりごま…お好みで |
| 卵黄…お好みで |

こう作るのがIKKO流

POINT 1
日本が誇る職人たちの繊細な技により、高い密閉力を実現した鉄製鍋「バーミキュラ」。水を入れずにふたをして加熱すると、素材の味が何倍にも濃くなる鍋として話題。その人気は品切れするほど。

POINT 2
昆布、いりこ、かにのだしをとる。無水鍋にAの材料をすべて入れてふたをし、沸騰してから弱火にして15分加熱。火を止めたら、ざるでこしてだしをとり、ボウルなどに移しておく。

POINT 3
無水鍋にBの材料を、白菜、トマト、肉、きのこ類、にらの順に重ねるように入れてふたをする。沸騰後、弱火にして20分加熱。素材から水分が出るまで、が目安。蒸し煮にして素材からうまみを引き出すことで、薄い味つけでも味わい深くなる。

POINT 4
2で作っただし、春菊、にんじんジュース、キムチ、みそを加えてひと煮立ちさせれば完成。盛りつけたら、お好みで、卵黄、糸唐辛子、白ごまをあしらって。鍋のまま出して大勢で囲むのも楽しい。

126

SHOP LIST

RMK Division	☎ 0120・988・271	ステキ・インターナショナル	☎ 03・6427・2577
アヴェダ お客様相談室	☎ 03・5251・3541	スピック&スパン 吉祥寺店	☎ 0422・70・2368
アヴェニュー六本木クリニック	☎ 0120・766・639	SMILE CREATE GROUP	☎ 03・5829・9695
アグライア サンクチュアリ クリニック	http://divinebeauty.shop-pro.jp/	スンダリ（ザ・デイ・スパ東京）	☎ 03・3470・8881
アシックスジャパン	☎ 0120・068・806	素数	☎ 0120・49・5072
アディダス ジャパン	☎ 0570・033・033	第一酵母	☎ 055・940・3050
アトラス	☎ 06・4709・7228	DHC	☎ 0120・333・906
アピヴィータ・ジャパン	☎ 03・6416・3983	デイカ ジャパン	☎ 03・6411・8924
アユーラ ラボラトリーズ	☎ 0120・090・030	ディノス ハートコールセンター	☎ 0120・343・774
アリエルトレーディング	☎ 0120・201・790	ドクターケイ	☎ 0120・68・1217
アルビオン	☎ 0120・114・225	ドクターシーラボ	☎ 0120・371・217
アルペンローゼ	☎ 0120・887・572	ドクターズデザインプラス	☎ 03・6277・7735
イグニス	☎ 0120・664・227	DR.TAFFI 青山店	☎ 03・6419・7392
石澤研究所	☎ 0120・49・1430	ドリームお客様相談室	☎ 0120・559・553
井田ラボラトリーズ	☎ 0120・44・1184	トリコロール	☎ 0120・794・570
イッティ	☎ 0120・97・4875	トリンプ お客様相談室	☎ 0120・104256
イラ	☎ 0120・86・4485	ナチュロパシー・ジャパン	☎ 03・6451・2238
インソーレ	☎ 03・6809・6565	ニールズヤード レメディーズ 通信販売のお問い合わせ窓口	☎ 0120・971・059
ヴィーゼ	☎ 03・3746・7301	ニベア花王 消費者相談室	☎ 0120・165・699
ヴェレダ・ジャパン	☎ 0120・070・601	日本ケロッグお客様相談室	☎ 0120・500209
馬居化成工業	☎ 03・6433・5154	ハーブ健康本舗（ご注文専用フリーダイアル）	☎ 0120・33・8282
エステプロ・ラボ	☎ 0120・911・854	ハーブファーマシー	☎ 03・5484・3483
MNC New York	☎ 0120・370・063	ハウス オブ ローゼ	☎ 0120・12・6860
MTG	☎ 0120・467・222	バル（コトシナ）	☎ 075・223・0515
塩水港精糖	☎ 0120・86・1105	パルファム ジバンシイ [LVMH フレグランスブランズ] お客様窓口	☎ 03・3264・3941
オーサワジャパン	☎ 0120・667・440	バロックジャパンリミテッド (PEGGY LANA)	☎ 03・6730・9191
岡本 お客様相談室	☎ 0120・551975	パンピューリ ジャパン	☎ 03・6380・1374
オンライフ	☎ 0120・202・498	ビー・エス・インターナショナル	☎ 03・5484・3481
貝印 お客様相談室	☎ 0120・016・410	ビーグレン	☎ 0120・329・414
花王 お客様問い合わせ先	☎ 0120・165・692	ビューティーコンテンツファクトリー	☎ 03・5469・0056
カネボウ化粧品	☎ 0120・518・520	ビューテリジェンス・カスタマーサポート	☎ 0120・17・1108
GABRIELLE PECO	☎ 03・3498・7351	フィットビット	☎ 0800・222・0332
カミツレ研究所	☎ 0120・57・8320	フィトメール・ジャパン	☎ 0120・669・040
Kiehl's Since 1851	☎ 03・6911・8562	フィルム	☎ 03・5413・4141
Kinetikos	https://kinetikos.jp/store	福光屋オンラインショップ	☎ 0120・293・285
クラランス	☎ 03・3470・8545	福山黒酢	☎ 0800・8888・962
クリニーク お客様相談室	☎ 03・5251・3541	富士フイルム	☎ 0120・596・221
グローカル・ループ	http://www.tueikokusai.co.jp	ブラシナ	☎ 03・6226・2388
グローバル プロダクト プランニング	☎ 03・3770・6170	ブリリアントアース	☎ 089・945・5056
クワトロハート	☎ 0120・952・153	ブルーベル・ジャパン（香水・化粧品事業本部）	☎ 03・5413・1070
ゲラン お客様窓口	☎ 0120・140・677	ブルガリ パルファン事業部	☎ 03・5413・1150
コーセー	☎ 0120・526・311	ベキュアお客様相談室	☎ 0120・941・554
コスメキッチン	☎ 03・5774・5565	ベターマルシェ	http://www.bettermarche.com
KOZUCHI	☎ 0800・111・3811	ベルシュカ・ジャパン カスタマーサービス	☎ 03・6415・8085
SABON Japan	☎ 0120・380・688	まかないこすめ	☎ 0120・56・0971
サンタ・マリア・ノヴェッラ銀座	☎ 03・3572・2694	ミツワ	☎ 0120・79・4348
ジェイ・エス	☎ 0120・058・258	ミトク	☎ 0120・744・441
ジェイ・ビー・マシナリー	☎ 0120・00・7980	メルシス（ローラメルシエ）	☎ 0120・343・432
SHIGETA Japan	☎ 0120・945・995	ヤーマン	☎ 0120・776・282
シスレージャパン	☎ 03・5771・6217	弓削多醤油	☎ 0120・87・0811
資生堂インターナショナル	☎ 0120・81・4710	ラ ロッシュ ポゼ	☎ 03・6911・8572
資生堂お客様相談室	☎ 0120・30・4710	リバランドお客様サポートダイヤル	☎ 0120・396・240
シュウエイトレーディング	☎ 03・5719・0249	REIKO KAZUKI お客様センター	☎ 0120・399・186
ジョー マローン ロンドン	☎ 03・5251・3541	レ・メルヴェイユーズ ラデュレ	☎ 0120・818・727
ジルスチュアート ビューティー	☎ 0120・878・652	ロート製薬（メンソレータム）	☎ 03・5442・6001
新日本製薬	☎ 0120・408・444	ロジェ・ガレ	☎ 0120・405・000
スタイラ	☎ 0120・207・217	ワイ・ヨット	☎ 052・331・2838

[カバー]
モデル／美香
撮影／屋山和樹（BIEI）
スタイリング／井関かおり
ヘア＆メイク／久保雄司(AnZie)
デザイン／FLY

[本文デザイン] FLY

[編集] 堀美香子、秋葉樹代子

美人百花
㊎Bodyバイブル

美人百花編集部・編

2016年8月8日　第1刷発行

発行者　角川春樹
発行所　株式会社　角川春樹事務所
〒102-0074 東京都千代田区九段南2の1の30　イタリア文化会館ビル5F
☎03・3263・7772（編集部）　☎03・3263・5881（営業部）
印刷・製本　凸版印刷株式会社
©2016 角川春樹事務所　Printed in JAPAN

●本書には、月刊「美人百花」の2013〜2016年に掲載された記事の一部を、再編集したものも収録しています。
●本書の無断複製（コピー、スキャン、デジタル化等）並びに無断複製物の譲渡、および配信は、著作権法上での例外を除き禁じられています。また、本書を代行業者の第三者に依頼して複製する行為は、たとえ個人や家庭内の利用であっても一切認められておりません。
●定価はカバーに表記してあります。
●落丁乱丁はお取替えいたします。

ISBN 978－4－7584－1290－2

衣装：すそフェザーキャミソール ¥15,000 ／ PEGGY LANA(バロックジャパンリミテッド)　ショートパンツ ¥6,500 ／オンリー ハーツ(スピック＆スパン 吉祥寺店)